地理的オーストラリア論

谷内 達著

古今書院

A Geography of Australia

by Toru TANIUCHI

ISBN978-4-7722-5320-8

Copyright © 2018 by Toru TANIUCHI

Kokon Shoin Publishers Ltd., Tokyo, 2018

はしがき

　本書のタイトルの「地理的」という言葉は，「自然」「空間」「地域」という地理学の三つの基本的な視点を意味している。また「オーストラリア論」の「論」は，「いくつかの解釈・考え方の一つ」という程度の意味であると共に，「何でも書いてあるのではなく筆者が独断で選んだテーマのみについてである」という意味も込められている。

　第1の「自然」は，本書では「天然資源」として登場する。ここでの「天然資源」とは自然の一部であり，自然と社会・経済とを現実に結び付けているものである。本書では天然資源としての土地資源・水資源を重視して農業・土地利用と関連させることにより，「広いオーストラリア」の思い込みを批判的に考察する。次いで鉱産資源を取り上げて鉱業と関連させることにより，「資源大国オーストラリア」の思い込みについても批判的に考察する。これらの批判的考察は，「狭い日本」「資源のない日本」という思い込みを再考することにも役立つであろう。

　第2の「空間」は，本書では「地帯区分」として登場する。これは本書のオリジナルな切り口と言えるもので，人口や土地資源の実態に即して「広いオーストラリア」の思い込みを批判的に考察するために設定されたものである。

　第3の「地域」は，本書では「国民経済・州経済の枠組」として登場する。この枠組は一見当たり前のようであるが，本書では，世界での順位や日本にとっての重要性を過度に重視する「物資調達型地理観」に惑わされずに，天然資源に関連する経済活動がオーストラリアの国民経済・州経済にとっていかなる意味があるかという視点から考察する。

　本書では，具体的・客観的な根拠に基づいて考察するために，煩瑣を厭わずに統計データを多用した。これらの統計データのほとんどは筆者が独自に収集・推計・編集したものなので，他の既存の刊行物に記載されているものとは異なる場合があることを予め承知されたい。また，不親切であるとのお叱りは覚悟の上で，グラフ化せずにすべて統計表の形で示した。これは，グラフ化することによって統計表よりも分かりやすくなるとは期待できない場合が多いこと，また本書の記述に疑問・批判がある場合や，今後の研究に利用する場合には，グラフよりも統計表の方が好都合であることによる。なお，統計年次は原則として 2011 年までとした。センサス関係の多くの細かなデータを利用できるのは 2011 年センサスまでであることが主な理由である。そして本書の目的は最新の動向に関する短期的な時事解説ではなく，19 世紀半ば以来の 1 世紀半にわたる長期的な統計データに基づく概観にあることを御理解いただければ幸いである。

目 次

はしがき　　　i
目　次　　　ii
図表目次　　　vi

第1章　テラ・アウストラリス ………………………………………………… 1

1. 入植から自治植民地へ　　1

（1）ヨーロッパ船の来航　　1

（2）領有・入植　　3

（3）流刑制度　　5

（4）自治植民地　　6

（5）ゴールドラッシュ　　6

2. 国土観　　8

（1）五つの国土観　　8

（2）日本におけるオーストラリア観　　9

3. 北部開発論　　9

（1）北部開発論とは　　9

（2）熱帯としての北部　　10

（3）アジアに面した北部　　12

（4）人口希薄地域としての北部　　13

（5）周辺地域としての北部　　14

（6）北部開発論の評価　　15

第1章の注　　15

第2章　人口と都市 ……………………………………………………… 19

1. 人口増加と大都市集中　　19

（1）人口の長期的推移　　19

（2）人口増加と移民流入　　22

（3）州レベルでの大都市集中　　23

（4）全国レベルでの大都市集中　　25

2. 人口の地帯別比較　　28

（1）地帯区分　　28

（2）地帯別人口の長期的推移　　31

（3）中小都市の比較　　34

目　次　　iii

3.「計画都市キャンベラ」の実像　　36

(1)　計画・建設の歩み　　36

(2)「計画都市」再考　　38

第2章の注　　39

第3章　移民と多文化社会　………………………………………………　43

1. 移民政策の変化　　43

(1)　白豪主義・白豪政策・英豪政策　　43

(2)　南ヨーロッパ・東ヨーロッパからの移民　　44

2. 社会の多様化　　44

(1)　出生地別構成　　44

(2)　エスニックグループ別構成　　47

3. 移民流入と大都市　　48

(1)　大都市人口の出生地別構成　　48

(2)　言語と多文化社会　　49

第3章の注　　51

第4章　土地資源と農業　………………………………………………　53

1. 天然資源としての土地・森林・水　　53

(1)　土地資源　　53

(2)　森林資源　　55

(3)　水資源　　56

2. 農業生産　　57

(1)　農業生産額の構成　　57

(2)　小麦の生産　　58

(3)　牛・羊の頭数　　61

(4)　牛肉・羊毛の生産　　63

(5)　日本との比較　　64

3. 農業の州別・地帯別比較　　65

(1)　農業の州別比較　　65

(2)　農場経営類型による地域区分　　66

(3)　小麦栽培の地帯別比較　　68

(4)　畜産の地帯別比較　　70

(5)　灌漑　　72

(6)　規模と生産性の地帯別比較　　73

4.「大鑽井盆地」の実像　　75

(1)　誤解と過大評価　　75

(2)　地下水に関する記述　　76

iv

（3）水資源としての量的評価　79

（4）牛・羊の頭数　80

第4章の注　81

第5章　鉱産資源と鉱業 ………………………………………………… 85

1. 天然資源としての鉱産資源　85

（1）鉱産資源の現実化　85

（2）「ラッキーカントリー」再考　85

2. 鉱業生産　86

（1）鉱業生産額の構成　86

（2）鉱産物の生産量と輸出量　88

3. 鉱業の州別・地帯別比較　91

（1）鉱業の州別比較　91

（2）鉱業の地帯別比較　92

（3）石炭と鉄鉱石　93

（4）非鉄金属鉱石　95

（5）石油・天然ガス　97

4. 鉱産資源開発とインフラストラクチャー　98

（1）奥地のインフラストラクチャー投資　98

（2）事例地域　100

（3）鉄道　100

（4）住宅建設　102

（5）都市運営　103

（6）マウントアイザの事例　104

（7）税制とインフラストラクチャー　106

（8）インフラストラクチャーの役割　107

第5章の注　108

第6章　天然資源と国民経済 ………………………………………………… 111

1. 農産物・鉱産物の輸出　111

（1）輸出額の品目別構成　111

（2）輸出額の相手地域別構成　113

（3）輸出額の産業別構成　114

2. 天然資源と州経済　115

（1）産業構造　115

（2）製造業　116

（3）貿易　117

3. 天然資源と産業構造　118

　（1）GDP の産業別構成　118

　（2）農業・鉱業と産業連関　119

第 6 章の注　122

付　表　125

統計資料・文献　155

あとがき　161

索　引　162

vi

図表目次

第1章

表 1-1　ヨーロッパ船の来航，1606-1770 年　……………………………………　2

表 1-2　『ガリバー旅行記』の四つの国　…………………………………………　3

表 1-3　州（植民地）の沿革　………………………………………………………　4

表 1-4　NSW の人口，1821-51 年　………………………………………………　5

表 1-5　州・全国の人口，1788-1861 年　………………………………………　6

表 1-6　VIC の人口と金生産，1851-61 年　……………………………………　7

表 1-7　五つの国土観　………………………………………………………………　8

第2章

図 2-1　地帯区分　……………………………………………………………………　29

図 2-2　人口密度，2011 年　………………………………………………………　29

図 2-3　都市の分布，2011 年　……………………………………………………　30

図 2-4　キャンベラ市街地の区分　………………………………………………　39

表 2-1　州・全国の人口，1861-2011 年　………………………………………　20

表 2-2　人口・GDP の年平均増加率・成長率，1861-2011 年　…………………　22

表 2-3　州人口に占める州都の割合，1861-2011 年　……………………………　24

表 2-4　全国の総人口に占める各州都の割合，1861-2011 年　…………………　26

表 2-5　人口の都市規模別割合，1861-2011 年　…………………………………　27

表 2-6　都市規模別人口の年平均増加率，1861-2011 年　………………………　28

表 2-7　地帯別人口分布，2011 年　………………………………………………　30

表 2-8　人口 10 万以上の都市，2011 年　…………………………………………　31

表 2-9　先住民人口の地帯別分布，2011 年　……………………………………　31

表 2-10　人口の都市規模別・地帯別割合，1861-2011 年　……………………　32

表 2-11　人口の都市規模別・地帯別年平均増加率，1861-2011 年　……………　33

表 2-12　中小都市人口の機能類型別・地帯別割合，1861-2011 年　……………　34

表 2-13　中小都市人口の機能類型別・地帯別年平均増加率，1861-2011 年　……　35

表 2-14　キャンベラ略年表，1900-88 年　………………………………………　36

表 2-15　キャンベラ市街地の地区別人口，1921-2011 年　……………………　38

第3章

表 3-1　移民政策の変化，1901-73 年　……………………………………………　43

表 3-2　人口の出生地別割合，1861-2011 年　……………………………………　45

表 3-3　純移民流入数の出生地別割合，1947-2011 年　…………………………　46

表 3-4　人口のエスニックグループ別割合，1947-2011 年　……………………　47

表 3-5　大都市人口の出生地別割合，2011 年　…………………………………　48

図表目次　vii

表 3-6　出生地別人口の大都市別割合，2011 年　‥‥‥‥‥‥‥‥‥‥‥‥‥‥‥‥　49

表 3-7　大都市人口の言語別割合，2011 年　‥‥‥‥‥‥‥‥‥‥‥‥‥‥‥‥‥　50

表 3-8　言語別人口の大都市別割合，2011 年　‥‥‥‥‥‥‥‥‥‥‥‥‥‥‥　50

表 3-9　海外出生者数の英語能力別割合，2011 年　‥‥‥‥‥‥‥‥‥‥‥‥‥　51

表 3-10　英語能力別海外出生者数の大都市別割合，2011 年　‥‥‥‥‥‥‥‥　51

第 4 章

図 4-1　降水量と作物生長期間　‥‥‥‥‥‥‥‥‥‥‥‥‥‥‥‥‥‥‥‥‥　53

図 4-2　土地資源評価のための地域区分　‥‥‥‥‥‥‥‥‥‥‥‥‥‥‥‥‥　54

図 4-3　農場経営類型による地域区分　‥‥‥‥‥‥‥‥‥‥‥‥‥‥‥‥‥‥　67

図 4-4　耕地の分布，2011 年　‥‥‥‥‥‥‥‥‥‥‥‥‥‥‥‥‥‥‥‥‥‥　68

図 4-5　肉牛の分布，2011 年　‥‥‥‥‥‥‥‥‥‥‥‥‥‥‥‥‥‥‥‥‥‥　68

図 4-6　羊の分布，2011 年　‥‥‥‥‥‥‥‥‥‥‥‥‥‥‥‥‥‥‥‥‥‥‥　68

図 4-7　鑚井盆地　‥‥‥‥‥‥‥‥‥‥‥‥‥‥‥‥‥‥‥‥‥‥‥‥‥‥‥‥　76

表 4-1　降水量別面積割合　‥‥‥‥‥‥‥‥‥‥‥‥‥‥‥‥‥‥‥‥‥‥‥‥　53

表 4-2　土地資源の評価　‥‥‥‥‥‥‥‥‥‥‥‥‥‥‥‥‥‥‥‥‥‥‥‥‥　54

表 4-3　入植以前の植生　‥‥‥‥‥‥‥‥‥‥‥‥‥‥‥‥‥‥‥‥‥‥‥‥‥　55

表 4-4　土地・森林・水資源の日豪比較　‥‥‥‥‥‥‥‥‥‥‥‥‥‥‥‥‥　56

表 4-5　農業生産額の部門別割合，1906-2011 年　‥‥‥‥‥‥‥‥‥‥‥‥‥　58

表 4-6　耕地面積と小麦生産，1861-2011 年　‥‥‥‥‥‥‥‥‥‥‥‥‥‥‥　59

表 4-7　牛・羊の頭数及び牛肉・羊毛の生産，1861-2011 年　‥‥‥‥‥‥‥‥　62

表 4-8　農業の日豪比較　‥‥‥‥‥‥‥‥‥‥‥‥‥‥‥‥‥‥‥‥‥‥‥‥‥　64

表 4-9　州別農業生産額の部門別割合，2011 年　‥‥‥‥‥‥‥‥‥‥‥‥‥‥　66

表 4-10　部門別農業生産額の州別割合，2011 年　‥‥‥‥‥‥‥‥‥‥‥‥‥　66

表 4-11　耕地面積・小麦作付面積の地帯別割合，1861-2011 年　‥‥‥‥‥‥　69

表 4-12　肉牛・羊の頭数の地帯別割合，1861-2011 年　‥‥‥‥‥‥‥‥‥‥　71

表 4-13　灌漑面積と灌漑水量，2011 年　‥‥‥‥‥‥‥‥‥‥‥‥‥‥‥‥‥　72

表 4-14　農業の地帯別比較，2011 年　‥‥‥‥‥‥‥‥‥‥‥‥‥‥‥‥‥‥　73

表 4-15　農業の小地域別比較，2011 年　‥‥‥‥‥‥‥‥‥‥‥‥‥‥‥‥‥　75

表 4-16　鑚井盆地と地表の地名　‥‥‥‥‥‥‥‥‥‥‥‥‥‥‥‥‥‥‥‥‥　77

表 4-17　「大鑚井盆地」の牛と羊，1861-2011 年　‥‥‥‥‥‥‥‥‥‥‥‥‥　81

第 5 章

図 5-1　石炭・金属鉱石の採掘と製錬，2011 年　‥‥‥‥‥‥‥‥‥‥‥‥‥‥　94

図 5-2　石油・天然ガスの採掘と精製，2011 年　‥‥‥‥‥‥‥‥‥‥‥‥‥‥　97

表 5-1　鉱業生産額の部門別割合，1861-2011 年　‥‥‥‥‥‥‥‥‥‥‥‥‥　87

表 5-2　鉱産物の生産量と輸出量，1861-2011 年　‥‥‥‥‥‥‥‥‥‥‥‥‥　88

表 5-3　石油・天然ガスの生産量と輸出入量，1966-2011 年　‥‥‥‥‥‥‥‥　90

表 5-4　原油・石油製品の相手地域別輸出入量，2011 年　‥‥‥‥‥‥‥‥‥　90

表 5-5　州別鉱業生産額の部門別割合，2011 年　‥‥‥‥‥‥‥‥‥‥‥‥‥‥　91

表 5-6　部門別鉱業生産額の州別割合，2011 年　‥‥‥‥‥‥‥‥‥‥‥‥‥‥　92

viii

表 5-7　鉱産物生産量の州別割合，2011 年 ································· 92

表 5-8　鉱業生産額の地帯別割合，2011 年 ·························· 93

表 5-9　生産量に占める輸出量の割合，2011 年 ···················· 93

表 5-10　非鉄金属鉱石の採掘地・製錬地の事例，2011 年 ············ 96

表 5-11　主要開発プロジェクト ································· 99

表 5-12　新設鉱業鉄道の比較，1974 年 ······················ 100

表 5-13　鉱業都市の比較，1976 年 ························· 102

表 5-14　インフラストラクチャー整備の諸段階（マウントアイザの事例）······ 105

表 5-15　鉱業開発投資の構成 ·························· 106

第 6 章

表 6-1　輸出額の品目別割合，1861-96 年 ···················· 111

表 6-2　輸出額の品目別割合，1901-2011 年 ···················· 112

表 6-3　輸出額の相手地域別割合，1901-2011 年 ··············· 113

表 6-4　輸出額の産業別割合，1961-2011 年 ·················· 114

表 6-5　州 GDP の産業別割合，2011 年 ···················· 115

表 6-6　産業別 GDP の州別割合，2011 年 ··················· 115

表 6-7　州別製造業生産額の部門別割合，2011 年 ·············· 116

表 6-8　部門別製造業生産額の州別割合，2011 年 ·············· 116

表 6-9　州別輸出入額，2011 年 ························· 117

表 6-10　QLD の貿易，2011 年 ·························· 117

表 6-11　州別海上輸出入量，2011 年 ···················· 117

表 6-12　GDP の産業別割合，1796-1861 年 ·················· 118

表 6-13　GDP の産業別割合，1861-2011 年 ·················· 119

表 6-14　農業・鉱業の前方連関，2009 年 ··················· 121

表 6-15　農業・鉱業の後方連関，2009 年 ··················· 122

付　表

付表 1　州・全国の人口，1788-2011 年 ···················· 125

付表 2　先住民の人口，1788-2011 年 ···················· 126

付表 3　州都・準州都・連邦首都の人口，1861-2011 年 ··········· 127

付表 4　州別・地帯別人口，2011 年 ······················ 127

付表 5　人口 1 万以上の中小都市，2011 年 ·················· 128

付表 6　中小都市・他地域の地帯別人口，1861-2011 年 ··········· 129

付表 7　中小都市の機能類型別・地帯別人口，1861-2011 年 ········· 130

付表 8　出生地別人口，1861-2011 年 ···················· 131

付表 9　出生地別純移民流入数，1947-2011 年 ················ 132

付表 10　エスニックグループ別人口，1947-2011 年 ·············· 132

付表 11　大都市の出生地別人口，2011 年 ·················· 133

付表 12　大都市の言語別人口，2011 年 ···················· 133

付表 13　農業生産額，1906-2011 年 ···················· 134

付表 14	州別農業生産額, 2011 年	135
付表 15	小麦の州別生産量, 1836-2011 年	136
付表 16	小麦の州別純輸移出量, 1836-96 年	137
付表 17	小麦・牛肉・羊毛の生産量と輸出量, 1861-2011 年	138
付表 18	州別耕地面積, 1861-2011 年	139
付表 19	小麦の州別作付面積, 1861-2011 年	140
付表 20	地帯別の耕地面積・小麦作付面積, 1861-2011 年	141
付表 21	牛の州別頭数, 1861-2011 年	142
付表 22	羊の州別頭数, 1861-2011 年	143
付表 23	牛・羊の地帯別頭数, 1861-2011 年	144
付表 24	肉牛・乳牛の地帯別頭数, 1861-2011 年	145
付表 25	農業の地帯別比較, 2011 年	146
付表 26	農業の小地域別比較, 2011 年	146
付表 27	鉱業生産額, 1861-2011 年	147
付表 28	州別鉱業生産額, 2011 年	148
付表 29	州別鉱産物生産量, 2011 年	148
付表 30	地帯別鉱業生産額, 2011 年	149
付表 31	品目別輸出額, 1861-96 年	149
付表 32	品目別輸出額, 1901-2011 年	150
付表 33	相手地域別輸出額, 1901-2011 年	151
付表 34	州 GDP, 2011 年	152
付表 35	州別製造業生産額, 2011 年	152
付表 36	産業別 GDP, 1861-2011 年	153
付表 37	農業・鉱業の前方連関, 2009 年	154
付表 38	農業・鉱業の後方連関, 2009 年	154

第1章　テラ・アウストラリス

1. 入植から自治植民地へ

（1）ヨーロッパ船の来航

　国名の「オーストラリア」は，「テラ・アウストラリス・インコグニタ」（Terra Australis Incognita）というラテン語に由来する。「テラ」は「土地」又は「大陸」，「アウストラリス」は「南」，「インコグニタ」は「未知の」という意味で，三つ合せて「未知の南方の土地」という意味である。もともと「テラ・インコグニタ」は北方と南方の両方に存在すると考えられていたので，互いに区別するために北方あるいは南方の語が加えられていた。しかし「未知の北方の土地」の存在は早くから話題にされなくなり，次第に「未知の南方の土地」だけが「テラ・アウストラリス」又は「テラ・インコグニタ」と略称されるようになった。

　大航海時代にはヨーロッパから見て世界各地の情報が豊富になり，ユーラシア（ヨーロッパ＋アジア），アフリカ，南北アメリカが世界地図に描かれるようになったが，大西洋・インド洋・太平洋の南方には広大な「テラ・アウストラリス」が推測によって描かれていた。この未知の土地（大陸）は現在のオーストラリアや南太平洋の島々についてのそれまでの断片的な情報をつなぎ合わせたもので，オーストラリア大陸にあたる所には北岸から西岸にかけての海岸線らしきものが見受けられる。このように，他の大陸の姿がほぼ明らかになってからも，オーストラリアを含む「南方の土地」の実態はヨーロッパには知られていなかったのである。

　表 1-1 は，17 世紀初頭からクックの来航（1770

年）までにオーストラリアに来航（接近又は上陸）したヨーロッパ船のリストで，難破など消極的な理由によるものも含まれている。多くの船が来航しているが，クックよりも前の来航地はほとんどが大陸の北岸〜南西岸であった。また，ここにリストアップされたヨーロッパ船のうち，イギリス船はダンピア及びクックの船のみであり，その他はすべてオランダ船であった。オランダは既にジャワ島（インドネシア）に交易の拠点を置いていたので，オーストラリアの北西沖合のインド洋を多くのオランダ船が航行していた。オランダ船の来航のうち，タスマンの来航は積極的な交易の可能性を探るための調査を目的としていたが，オーストラリアがインドネシアに比べて自然条件が格段に悪いこと，交易の対象となる特産物がないこと，交易の仲介者となるような地元の有力者のいる社会組織がないことなどの理由で，経済的関心を持つには至らなかった（Blainey 1966; Harris 1974）。またタスマンは 1644 年の航海でオーストラリア大陸を「新オランダ」と命名したが，オランダ領となったわけではなかった。後の帝国主義時代とは異なり，具体的な交易の可能性がなければ領有する意味はなかったのである。またダンピアの航海もイギリスによる領有には至らなかった。

　18 世紀に入っても，オーストラリアに関するヨーロッパ人の知識はおおむねタスマン及びダンピアの航海によるものにとどまっていて，大陸北岸のカーペンタリア湾（ケイプヨーク半島の西岸，東経 142 度付近）から大陸の南西岸を経て南岸のグレイトオーストラリア湾東部（東経 134 度付近）

2

表 1-1 ヨーロッパ船の来航, 1606-1770 年

	来航者(斜体は船名)	来航地
1606	Willem Jansz (*Duyfken*)	北岸(Cape York半島西岸)
1616	Dirk Hartog (*Eendracht*)	西岸(Shark湾)
1618	Pieter Dirkszoon (*Zeewulf*)	北西岸(Dampier諸島)
1618	Willem Jansz (*Mauritius*)	西岸(Exmouth湾)
1619	Frederick de Houtman (*Dordrecht, Amsterdam*)	南西岸(Houtman Abrolhos諸島)
1622	*Leeuwin*	南西端(Leeuwin岬)
1623	Jan Carstenszoon (*Pera, Arnhem*)	北岸(Carpentaria湾, Arnhem Land)
1627	Pieter Nuijts, Francois Thijssen (*Gulden Seepaert*)	南岸(西部〜Nuyts諸島)
1628	Gerrit Frederickszoon de Wit (*Vianen*)	北西岸(Barrow島〜Port Hedland)
1629	Francis Pelsart (*Batavia*)	南西岸〜西岸
1636	Pieter Peietersen (*Klein Amsterdam, Wesel*)	北岸(Carpentaria湾, Arnhem Land)
1642	Abel Janszoon Tasman (*Heemskirck, Zeehaen*)	Tasmania島南岸〜New Zealand
1644	Abel Janszoon Tasman (*Limmen, Zeemeuw*)	北西岸〜北岸全般, 「新オランダ」と命名
1688	William Dampier (*Cygnet*)	北西岸(Dampier)
1696	Willem de Vlamingh	南西岸(Perth付近)
1699	William Dampier (*Roebuck*)	西岸(Shark湾)〜北岸
1770	James Cook (*Endeavour*)	東岸全般

ABS (2012a), Emery (n.d.), Harris (1974), Shaw (1984) により作成.

に至る, 大陸のほぼ西半分の海岸線だけが知られていた (NSW 1974)。なおタスマンの 1642 年の航海における現在のタズマニア島の南岸の記載は断片的なものであり, 当時は島なのか大陸の一部なのかは不明であった。タズマニアが大陸の一部ではなく島であることが確認されたのは, シドニーに入植してから 10 年後の 1798 年であった。

表 1-2 は『ガリバー旅行記』(1726 年) に登場する四つの国である。この本にはそれぞれの国の章の冒頭に海図風の地図が添えられていて, 国の位置が示されている。架空の国であり, 地図も正しいとは言えないが, これら四つの国のうち, 二つがオーストラリア, 他の二つが太平洋北部に位置している。オーストラリアの二つの国のうちの「小人国」は, 南岸のグレイトオーストラリア湾のほぼ東端 (東経 133 度 20 分) にあるナイツ諸島 (Nuyts Archipelago) がヒントになったとされている (Reed 1973)。この「小人国」の地図には広大な大陸西半部が描かれておらず, スマトラ島とタズマニア島南岸だけが示されている。スマトラ島とタズマニア島南岸がほぼ同じ経度で南北に位置しているという明らかな誤りを無視して, タ

ズマニア島南岸との相対的位置から判断すれば, 作者のスウィフトが, タスマンやダンピアの航海によって当時知られていた情報を参考にして, ナイツ諸島から思いついた可能性は十分あると判断できる。もう一つの「馬の国」では, フウイヌム国のある島は全く架空であるが, 地図に描かれているオーストラリア大陸南西部の海岸線はほぼ正確である。このように, 『ガリバー旅行記』に登場する四つの架空の国のうちの二つがオーストラリアに設定されたことは, 当時のヨーロッパから見てオーストラリアがほとんど知られておらず, 架空の国を設定しやすい状況であったことを反映している。

オーストラリア大陸の北岸は, 古くから北隣のインドネシアの人々によって知られていた。北岸の海域にはナマコが生息しており, スラウェシ島などから毎年漁船が訪れてしばらく滞在し, 漁獲したナマコを乾燥させてからインドネシアに持ち帰っていた (Blainey 1966, 1994; Heathcote 1975)。しかしインドネシアからの漁民はここに住み着くことはなかった。オーストラリア北岸の自然条件はインドネシアに比べてはるかに劣悪だったから

表 1-2 『ガリバー旅行記』の四つの国

国	位置
リリパットなど(小人国)	オーストラリア南岸の島
ブロブディンナグ(巨人国)	北アメリカ西岸の半島
ラピュータ(空飛ぶ国)など	北太平洋上及び上空の島
フウイヌム(馬の国)	オーストラリア南西岸の島

スウィフト（1980）による.

である。20 世紀半ばには，オーストラリア大陸の北部が未開発のままだとインドネシア人が「侵入」してくると心配して北部地域を積極的に開発すべきであるという主張があったが（本章 3 節），もしインドネシアからの漁民が移住したいと思えば，イギリスからの入植よりも 2 世紀以上前から十分にその機会があったはずである。

このように，北岸～西岸に関する限り，ヨーロッパ船やインドネシアからの漁民による評価はきわめて低かった。オーストラリアが多少共積極的に評価されるようになるのは，クックの来航以後であった。

(2) 領有・入植

表 1-3 は，領有・入植から自治植民地に至る過程をまとめたものである。1788 年にイギリスが正式に領有したのは東経 135 度以東であり，「ニューサウスウェイルズ」と命名した。その後領有の範囲は 1825 年に東経 129 度以東に拡大され，さらに 1829 年に東経 129 度以西が「ウェスタンオーストラリア」として加わったので，ようやく現在のオーストラリアの領域がすべてイギリス領となった。

クックは 1770 年にオーストラリア東岸に到達し，東岸各地を調査して，1771 年にイギリスに帰着した。クックの一行には植物学者バンクス（Joseph Banks）などの専門家がおり，科学的な調査が行われて，東海岸が水の入手可能性や植生の点で人間の居住が可能であると判断されたことは，それ以前の北岸・西岸の消極的評価と比べて対照的である。しかしイギリスがオーストラリ

アを領有することを決定したのは 1786 年であり，クックの帰国から 15 年も後のことであった。一般に大航海時代から帝国主義時代までを一括してヨーロッパ列強の世界進出の時代と思い込んでしまいがちであるが，18 世紀までは，後の帝国主義時代とは違って，土地を「発見」次第直ちに領有するというわけではなかった。上述のようなオランダ船の来航の事例のようにオーストラリアが不毛の地とみなされた場合だけではなく，クックの来航後のように，人間が居住できる土地であることが報告されても，直ちに領有・入植には至らなかったのである。

イギリスがオーストラリアの領有を決定した背景には，それまでの流刑先であったアメリカが独立戦争（1776 ～ 83 年）を経てイギリスから独立したことがある。これにより流刑先を失ったイギリスは，国内の過剰な受刑者のはけ口として，アメリカに代わる新たな流刑先を探さなければならなくなった（Blainey 1966, 1994）。こうして，流刑地としての領有の決定（1786 年），流刑者（convicts）と海軍軍人を乗せた「最初の船団」の出発（1787 年 5 月）及び到着（1788 年 1 月）を経て，1788 年 2 月に正式かつ実質的に流刑植民地（penal colony）が発足した。このように，オーストラリアの領有・入植はやむを得ない理由での新たな流刑地の選定という消極的なものであった。たとえば「最初の船団」には農具や家畜も積まれていたが，本格的な農業開発には不十分であった。また領有・入植の理由・動機としては，南太平洋・東南アジア方面を航行するイギリス船のために水の補給と船の修理ができる寄港地

表 1-3　州（植民地）の沿革

州（植民地）	領有(1)	入植(2)	流刑制度(3)	分離(4)	自治(5)
New South Wales (NSW)	1788	1788	1788–1850		1855
Victoria (VIC)	(1)	1834	1844–1849	1851	1855
Queensland (QLD)	(1)	1824	1824–1839	1859	1859
South Australia (SA) (6)	(1)	1836		1836	1856
Western Australia (WA) (7)	1829	1829	1850–1868		1890
Tasmania (TAS)	(1)	1803	1804–1853	1825	1855
Northern Territory (NT) (8)	(1)	1869		1863	1978
Australian Capital Territory (ACT) (9)	(1)	1825		1911	1989

(1) 1788 年に東経 135 度以東を NSW として領有，1825 年に東経 129 度以東に拡大．
(2) 最初の永続的入植地への入植．VIC 以外の 5 植民地では現在の州都が最初の入植地．
(3) 流刑制度の開始年・廃止年は資料や定義により異なる場合がある．
(4) NSW からの分離．
(5) 自治政府の発足（植民地）又は住民自治組織の発足（連邦直轄地区）．
(6) 植民会社による自由入植地．(7) 当初は植民会社による自由入植地として発足．
(8) 1863 年に SA に移管，1911 年に連邦直轄地区．(9) 1911 年に連邦直轄地区．
ABS（2012a），Shaw（1984）により作成．

が欲しいという事情もあった（Blainey 1966）。したがってオーストラリアの最初の入植地であるシドニーの位置の選定には，農業的開発よりも港湾としての評価が重要であった（Statham 1989）。

表 1-3 の「入植」とは，現在まで継続している定住の開始を意味しており，短期間の居住の後に放棄された場合などは含まれていない。この表に示されているように，1788 年のシドニーへの入植以後，現在の 6 州にあたる各植民地への入植には，15 年後の 1803 年（タズマニア）から 48 年後の 1836 年（サウスオーストラリア）まで長い年月がかかった。またノーザンテリトリーへの入植は 1788 年から実に 81 年後の 1869 年であった。このように 1788 年以後も，オーストラリア全土を積極的かつ急速に開発しようとしたとは言えない。

ヴィクトリアの最初の入植地（1834 年）はポートランド（Portland）であり，メルボンへの入植は翌年の 1835 年であった。このメルボンへの入植はバットマン（John Batman）一行によるものであり，彼らが，少なくとも形の上では，地元の先住民の長老との間で譲渡契約を交わして土地を入手したことになっていることで知られている（注 1）。しかし当時のニューサウスウェイルズ植民地政府は，オーストラリアの土地はすべて「王領地」（crown land）すなわち国有地であるから，土地は然るべき手続きにより植民地政府から入手しなければならないとし，この先住民との「契約」を無効とした。結局バットマンは「然るべき手続き」で植民地政府から土地を入手して一件落着した。

この一連の事実のうち，先住民との「契約」については，ヨーロッパ的な契約の概念もなく読み書きもできない地元の先住民を相手とした，詐欺的な不等価交換を内容とするものであるとして非難することは簡単である。しかし，土地に関する先住民の伝統的な権利を条件付きながら初めて原理的に認めた「マボ判決」（1992 年）（注 2）に象徴されるような，先住民の本来の権利という現代的な観点からは，別の解釈・評価もあり得る。当時の植民地政府（すなわちイギリス政府）の公式の立場は，そもそもオーストラリアの土地は「無主地」すなわち誰のものでもない土地で，イギリスがオーストラリアを領有したことによって「王領地」となったというものであり，これはアメリカや北海道でも基本的に同様であった。これに対してバットマンの「契約」は，事実上は詐欺的行為であったとしても，少なくとも形式論理として

は，土地がもともと地元の先住民のものであるとの建前に基づく「契約」であったことになるのである。

（3）流刑制度

表1-3の「流刑制度」（transportation）の欄に示されている期間は，イギリスから新たにオーストラリアに流刑者が送られてきた期間である。したがって流刑者はこの期間の後も刑期終了までの一定期間は存在していたことになる。六つの州（植民地）のうち，サウスオーストラリアは植民会社による自由入植地として発足したので，流刑制度はまったく存在しなかった。これに対してウェスタンオーストラリアは，当初はサウスオーストラリアと同様に植民会社による自由入植地として発足したが，その後の人手不足などの理由により，1850年から流刑者を受け入れた。他の地域では既に流刑制度が廃止又は廃止間近であった時期にウェスタンオーストラリアが流刑者を受け入れるようになったことは，理想主義的な入植・開拓政策が現実には困難であったことを物語っていると言える。

オーストラリアの人口増加・移民流入に関しては，この流刑制度が過大評価されている。オーストラリアを領有する主な動機が新たな流刑地の必要性であったとはいえ，流刑者として送られてきた人数はそれほど多くはなかった。一般には最初のゴールドラッシュ（1850年代）によって多くの自由移民が流入するようになったと言われることが多いし，たしかに自由移民の流入数はきわめて多かったが，ゴールドラッシュよりもかなり前の1830年代には，既に自由移民の流入数が流刑者の流入数をはるかに上回っていたのである（Blainey 1994）。

表1-4はニューサウスウェイルズにおける人口の流刑者（bond）・自由民（free）別の内訳である。この表に示されているように，1821年には既に自由民の人口が流刑者を上回っており，その後も

表1-4　NSWの人口，1821-51年（千人）

	流刑者	自由民	合計	流刑者の割合(%)	
1821	13.8	16.0	29.8	46.4	
1828	15.7	20.9	36.6	42.8	*63.4*
1833	24.5	36.3	60.8	40.4	
1836	27.8	49.3	77.1	36.1	
1841	27.0	101.7	128.7	21.0	*36.1*
1846	10.8	176.6	187.4	5.8	*20.2*
1851	2.7	184.6	187.2	1.4	*15.7*

空欄は不明又は該当する数値なし（以下同じ）．
斜体は元流刑者を含めた場合．調査時期・領域が異なるので合計は次表及び付表1とは一致しない．
NSW（1841, 1904）により作成．

自由民の増加が著しかったので，人口に占める流刑者の割合は急速に低下した。ただしこの統計での「流刑者」は刑期が終わっていないという意味での公式の流刑者（受刑者）を意味しており，刑期満了又は仮釈放（仮釈放の形での刑期の実質的短縮）などで自由の身となった者は「自由民」として計上されているので，自由民の増加には自由民としての移民流入だけではなく流刑者からの身分の変更も含まれている。そこでデータの得られる年次について，これらの元流刑者を「自由民」から「流刑者」の方に移してみると，流刑者の割合が高くなるのは当然であるが，やはり急速に低下している。当時の人口統計において元流刑者が自由民に含まれていたことは，単なる法律上・人権意識上の定義だけではなく，元流刑者が社会の一員として実際に重要であったことも反映している。

また，流刑者の多くが極悪人であったかのような印象は誤解である。当時のイギリスには，江戸時代の日本と同様に，懲役何年というような教育刑はなく，多くの犯罪者が死刑又は流刑となった。現在の感覚ではそれほどの重罪人ではない者も含めて多くの「極悪人」は既に本国で死刑になっていたのであり，オーストラリアに送られてきた流刑者の罪状は羊泥棒のように比較的軽いものが多かった（Harris 1974）。また流刑者はオーストラ

リアに来てからは刑務所に収容されていたのではなく，実質的には一般的な労働者としてさまざまな仕事に従事していたのであり，重要な労働力であった。このように，流刑制度が過大評価されているとの見解は，流刑者の流入数の減少，人口における流刑者の割合の低下によって支持されるだけではなく，流刑者・元流刑者の社会的重要性によっても支持される。

（4）自治植民地

表1-3の「分離」とは，ヴィクトリア，クインズランド，タズマニアがニューサウスウェイルズからそれぞれ分離して個別の植民地となったことを示す。また「自治」とは，ニューサウスウェイルズ，ヴィクトリア，クインズランド，サウスオーストラリア，ウェスタンオーストラリア，タズマニアがそれぞれウェストミンスター型（議院内閣制）の議会・政府を持つ自治植民地となったことを示す（注3）。

連邦国家であるオーストラリアは，州に「分けられている」のではなく，初めに「州ありき」であり，州が連合してオーストラリアという国（連邦）を作っているのである。連邦国家としての現在のオーストラリアを構成しているこれら六つの州は，それぞれ自治植民地として成立して以来の名称と行政体制を維持している。また領域についても，厳密にはサウスオーストラリアの領域の西への拡張（1861年）とクインズランドの領域の

西への拡張（1862年）があったが，まだ開拓が及んでいなかったので，人口や土地利用などの地理的実態に関わる実質的な変化はなかった。したがって19世紀の自治植民地の成立の方が，連邦結成（1901年）よりも地理的・歴史的・政治的に重要である。

（5）ゴールドラッシュ

オーストラリアの歴史において，1850年代及び1890年代の二度のゴールドラッシュはよく知られている。特に1850年代のゴールドラッシュは，人口増加，自治植民地の成立，その後の経済発展などの点で重要である。表1-5に示されているように，1788年以来の人口の増加は遅々としたものであったが，1830年代からは牧羊の拡大などにより人口が増加していった。そして1851〜61年にはゴールドラッシュにより全国の人口が2.7倍，ゴールドラッシュの中心となったヴィクトリアでは実に5.5倍に急増した。このようなゴールドラッシュに関しては，次の4点に留意したい。

第1に，ゴールドラッシュの経済史的意義はきわめて大きいが，少なくとも「広大な国土」とは直接的には無関係である。反対に，オーストラリアの最初の長距離鉄道がメルボンと金鉱都市バララト（Ballarat）を結ぶものであったように，ゴールドラッシュは「広大な国土」に対する挑戦としての距離の克服や内陸の開拓のきっかけとなった

表1-5 州・全国の人口，1788-1861年（千人）

	NSW	VIC	QLD	SA	WA	TAS	全国
1788	0.9						0.9
1791	2.9						2.9
1801	5.9						5.9
1811	10.3					1.6	11.9
1821	29.7					5.8	35.5
1831	48.0				1.3	26.6	76.0
1841	124.9	20.4		15.5	2.8	57.4	221.0
1851	187.8	97.5	9.4	66.5	7.2	69.2	437.7
1861	357.4	539.8	34.4	130.8	15.9	89.9	1,168.1

付表1による.

と言うべきであろう。

　第 2 に，ゴールドラッシュによる間接的影響が重要である。表 1-6 の金鉱地区成人男子（1851 〜 59 年）及び金鉱地区採掘従事者（1859 〜 61 年）のデータはゴールドラッシュに直接関わる人口の推移を示しており，1858 年をピークに減少したことが示されている。これはヴィクトリア全体の「純流入」が 1857 年をピークに減少に転じ，1861 年には純流出に転じたことと軌を一にしている。しかし金鉱地区での人口の減少にもかかわらず，ヴィクトリア全体の人口は 1858 年以降も増加した。ゴールドラッシュによる直接的な人口増加が終わった後には，ヴィクトリア以外への転出もあったとはいえ，金鉱地区からのメルボンなどへの移動も少なくなかったからである。このようにゴールドラッシュによる効果としては，金採掘による直接的な効果だけではなく，これをきっかけとした人口の増加・定着，商工業の発達などのような間接的な効果も重要である。

　第 3 に，ゴールドラッシュはその後のオーストラリアへの政治的・社会的影響をもたらした。南十字星をデザインした現在のオーストラリア国旗が，ユリーカストケイド（Eureka Stockade）事件（注 4）で「反乱」側が掲げた旗に由来すること，ユリーカストケイド事件にはその後のオーストラリアの政治的・社会的局面においてさまざまな象徴的な意味が付されたことはよく知られている。なお，この「反乱」事件が「金鉱労働者」によるものであるという言い方がしばしば見受けられるが，これには注意が必要である。この「金鉱労働者」という言葉は会社に雇用された賃金労働者という意味で使われることが多いが，そのような金鉱労働者が多くなるのは後のことであり，ユリーカストケイド事件の頃までの主役は個々の独立自営の金採掘者（gold miners）であった。これは，採掘技術との関連でいえば，砂金採掘による初期の金採掘では，装備・技術・費用などの点で個人レベルでも可能であったからである。ただし，その後採

掘対象が砂金から地下の金鉱石となり，装備・技術・費用などの点で個人ではなく会社による採掘が中心になると，賃金労働者が増えていった。

　第 4 に，表 1-6 に示されているように金採掘者の中にはかなりの数の中国人がいた。これらの中国人がイギリス系の労働者よりも低賃金で働いたのでトラブルとなったとの説明が見受けられることがあるが，これにも注意が必要である。すなわち中国人の多くも賃金労働者ではなく独立した金採掘者であり，イギリス系の採掘者よりも採掘実績の良い者がいたことがトラブルの原因となったと解する方が自然であろう（Harris 1974）（注 5）。また中国人の金採掘者に関わるトラブルには，経済的な原因だけではなく文化的な意味での違和感（カルチャーショック）に伴う摩擦も影響していたと思われる。たとえば旧金鉱町の歴史的遺構に残る火葬場跡や，郷土史博物館に展示されている当時の写真に見られるような清朝期の風俗（衣服，弁髪，祭など）は，当時のイギリス系の人々を今日の感覚で差別主義者として単純に非難するよりも，より慎重かつ多面的な考察が必要であることを示唆している。

表 1-6　VIC の人口と金生産，1851-61 年

| | VIC全域 | | 金鉱地区 | | 金鉱 |
	総人口 （千人）	純流入 （千人）	成人男子 （千人）	中国人 （%）	生産量 （t）
1851	97.5	10.9	20.0		6.5
1852	168.3	63.6	33.8		67.0
1853	222.4	49.9	52.8		80.4
1854	283.9	48.4	62.5		65.0
1855	347.3	40.2	109.7	*17.5*	82.6
1856	390.4	20.4	115.3	*15.7*	89.4
1857	456.5	42.8	132.4	*19.9*	82.9
1858	496.1	18.5	147.4	*22.8*	76.0
1859	521.1	11.2	139.2	*18.7*	68.8
1859	521.1	11.2	125.8	*20.7*	68.8
1860	538.2	7.3	108.6	*18.9*	65.1
1861	539.8	-9.0	100.5	*24.4*	59.6

年末現在（生産量は暦年）.
「成人男子」の 1859-61 年は採掘従事者.
ABS（2014a），Serle（1963），Vamplew（1987）
により作成.

2. 国土観

（1）五つの国土観

表1-7は，入植から現代に至るオーストラリアの歴史に見られた五つの国土観（vision）の要点をまとめたものである（注6）。これらの国土観は，過去のさまざまな時期における旅行記・書簡・出版物などの文字記録や絵画・写真などの画像記録に基づいていて，おおむね歴史的に登場した順に並べられている。ただし歴史的な順序はそれほど厳密なものではないし，複数の国土観が同じ時期に併存していることは言うまでもない。

第1のscientific visionは，カンガルー（注7）をはじめとする固有の動植物，南半球に位置していることによる「反対の季節」や「北から照る太陽」（注8），そして内陸部では降水量が少なく乾燥していることなど，イギリスでは見られないさまざまな自然的事象に対する開拓初期以来の関心に表れている。このような自然的事象は「純科学的」関心と共に「応用科学的（実学的）」関心の対象となり，伝統的に多くの自然科学研究が開拓・開発に結び付いてきた。たとえば入植後の早い時期に気象台兼天文台が開設されて降水量などの観測が始まったことは，開拓のための実用的な活動

の一つとして位置付けられる。このような自然への関心は，自然科学研究と共に，自然保護への関心として現代に受け継がれている。

第2のromantic visionは，必要悪としての「文明」に対する批判的態度に基づいて「手付かずの自然」を肯定的に評価するものである。これは文明から自然への逃避でもあり，形を変えて現代の自然保護運動に継承されているとみることができるし，ウォーキング，キャンプ，バーベキューなどの野外活動も同様である。先住民も，いわば「自然」の一部として，同情的に位置づけられる。

第3のcolonial visionは，宗主国イギリスの視点・利害に基づく経済的評価が中心である。たとえば固有の動植物には資源としての経済的価値はないので草原にはカンガルーの代りに羊や牛が導入されたし，内陸部に可航河川がほとんどないことや，先住民が労働力として役に立たないことなどが消極的評価の理由となった。また自然景観は単調であるとして評価が低く，イギリス風の庭園や，開拓によってイギリス風に「改善」された耕地などの景観が高く評価された。

第4のnational visionは，上記のcolonial visionに見られたようなイギリス目線からの脱却であり，開拓・開発の進展に伴う自信と共に，オース

表1-7　五つの国土観

Scientific vision	自然的事象に対する科学的関心・探究精神 固有の動植物／乾燥／特異な土壌 「純科学的」関心／「応用科学的」関心
Romantic vision	文明以前の（手付かずの）自然景観・動植物の賛美 先住民に対する同情的反応 文明の「侵入」に対する批判的態度／自然への逃避
Colonial vision	資源としての土地(自然)に対する経済的関心 固有の動植物には資源としての経済的価値がない 単調な自然景観／開拓による農業景観の評価
National vision	開拓・鉱産資源開発・都市化の進展に伴う自信 「田舎」の肯定的評価 土地資源の楽観的評価／北部(熱帯)の開発への関心
Ecological vision	自然のマイナス面に対する関心・警戒 人間が自然に及ぼす影響に対する懸念 土地への負荷の軽減／長期的な生産性の維持

Heathcote（1972, 1975）により作成．

トラリア固有の自然の再評価と，開拓の成果を反映するオーストラリア独特の「田舎」（countryside, bush）の肯定的評価が中心である。その延長として，集約的土地利用，人口増加，高い人口密度への期待・願望に見られるような土地資源の楽観的評価や，北部開発への過大な期待・関心（次節）も，この vision に含まれる。

第 5 の ecological vision は，上記の四つの vision のうちの scientific vision, romantic vision, national vision を合わせたものと言える。すなわち scientific vision 及び romantic vision に見られるような自然の位置付けを維持しつつ，干ばつ・洪水などの自然災害のような自然のマイナス面と，人間が自然（環境）に及ぼす影響を考慮することによって，national vision に見られるような開発の勇み足を，持続可能な成長の観点から制御するというものである。

（2）日本におけるオーストラリア観

日本におけるオーストラリア観は，「自然が豊か」「広大な土地」「資源大国」という三つのキーワードで代表される。これらを上記の五つの国土観と関連させてみよう。

第 1 の「自然が豊か」という印象は，グレイトバリアリーフ（Great Barrier Reef）やウルル（Uluru）のような世界遺産クラスの自然景観とカンガルー・コアラなどの独特の動植物がテレビ番組や出版物でしばしば取り上げられることによって日本では多くの人々が共有しており，オーストラリア政府の日本向け観光キャンペーンでも利用している。このようなオーストラリア観は，上記の国土観のうちの scientific vision にほぼ相当しているようであるが，本格的な意味での「科学的」国土観というよりは，心情的な意味での romantic vision 的な要素もかなり加味されていると言える。

第 2 の「広大な土地」という印象は，「土地の価値は面積に比例する」という日本特有の土地神話的な思い込みに基づく国土の過大評価と結び付いている。このようなオーストラリア観は，外からの視点による経済的評価という点では colonial vision に通ずると共に，national vision に見られるような国土・土地資源の過大評価に通ずるとも言えるだろう。

第 3 の「資源大国」における「資源」は主に鉱産資源を意味しており，日本にとってオーストラリアは石炭や鉄鉱石などの鉱産物の重要な供給国であるとか，オーストラリアの石炭や鉄鉱石の生産量・輸出量が世界有数であるとかいうことが関心事となる。この場合，これらの鉱産物がオーストラリアの社会・経済においていかなる意味を持っているかということには無関心であり，オーストラリアから何を手に入れることができるかという「物資調達型地理観」（谷内 2010）に基づくものである（注9）。このようなオーストラリア観は，上記の「広大な土地」と同様に，外からの視点という点では colonial vision，国土の経済的評価という点では national vision に多少は関わりがあるかもしれないが，むしろ上記の五つの国土観のいずれにもあてはまらない日本独自の見方であると考える方が良さそうである。

3. 北部開発論

（1）北部開発論とは

北部開発論とは，オーストラリアの「北部」の天然資源賦存についての楽観的な評価に基づいて，「北部」を国家的政策として積極的に開発すべきであるという主張である。これは 1970 年代まで根強く存在し，連邦政府は国土開発省北部開発庁（1963 ～ 72 年）や北部開発省（1972 ～ 75 年）を設置して，公式に北部開発政策を進めていた。

北部開発論における「北部」とは，オーストラリア大陸のうち南回帰線以北あるいは南緯 26 度以北の大陸北半部を指す。「南回帰線以北」はギリシャ時代以来の伝統的・古典的な「熱帯」の定

義に通ずるものである。これに対して南緯26度はノーザンテリトリーとサウスオーストラリア州との境界に当り，連邦政府の政策においては南緯26度以北が対象であった。いずれにしても「北部」は通常の意味での公式の行政区分ではなく，開発論・開発政策の対象として想定された地域である。

北部開発論はさまざまな動機・目的を持つ主張の総称であるが，その内容は次の（a）〜（e）の五つに要約できる（Barlow and Newton 1971）。

(a) 人口増加に対応して生活水準を向上させるためには天然資源を開発する必要があるが，北部の天然資源はまだ十分には利用されていない。

(b) 広大な「空白地域」を未開発のままにしているとアジアの人口過剰諸国との関係から国際問題が生じるので，これを避ける必要がある。さらに北部を開発しておいた方が戦時には防衛が容易である。

(c) 北部の気候条件を生かして熱帯・亜熱帯作物（特に綿花）を生産し，輸入代替を図るべきである。

(d) 人口過剰なアジア・アフリカ諸国の飢えた人々に食料を供給すべきである。

(e) 高度に開発された南部に対する未開発の北部という不均衡を是正し，均衡のとれた地域開発を達成する必要がある。

以下本節では，このような北部開発論の主張に見られる「北部」の指標として熱帯，対アジア関係，人口希薄，周辺性の四つを取り上げて，地域としての北部の設定と北部開発論との関連に留意しながら検討する（注10）。これらのうち，熱帯と対アジア関係が北部の位置に対応する直接の指標であるのに対して，人口希薄と周辺性は，北部の重要な属性ではあるが，地域としての北部の定義との関連が薄弱な二次的な指標である。

（2）熱帯としての北部

熱帯としての認識は，北部を設定する最も基本的・直接的な指標である。多くの場合「北部オーストラリア」（Northern Australia）と「熱帯オーストラリア」（Tropical Australia）とは同義語である（Courtenay 1982, 1987）。この熱帯としての認識は，積極的なものと消極的なものとに分けることができる。

熱帯の積極的認識は，北部における天然資源開発の潜在的可能性を楽観的に評価するものであり，特に太陽エネルギー及び水資源の賦存に立脚した熱帯農業開発論となる。「オーストラリア大陸への移住者は，ヨーロッパ北西部，特にイギリス出身者であった。この事実が，大陸北部の熱帯地域に対する一般的な態度に強く影響したと思われる。熱帯に関するイギリス人の典型的な認識は，直接・間接に，西インド諸島，インド，東南アジア及びアフリカにおける商人・行政官・伝道者としての経験に基づいていた。北部に対する公的・私的な態度は，進出の当初から少なくとも第二次世界大戦までこの線に沿うものであった」（Courtenay 1987）。

北部での熱帯農業の具体的事例としては，クインズランド州北東岸のさとうきび栽培と，ウェスタンオーストラリア州北東部のオード川流域灌漑事業（Ord River Irrigation Scheme）とがある。このうちクインズランドのさとうきび栽培は19世紀以来の歴史を持ち，北部における熱帯農業のほとんど唯一の成功例とされている。しかしこの事例は北部開発論よりも歴史的にはるかに先行して成立・発展したものであり，北部開発の一般的議論に対して例外的な存在であることにより，ここでの北部開発論の枠組での事例には該当しないと考えるべきである。

これに対してオード川流域灌漑事業は，明確に北部開発政策の一環として第二次世界大戦後に計画され，北部開発論争の直接の対象となった。このオード川流域灌漑事業とは，ウェスタンオース

トラリア州北部のキンバリー（Kimberley）地方からノーザンテリトリー北西部に至るオード川流域の水資源の積極的かつ楽観的な評価に基づく大規模な灌漑開発事業である。計画としては，(a) 下流の分水ダム建設と 1 万 2000ha の灌漑，(b) 上流の主ダム建設と合計 6 万 ha の灌漑，(c) 水力発電，の 3 段階に分かれている。連邦政府の資金援助を得て 1959 年に着工し，1963 年に分水ダム，1972 年に主ダムが完成した。この第 2 段階の主ダム建設に対する連邦政府の資金援助が検討されていた 1960 年代半ばに，この事業の経済的妥当性をめぐって活発な論争があった。一つは，オード川流域灌漑事業を含む北部開発全般に対する Davidson（1965,1972）による批判であり，もう一つは，オーストラリアの代表的な経済学学術誌である Economic Record 誌における一連の論争であった。

このようにオード川流域灌漑事業は，熱帯農業開発計画としての北部開発の性格を持っており，この事業への連邦政府支出を定めた法令の名称にも「北部開発」の表現が用いられている。ウェスタンオーストラリア州政府も，「オード川流域灌漑事業はオーストラリアの最後のフロンティアの一つを開拓するものであり，キンバリー地方だけではなく，北部オーストラリア全域のための開発方式を設定する」としていた。

オード川流域灌漑事業における熱帯の積極的認識は，特に水資源の評価に現れており，この計画の最大の動機は，オード川がオーストラリアの最大流量記録を持つということであった。この「豊富」な水資源と下流の「肥沃な」土地とを結び付け，主として綿花を栽培することが計画の骨子である。計画の支持者は，単位貯水量・単位灌漑面積当りの費用がきわめて小さいことを強調していた。

これに対して熱帯の消極的認識は，熱帯の居住・開発環境が「白人」（ヨーロッパ人）に適さないというものである。したがって，19 世紀後半に

はアジア人労働力の導入を企てた例が少なくないし，当時のクインズランドでの綿花・さとうきびの栽培は「カナカ人」（メラネシア人）の労働力に依存していた（Courtenay 1987; Davidson 1965; Learmonth 1971）。

1901 年の連邦結成に伴い，いわゆる「白豪主義」が成立した（第 3 章 1 節）。これにはクインズランドのさとうきび栽培でのメラネシア人労働者の奴隷的酷使に対する人道的批判が原因の一つとなったといわれており，その結果，熱帯での農業開発はすべて「白人」が行うことになった。「連邦結成後，クインズランドのさとうきび栽培には，北部開発という政治的願望の一部として，白人労働者の雇用に伴う生産費の増加に見合う保護政策が保証され，いわゆる熱帯での勝利（triumph in the tropics）となった」（Learmonth 1971）。こうして，「1930 年代までには，北部は，熱帯という環境により国家への完全な統合がきわめて困難な問題地域として成立していた」（Courtenay 1987）。たとえば「白人のクインズランド北部は，連邦全体の責任である」（Bolton 1970）として，連邦政府による援助を主張するようになった。

以上のような熱帯農業開発論は，天然資源に対する技術的評価のみが先行し，経済的考慮が不十分であるとして批判された。「政治家は，新聞の支持を得て，オーストラリア人が抱いている北部開発の奇妙な幻想を利用した。すなわち，北部における作物栽培と家畜飼育の可能性を単に科学者が示したというだけの理由からの，北部開発への期待である。しかし政治家も科学者も開発の費用は検討しなかった。どんな地域でも費用さえかければいかなる作物も栽培できる」（Davidson 1972）。「土地と水は，需要が存在する商品の生産に用いる場合にのみ価値がある。何を生産するにも，労働力や資本など他の資源と結合させなければならない」（Davidson 1965）。「ウェスタンオーストラリア北辺のオード川流域灌漑事業では，最初に相談を受けたのは技術専門家であった。次に

地質学者，農業問題専門家が意見を求められた。マーケットリサーチと経済問題の専門家が相談を受けたのは最後であった。経済性を無視したこのような開発計画は，過去の入植政策のありがたくもない遺産である」（Horne 1970）。

（3）アジアに面した北部

　北部がアジアに面していて距離も近いとの認識からは，「対アジア警戒論」及び「対アジア食料供給論」が導き出される。

　第1の対アジア警戒論は，この広大な北部を未開発のまま放置しているとアジア人の侵略を招くので，領有権を確実にするにはオーストラリア人による開発・居住の実績を作る必要があり，国土防衛のためには北部の人口を増加させて人口密度を高める必要がある，というものである。このような考えは既に第二次世界大戦前から存在していたが，日本によるオーストラリア北部への攻撃を含む第二次世界大戦の経験を経て，1950年代にますます強まった。「もし開発しなければ，土地に飢えた人々が国際機関に後押しされて北部への移住を要求してくるのをどうして拒否できようか。人口こそが侵略に対する最善の保証である」（Wilkes 1956）。「すぐ北に隣接する土地にひしめく多産のアジア人が，耐え切れぬまでに羨望の度を増してゆくことは明らかである」（Rees 1953）。

　1960年代になっても，北部開発構想は防衛・占拠思想から脱却し切っていなかった。「オーストラリア人にとっては，北部の人口がかくも少なく天然資源が未開発なことは道義的に誤りのようである。つまり何かしないと大陸全体を領有する主張の裏付けにならない，すなわち北部の放置がアジアの敵意を招く，という心配である」（Horne 1964）。

　オード川流域灌漑事業でも，「アジアの人口過剰諸国がオード川流域のような肥沃な土地を求めているときにこの流域に1万人が入植することは，国家として天然資源を放置せずに利用する意

志のあることを示すことになる」という主張が見られ，さらにオード川流域灌漑事業の「二次効果」の根拠にも用いられた。すなわちクインズランドのさとうきび栽培の土地利用実績に基づく侵略回避効果が同産業への連邦補助金に相当すると考えて，オード川流域灌漑事業でも同程度の水準の政治的効果を期待したのである。

　この対アジア警戒論に対する主な批判は次のとおりである。「アジアには未開発の土地が多く残っている。アジアの食料不足の理由としては，土地以外の障害の方が重要である。したがって解決法としては土地の拡大・占拠以外の方法が可能である」（Davidson 1965）。「歴史的に非常に早くからアジア人はオーストラリア北部の土地を知っていたのに，入植への関心を示さなかった」（Davidson 1965）（本章1節）。「人口が集中し開発の進んだ南部を直接に侵略する方が，北部を侵略するよりも効果的である。したがって，開発された北部は未開発の北部よりもむしろ侵略される危険が大きい」（Barlow and Newton 1971; Davidson 1965）。「人口は防衛には有効ではなく，かえって負担を増す。また北部の開発に伴う南北間の交通の発達は，南部への侵略を助ける」（Davidson 1965）。

　第2の対アジア食料供給論も，人口過剰で土地・食料の不足したアジアと，未開発のオーストラリア北部との対照に立脚している。そして「オーストラリアは西洋文明の代表として，南アジア・東アジアの大人口との新たな生産的関係を樹立すべきである」という主張のように，オーストラリアが西洋文明の一つとして生産力・技術の水準が高いという自負・使命感（Horne 1964），侵略の未然防止，対アジア援助，市場としてのアジアの近さ，などの認識が併存している。

　この対アジア食料供給論に対しても，次のような批判がある。「北部で生産しようとしている作物は，すべてアジアでの生産が可能である。むしろアジア諸国の重要な輸出品にさえなっている。したがって北部で生産すると，アジアとオースト

ラリア北部とは互いに競争相手となってしまう」（Barlow and Newton 1971; Davidson 1972）。「アジアでは生産水準が向上しつつあるし，オーストラリア北部よりも潜在的可能性が大きい」（Davidson 1972）。「北部がアジアに近くても，現実の輸送費の点では有利ではない。またアジアへ供給するには，多くの場合，北部からよりも南部からの方が有利である」（Davidson 1965）。

（4）人口希薄地域としての北部

　北部の人口密度はきわめて低く，「空白の北部」（empty north）とも呼ばれる。しかし，人口密度の低い地域は北部に限らず，南部にも広く存在している。したがって，人口希薄であることは北部の重要かつ基本的な属性であるが，人口希薄によって北部を設定することはできない。ここではこの点に注意しながら，人口希薄地域としての北部への開拓・入植論とその問題点を検討する。

　人口希薄地域としての認識からは，オーストラリアの歴史的開拓・入植過程の延長としての開拓・入植論が生ずる。これは経済性重視の視点を超越した，絶対的・古典的な入植論である（Webb 1969）。「この地域の生産能力を完全に開発するためにあらゆる努力をすることは最大の義務であり，まさに必須のことである」（Wilkes 1956）。「オーストラリアのように，広大な地域にわたる不毛な乾燥地帯を抱えた国では，開発を進めるにあたって，経済性よりも想像力が必要とされた面があったことは理解できる。1960年代初めには，たとえ開発のための開発にすぎなくとも，とにかく北部の開発を進めるべきであるとの思想が一般的であった」（Horne 1970）。

　オード川流域灌漑事業においても，入植による人口増加が期待されていた。「オード川流域灌漑事業の主目的は，キンバリー地方の集約的農業の開発によって，集約入植（closer settlement）（第4章3節）を促進することにあった」（Kerr 1967）。このほか「オーストラリアの発展における開拓

者的側面も，政治的要素として無視できない。オーストラリアの民主主義の成立基盤は家族農場（family farm）である。集約的な灌漑農業地域の開発は，開拓精神を持つオーストラリア人に自己表現の場を提供する」との主張も見られた。

　このような開拓・入植論に対しては，以下のような批判があった。「たとえ経済的視点を超越して北部開発を推進するとしても，その裏付けとして相当程度の経済活動の成立が必要である。人口希薄の条件のもとでは，集約的農業よりも，粗放的土地利用としての放牧や，天然資源賦存と大資本に依存した鉱業の方が適しており，有望である」（Barlow and Newton 1971; Courtenay 1970; Davidson 1972）。「北部の入植・開発においては牧畜・鉱業が重要な役割を果たしている。しかし従来の北部開発論では，牧畜・鉱業よりも作物農業を優先してきた。土地を耕す農民が入植して人口密度を高めることによって初めてその開発が実現されると，直接・間接に信じられてきたのである」（Courtenay 1987）。

　鉱業も牧畜も人口増加への効果をあまり期待できないことは，北部開発の推進論者・反対論者共に多くが認めている（Davidson 1965, 1972; Webb 1969; White 1969; Wilkes 1956）。また，集約的農業による人口増加の限界も指摘されている。「たとえ集約的農業などの第一次産業が成立しても，さらに工業化・都市化を含む地域社会の形成が人口増加には必要である」（Courtenay 1970; Horne 1964; White 1969）。これは，オーストラリア人の意識・生活様式が著しく都市的であるとの認識にも関係する。「オーストラリアが農業中心の国家とみなされ，移民が農民としての入植を希望した時代には，オード川流域灌漑事業のような政策も社会的見地から正当化することができた。しかしオーストラリアの経済的特質は，少数の従事者で運営する巨大な農場を背景とした都市社会としての発達に向いているのであって，この特質を妨げずに発展させることが絶対に必要である」（Horne

1970)。

従来の北部開発論では，域内自給のための食料生産は十分には検討されてこなかった。たとえ自給に努めるとしても，たとえば青果物の自給率はきわめて低い水準に留まるであろうと推定されている。「現実の入植者には，強固な定住の意思に欠ける傾向がある。たとえばオード川流域灌漑事業の現実は開拓精神からはほど遠い。住宅を含むすべての施設は政府が用意したし，食料自給の努力はせず，高い輸送費のかかった市販の食料に依存している。開拓の困苦に耐えて定住する意志に乏しく，短期出稼ぎ型が多い」（White 1969）。

（5）周辺地域としての北部

人口希薄地域を絶対的な未開発地域とすれば，周辺地域は，核心（中心）地域に対する相対的な後進・未開発地域として認識される。「北部は熱帯であると同時に周辺地域であり，それぞれ自然的・経済的環境を表していて，これらが重なり合って北部の問題を形成している。北部の経済的・社会的諸問題の多くは，核心地域から遠く離れていることに由来する」（Courtenay 1975）。なお，以下の議論での「南部」は「核心地域」の意味で使われていて，多くの場合「南東部・南西部」という意味であること，そして「北部」が，上述の人口希薄地域の場合と同様に，必ずしも狭義の北部ではなく，南東部・南西部以外の地域全般の意味で使われていることに注意する必要がある。

周辺地域としての認識からは，周辺地域が経済的に不利であるからこそ，開発努力が必要であるという，周辺地域積極開発論の主張が生まれる。「これまでの開発努力は南部に集中しており，北部は無視・放置されてきた。経済的考慮すなわち最少費用基準のみに従っていると，核心地域への集中が進むので，周辺地域は不利である。オーストラリア全体としての均衡のとれた開発を目指して，地域格差を是正するための国家的開発努力が必要である」（Kerr 1967; Wilkes 1956）。「経済性

の比較すなわち最少費用論は短期的であり，長期的評価には役立たない。北部開発では試行錯誤を含む長期的効果を考慮すべきである。長期的には収量の増大や生産費の低下などによって経済的にも成立するようになる」（Kerr 1967）。

周辺地域積極開発論に対する批判の骨子は，周辺地域としての北部が南部の既開発地域と比べて経済的に不利である以上，北部開発は経済的に正当化できないという点にある。これは同時に，熱帯及び人口希薄地域としての北部開発論に対する批判でもある。「北部はけっしてこれまで無視されてきたのではない。むしろ多大の努力にもかかわらず，成功しないままに今日に至っている」（Davidson 1965; Horne 1964; White 1969）。「生活費が高いので賃金が高い。また必要な資材を南部から輸送しなければならないので，農業生産費も高くなる」（Davidson 1965）。「人口の多い南東部の市場への供給において，輸送費の点だけでも北部が経済的に不利であることは明白である。この不利の克服には，十分に低い生産費あるいは規模の経済が必要であるが，これらは共に非現実的である」（Courtenay 1987）。「熱帯での農産物のほとんどは既に国内市場において供給過剰になっている。したがって国内供給の増加は価格の低下あるいは補助金の増加を招くだけである。北部での生産は，南部よりも生産費が低くない限り，補助金の増大なしには不可能である」（Davidson 1965）。「北部におけるいかなる形の集約農業も，巨額の補助金を必要とする」（Davidson 1972）。「オード川流域での7年間にわたる農業の実績は，この地域での農業を補助するよりも，何もせずに人々に生活費を支給する方がずっと安いであろうということを示したにすぎない」（Davidson 1972）。「補助金が必要な場合はもちろんのこと，たとえ補助金なしに成立する場合でも，最も有利な地域を選ぶべきである。一般には南部の方が有利である」（Davidson 1972）。たとえば綿花の生産はニューサウスウェイルズ州のナモイ川流域で急速に発展

した（Davidson 1972）。

（6）北部開発論の評価

将来の人口分布に関する予測によれば，オーストラリアの熱帯地域及び乾燥地域での人口増加はほとんど期待できない（IAG 1974）。またオード川流域灌漑事業の支持者による楽観的な推定によってさえ，この地域の将来の計画人口は 1 万人にすぎないし，しかも現実は計画をはるかに下回った。

この灌漑地域の入植農場数は当初は 31 戸，約6000ha に達したが，深刻な虫害により 1975 年に綿花栽培を断念したので，1976 年には 16 戸，約2500ha へと減少した（谷内 1977）。その後 1994年からはウェスタンオーストラリア州政府及びノーザンテリトリー準州政府が合同で「第 2 次事業」に乗り出し，既に建設されてしまったダム（貯水池）の水の「有効利用」を旗印に，灌漑対象地域を拡大して灌漑農業の推進を始めた。この背景には 1970 年代と同様に，粗放的な放牧よりも集約的な作物農業の方が優れているとの思い込みや，北部を開発すべきであるとの信念が継承されており，さらに既に巨費を投じてダムができてしまったという「既成事実」の認識が加わった（Head 1999）。

2011 年現在，ノーザンテリトリー側にはまだ灌漑農業の実績はなく，灌漑農業が行われているのはウェスタンオーストラリア側のカナナラ（Kununurra）地区のみで，農場数は 65 戸，灌漑面積は 6109ha である（ABS 2012b）（注 11）。このような実態に基づいてこの灌漑開発事業に一定の成果があったと言えるかどうかについては，「北部開発」として全国レベルで考えるのか，ウェスタンオーストラリア州あるいは地元のカナナラ地区というローカルなレベルで考えるのかによって判断が分かれるであろう。しかし巨額の公共投資によって大きなダム（貯水量 56 億 m^3，日本最大の奥只見ダムの貯水量の 12 倍）を建設し，6 万

ha の灌漑と 1 万人の入植を目指した国家的な大プロジェクトとしては，このような現状は目標に程遠いと言うべきであろう。

北部開発論に対する批判は，主としてオーストラリアの国民経済全体の利益のための経済的合理性を重視する立場に基づいており，その限りでは批判の方に説得力がある。したがって北部開発論が説得力を持つためには，非経済的な目的を前面に出す必要があるが，このような目的のために「北部」を設定する根拠は薄弱である。「熱帯」と「対アジア関係」は，「北部」という地域を設定する形式的指標としては有力であるが，政策の上での説得力に乏しい。特にそれらの主張がオーストラリア全体の利益という視点に立脚しているので，同じ視点からの批判に対して無力である。これに対して「人口希薄」と「周辺性」は，国内の特定地域を開発する非経済的根拠として一定の意味を残しているし，日本を含めて他の国での地域開発論にも通ずる面がある。しかし「人口希薄」は，北部を特定する根拠としては薄弱である。また「周辺性」も，南部と北部との対比よりも，州内での核心部（州都）と周辺部との関係や，連邦レベルにおける中心州と周辺州との関係において把握する方が，現実的に意味を持っている（谷内 1976, 1995）。

以上のように，北部開発論においては，開発目的と「北部」の地域設定との間には意味のある対応関係は見出せない。おそらく「熱帯」としての北部の開発可能性についてのあまりにも素朴で楽観的な過大評価が「人口希薄」と「周辺性」に関わる議論に無原則に拡張され混同されてしまい，粗雑な議論になったと解することができる。

第 1 章の注
（注 1）現在のメルボンの都心部に，バットマンと長老とが契約を交わした場所はここであると記した表示板があり，このエピソードがオーストラリアでよく知られていることを示している。

このバットマンの契約を含む初期の先住民との関係については金田（1998），契約書の具体的な内容については Harris（1974）を参照。また，19世紀前半までの入植過程については金田（1985）を参照。なお「メルボン」（Melbourne）は「メルボルン」と表記されることが多いが，本書では原音に近いと共に日本語としての表記・発音が簡潔な「メルボン」を採用する。他の地名も日本での一般的な表記にとらわれずになるべく原音に近い形で表記するように努めるが，たとえ原音に近くても字数が増えたり発音がしにくくなったりするなどの理由で原音に従わない場合もある。たとえば「クウィーンズランド」（Queensland）は「クインズランド」，「ホウバート」（Hobart）は「ホバート」，「キャルグーアリー」（Kalgoorlie）は「カルグーリー」のように，簡潔な表記を用いる。

（注2）マボ判決については橋本（2007）を参照。

（注3）現在の州（state）は，連邦結成（1901年）以前は公式には「植民地」（colony）と呼ばれていたが，本書の記述では原則として19世紀の「植民地」も含めて「州」と表記する。公式には連邦政府直轄地区であるノーザンテリトリー及びオーストラリアンキャピタルテリトリーも，それぞれ1978年，1989年に自治の組織が発足して準州と呼ぶべき状況となった。

（注4）当時の代表的な金鉱都市であったバララトで金採掘者が「ユリーカストケイド」と呼ばれる砦を築いて籠城した「反乱」事件（1854年）。その原因・経過と歴史的影響については Blainey（1994），Harris（1974）を参照。

（注5）金採掘をやめてから農業や未熟練労働に従事した中国人がいたので，その場合には賃金労働者であった者もいたと言える（Harris 1974）。このことが誤解の一因となった可能性がある。

（注6）ここでいう「vision」は直訳すれば「映像」「画像」などでの「像」である。日本語としての「ビジョン」はしばしば「理想的な将来像」という意味で使われるが，原資料の vision にはそのような意味はなく，日本語としての「イメージ」に近いので，意訳して「国土観」としておく。なお Heathcote（1994）では新たに「vision of guilt」を加えて「六つの vision」とし，先住民社会の破壊と，開発による自然環境への悪影響という二つの「罪」を論じているが，特に目新しい内容

ではなく，それまでの五つの国土観とはやや異質な議論なので，ここでは言及しない。

（注7）「カンガルー」が先住民語で「知らない」「分らない」という意味であり，初期の探検者が誤解してこの動物の名になってしまったという俗説があるが，これは明らかに誤りである。クックの航海記には，クック一行が船の修理のためにクインズランド北部に1カ月半滞在した際の記録の中で，この動物のかなり正確な写生図と共に，地元の先住民が「カングールー又はカングルーと呼んでいる」と明記されている。この航海記には，クック一行と先住民との接触の期間が短期間であったにもかかわらず地元の先住民語の基礎的な単語（40語）が採録されて英単語との対照表が掲載されている（ビーグルホール 2004）。したがって，クック一行と先住民との間での意思疎通は上記の俗説を生むような粗雑なレベルでなかったことは明らかである。この動物を意味する先住民語はいくつもあり，地域・集団によっては「カンガルー」とはまったく異なる言葉が使われているので（Reed 1965），他の地域を訪れた探検者が「カンガルー」という言葉を見出さなかった可能性は否定できない。しかし少なくとも「知らない」「分らない」を意味する各地の先住民語の中には「カンガルー」と聞こえるような言葉は存在しない（Reed 1965）。いずれにせよ，先住民がこの動物を知らないとか，名も付けていないとかいうことは考えられないという「常識」があれば，このような俗説に惑わされることはないであろう。

（注8）「反対の季節」や「北から照る太陽」はオーストラリア固有の特徴ではなく南半球に共通の特徴であるから，動植物や地形・気候などと同列に扱うことには疑問が残る。なお，南を上にした「逆さまの世界地図」が日本で話題になり，教育用の地図帳に掲載されたこともあったので，それによって「オーストラリアの地図は南が上になっている」と思い込んでしまった人がいた可能性がある。しかしこの「逆さまの世界地図」は単なるジョークとして土産物店で売っているような代物であり，オーストラリアでも北半球と同様に地図は北を上にするのが原則であることは言うまでもない。

（注9）「オーストラリアの羊毛の生産量・輸出量は世界一である」「ブラジルのコーヒー豆の生産量・

輸出量は世界一である」ということはよく知られている。年によって変動があり得るとはいえ，国別順位において世界一あるいは世界有数であること自体は誤りではない。しかしオーストラリアの羊毛もブラジルのコーヒー豆も，それぞれの国の輸出額や農業生産額に占める割合はきわめて僅かなので，オーストラリア経済・ブラジル経済がそれぞれ羊毛・コーヒー豆に著しく依存しているというのは正しいとは言えない。国別順位や世界合計に占めるシェアを重視するこのような「物資調達型地理観」は，日本が羊毛・コーヒー豆をどこから調達するかということに関しては有用な情報であろうが，それぞれの国の経済や農業生産の実態を理解することには役立たないのである（谷内 2010）。

（注 10）本節は谷内（1977）をリライトしたものである。原論文での出所は聞取りや非公刊資料を含めて多岐にわたるが，ここでは単行書を中心にその一部のみを表示し，他の多くの出所の表示は省略して原論文に委ねることとした。

（注 11）主な作物別の農場数（重複カウント）及び生産量は，米（4 戸，2209t），ソーガム（2 戸，1135t），メイズ（5 戸，1627t），さとうきび（2 戸，55t），綿花（2 戸，36t），野菜（16 戸，1 万 4708t），果実（38 戸，2424t）である。全国の生産量に占める割合が 0.1％以上のものは米（0.3％），メイズ（0.5％），野菜（0.6％）のみである。当初の計画での看板作物であった綿花の生産量は全国の 0.04％，作物部門全体の生産額は全国の 0.1％にすぎない（ABS 2012b, 2015a）。

第 2 章　人口と都市

1. 人口増加と大都市集中

（1）人口の長期的推移

　表 2-1 は人口の長期的推移を示したものである。このような長期時系列データの作成にあたっては，原資料における国・州などの地理的範囲や調査時期（3 月末，6 月末，年末など），人口の定義などが長期間にわたって同一条件で維持されることが望ましい。これらのうち，国・州などの地理的範囲については，連邦直轄地区の設置に伴う変化を除いて，少なくとも 1861 年以降は実質的にほとんど変化がないし（注 1），センサスの実施時期についても，整合性のある時系列データを作成する上で特に大きな問題はない（注 2）。

　人口の定義の重要な変更は，先住民人口の扱いの変更（1967 年）と「推定常住人口」の採用（1971 年）の二つであり，これらについてはそれぞれ 1961 年及び 1971 年を境に変更・調整した。

　「先住民」（indigenous Australians）はアボリジニ（Aborigines）及びトレス海峡諸島民（Torres Strait Islanders）の双方を含み，公式には「アボリジニ及びトレス海峡諸島民」（Aboriginal and Torres Strait Islander Australians）と呼ばれる。Aborigine が名詞のみであるのに対して，Aboriginal は形容詞として使われることが多いが，名詞として使われることもある。アボリジニが広く全国各地に居住していて先住民人口の 9 割を占めるのに対して，トレス海峡諸島民はアボリジニとは人類学的に全く異なるメラネシア系の人々（パプアニューギニア人と同じ）であり，居住地はパプアニューギニアとの国境に近いトレス海峡諸島を中心にし

てクインズランド北部にほぼ限られている。「先住民」と「アボリジニ」が同義語として使われることが多いが，特定の地域やテーマに限られていて明らかにアボリジニのみが対象である場合を除いて，一般的・包括的にはトレス海峡諸島民も含めた意味での「先住民」を用いるべきである。

　先住民が 1966 年センサスまでセンサス人口に含まれていなかったことは一般によく知られている。先住民をセンサス人口に完全に含めることが正式に決定したのは 1967 年であり，1966 年センサスについては直ちに遡及データが作成されたので，1966 年センサスのデータには先住民を含まないものと含むものとの 2 種類があることに注意する必要がある。また 1961 年についても若干不十分ながら遡及推計があるので，本書の人口統計では先住民を含む遡及推計データを 1961 年まで遡って採用した。

　しかしセンサス人口に含まれていなかった 1966 年以前の先住民の定義は，各年次のセンサス報告書を含めてオーストラリアの公式資料でも曖昧で，「先住民」「純血先住民」「純血先住民及び 50％以上の混血先住民」など，資料によりその表現はさまざまである。また全国的に先住民人口を含まないことになったのは 1901 年以降であり，それ以前は先住民の扱いは曖昧かつ不統一であったので，連邦結成以前の各州のセンサス人口では，ヨーロッパ系やアジア系と並んで明らかに先住民が含まれている場合も少なくない。無論この場合には先住民を包括的に把握したのではなく，ヨーロッパ系を中心とする地域社会の一員となっていた一部の先住民が対象となっていたと考

表 2-1　州・全国の人口，1861-2011 年（千人）

	NSW	VIC	QLD	SA	WA	TAS	NT	ACT	全国	先住民	人口比
1861	351	539	30	127	15	90			1,152	180	
1871	503	730	117	185	25	101	-		1,662	155	
1881	750	862	214	276	30	116	3		2,250	132	
1891	1,127	1,140	394	316	50	147	5		3,178	111	
1901	1,355	1,201	498	358	184	172	5		3,774	95	
1911	1,647	1,316	606	409	282	191	3	2	4,455	84	
1921	2,100	1,531	756	495	333	214	4	3	5,436	76	
1933	2,601	1,820	948	581	439	228	5	9	6,630	74	
1947	2,985	2,055	1,106	646	502	257	11	17	7,579	87	
1954	3,424	2,452	1,318	797	640	309	16	30	8,987	100	
1961	3,917	2,930	1,519	969	737	350	27	59	10,508	117	
1961	3,919	2,930	1,528	971	747	350	44	59	10,548	117	1.1
1966	4,238	3,220	1,674	1,095	848	371	57	96	11,599	132	1.1
1971	4,601	3,502	1,827	1,174	1,030	390	86	144	12,756	150	1.2
1971	4,726	3,601	1,851	1,200	1,054	398	86	151	13,067	225	1.7
1976	4,960	3,810	2,092	1,274	1,178	412	98	208	14,033	267	1.9
1981	5,235	3,947	2,345	1,319	1,300	427	123	228	14,923	313	2.1
1986	5,532	4,161	2,625	1,383	1,459	446	154	259	16,018	366	2.3
1991	5,899	4,420	2,961	1,446	1,636	467	165	289	17,284	414	2.4
1996	6,176	4,535	3,303	1,469	1,768	476	185	310	18,222	470	2.6
2001	6,530	4,764	3,571	1,503	1,906	474	202	322	19,273	535	2.8
2006	6,743	5,061	4,008	1,553	2,051	489	209	336	20,449	601	2.9
2011	7,219	5,538	4,477	1,640	2,353	511	231	368	22,337	670	3.0
先住民	208	47	189	37	88	24	69	6	670		
人口比	0.9	0.7	4.2	2.3	3.8	4.7	29.8	1.7	3.0		

「-」はゼロ又は僅少（以下同じ）．1961 年以前の州・全国の人口は「先住民」を含まない（以下同じ）．
1971 年以降は推定常住人口（以下原則として同じ）．「人口比」は総人口に占める先住民の割合（％）．
付表 1，2 により作成．

このように先住民の定義が曖昧であったこと
は，表 2-1 の 1961 年の総人口にも反映している．
先住民を含まない旧基準による総人口（1050.8 万
人）と先住民を含めることになった新基準による
遡及推計値（1054.8 万人）との差は 4.0 万人である．
しかし当時の「先住民」の人口はこの表に示した
推計（スミス推計）では 11.7 万人であり，単純
計算では先住民を除外したはずの 1961 年センサ
スでも「先住民」の 3 分の 2 近くが既に総人口（旧
基準）に含まれていたことになる．
　この理由の一つは混血先住民の取扱いという技
術的な問題にあり，センサスで除外することに
なっていた先住民は，原理的には純血先住民であ
るが，上記のような複数の表現の存在に反映され

ているように，現実には操作的に 50％以上の混
血先住民も純血先住民とみなすという事情があっ
たと解すべきである．言い換えれば，1961 年セ
ンサスの旧基準による総人口と新基準による総
人口との差（4.0 万人）と，推計人口（11.7 万人）
との乖離の原因としては，前者（センサス人口）
が純血先住民あるいはそれに準ずる先住民という
狭義の数値であるのに対して，後者（推計人口）
は 1971 年以降のセンサス集計値との整合性を考
慮した，混血をなるべく多く含む広義の数値であ
ること，そして現実に 50％以上ではない混血先
住民も多かったことが考えられる．いずれにして
も，「1966 年までは先住民は人口に含まれていな
かった」ということについては，「先住民」の定
義の問題を抜きにしては軽々に論じられないので

えられる．

ある。

　実は 1911 年センサス以来，質問の形式や表現はさまざまであるが，ヨーロッパ系か，先住民か，中国系かというような人種的あるいはエスニックな属性に関する調査が行われてきていた。したがって，総人口に「先住民」を含めなかったということは，先住民が調査の対象にならなかったとか，ましてや人間扱いされていなかったとかいうようなことを意味しているのではない。「先住民」を含めないということは，最終的な集計の際に，「先住民」とみなされた人々の人数を除外するということだったのである。したがって，統計的な信頼度や調査漏れの程度はともかくとして，1966 年以前の各センサスで「先住民」として除外された人口についての情報は別枠で存在していたし，現在まで記録として残されている（ABS 1996）。

　すべての先住民が公式に含まれることになってからの 1971 年及び 1976 年のセンサスでは，「ヨーロッパ系」「アボリジニ」「トレス海峡諸島民」「その他」の選択肢から一つを選ぶという形で，1966 年以前と同様に調査された。そして 1981 年センサスからは「あなたはアボリジニ又はトレス海峡諸島民ですか」という質問に「イエス」と回答した人が先住民（アボリジニ又はトレス海峡諸島民）であるということになった（ABS 1996）。したがって 1971 年以降は，混血の程度に関わる形式的な条件はなくなり，「先住民であることを表明した者」が先住民であるということになった。このような自己申告方式は，ある意味ではきわめて明快な定義であり，混血の取扱いに関する技術的な問題を回避できる現実的な定義でもある。

　しかしこのような定義は，先住民であることを表明するか否かが回答者の主観的な判断で決まるので，統計データとしては客観性に欠けることになる。たとえば 1971 年以降のセンサスにおける「先住民」の公式集計値（付表 2）は，各センサスの時期における政治的・社会的状況に左右されて，絶対的に減少するという非現実的な数値と

なってしまったり（1976 〜 81 年），逆に増加率が異常に高くなってしまったりする（1971 〜 76 年，1981 〜 86 年）など，不安定であり整合性に欠けるので，統計としての分析に使えるものではないとされている。したがって先住民の人口規模や増加率などを論ずるためのデータとしては，一定程度の整合性に裏打ちされた時系列推計が必要である。

　表 2-1 及び付表 2 に示された先住民人口のうち，1971 年までの数値は，1971 年以前についての実質的に唯一の時系列推計である「スミス推計」によるものである。このスミス推計は「少なくともこれくらいはいたであろう」という控え目の推計値とされているが，1971 年の推計値（15.0 万人）が 1971 年センサスの公式集計値である 11.6 万人（付表 2）を上回っていることから分かるように，1971 年及びそれ以前のセンサスよりも広義の定義による推計値であると言える。この推計によって，入植開始当時の 1788 年には 31.5 万人（付表 2）だった先住民人口がその後減少を続けて 1933 年には僅か 7.4 万人となったこと，その後はかなり高い増加率で増加してきていることが分かる。

　これに対して 1971 年以降の数値はその後の統計局による推計に基づくものである。統計局は 1986 年以来先住民人口を推計しており，1991 年以降はセンサス年次毎に過去 5 〜 10 年前まで遡って先住民人口を推計している（付表 2）。したがって推計値は何度も更新されているのでいくつもあるが，表 2-1 及び付表 2 では，2001 〜 11 年については 2011 年の統計局推計をそのまま利用し，それ以前については，複数の期間の推計を増加率に基づいて接続させることによって，2001 年以降と形式的に整合する一連のデータを筆者が独自に作成した。これらの推計値を比べると，一般にほとんどの時期において，同一年次でも後からの推計値の方が大きくなる傾向があるので，遡及推計の結果である 1971 年の推計値（22.5 万人）はスミス推計（15.0 万人）よりもかなり多くなって

いる。このように先住民人口の推計にはさまざまな問題点があり，今後も推計値が改訂されてゆくことが予想される。

人口の定義についてのもう一つの重要な変更である「推定常住人口」(estimated resident population) の採用については，それほど面倒な問題はない。この「推定常住人口」は，センサス集計の基本である現在人口方式（注3）を二つの点で修正して推定したものである。

第1は，現在人口を常住地に応じて再配分することである。これによって，たとえば短期滞在者の多いリゾート地では現在人口よりも常住人口の方がやや少なくなる。ただしその分だけ別の地域の常住人口が現在人口よりも多くなるので，全国の総人口には変化はない。

第2は，調査漏れを補うことである。これによって全国の総人口も含めて変更が生じるのできわめて重要である。オーストラリアでは郵送による回答が認められており，調査漏れによる影響が問題となっていたので，1976年センサスから推定常住人口が推計・公表されるようになり，やや不十分ながら1971年まで遡及推計された。現在，全国・州や，地方自治体スケールの小地域の総人口及び年齢別人口などで一般的に用いられているデータは原則として推定常住人口によるものである。調査漏れを補うための修正・推定であるから，表2-1の1971年の数値で分かるように，推定常住人口の方がセンサス集計値よりも一般に数%（1971年の全国の総人口の場合には2.4%）多くなっている。ただし，さまざまな属性に関するデータの中には推定常住人口ではなくセンサス集計値 (census count) によるものしかない場合もあるので，厳密な分析の際にはセンサス集計値なのか推定常住人口なのかについて注意する必要がある。

（2）人口増加と移民流入

オーストラリアの人口増加では移民流入による

影響が重要である。表2-2は全国の総人口の増加を移民流入及び経済成長と比較したものである。ここでは1891年，1947年，1971年を境に4期に時期区分して特徴を概観する。この時期区分は，Boehm (1993) をはじめとして，オーストラリア経済の長期的動向を論ずる際に用いられている一般的な区分である。

第1期（1861～91年）は経済拡張期・高度成長期であり，人口増加率，移民流入率，経済成長率がいずれも高かった。これに対して第2期（1891～1947年）は，1890年代の大干ばつに伴う大不況から第一次世界大戦及び世界恐慌を経て第二次

表2-2　人口・GDPの年平均増加率・成長率，1861-2011年（%）

	総人口	自然増加	移民流入	GDP
1861-66	4.03	2.68	1.35	3.85
1866-71	3.44	2.42	1.02	4.21
1871-76	2.85	2.18	0.67	6.77
1876-81	3.30	2.06	1.24	5.47
1881-86	3.87	2.07	1.80	3.35
1986-91	3.16	2.10	1.05	4.72
1891-96	1.99	1.86	0.13	-2.57
1896-01	1.48	1.46	0.01	1.88
1901-06	1.40	1.31	0.09	3.90
1906-11	1.94	1.67	0.27	6.07
1911-16	2.16	1.63	0.53	-1.01
1916-21	1.86	1.05	0.82	3.97
1921-26	2.19	1.52	0.65	2.34
1926-33	1.26	1.02	0.23	0.05
1933-39	0.83	0.75	0.08	2.68
1939-47	1.06	1.00	0.05	
1947-54	2.46	1.36	1.10	4.69
1954-61	2.26	1.37	0.89	3.95
1961-66	1.92	1.26	0.66	4.76
1966-71	1.92	1.10	0.81	5.94
1971-76	1.44	1.07	0.37	3.73
1976-81	1.24	0.81	0.43	2.99
1981-86	1.43	0.83	0.60	2.98
1986-91	1.53	0.79	0.75	3.06
1991-96	1.06	0.77	0.29	3.25
1996-01	1.13	0.66	0.47	3.83
2001-06	1.19	0.62	0.57	3.46
2006-11	1.78	0.72	1.06	2.69

GDPは実質成長率（1947-54年は1949-54年）.
ABS (2012a, 2014ab)，Butlin (1962)，付表1により推計.

世界大戦に至る停滞期で，移民流入が減少し，人口増加率が低下した。経済成長率は時期により変動したが，長期的な平均（1891 〜 1939 年）は 1.8%で，第 1 期（平均 4.7%）に比べて低迷したと言える。人口・移民・GDP の相互関係には鶏と卵の関係という面があるが，一般に移民流入は好景気の時には増加し，不況の時には減少する傾向があり，少なくとも土地が広いから移民が来るというような単純なものではなかった。

第 3 期（1947 〜 1971 年）は高度成長期で，人口増加率，移民流入率，経済成長率が再び高くなった。ただし，この時期の移民流入の増加は土地が広いこととは無関係で，都市化・工業化の進展に伴う大都市への流入が中心であった。そして第 4 期（1971 年以降）には，移民流入が 1970 年代及び 90 年代に落ち込むなどの短期的な変動が見られるが，全体としては人口増加率，移民流入率，経済成長率がある程度のレベルを保っていて，おおむね安定成長が続いている。

以上のように，「広大な国土の開拓・開発」と関連づけて人口増加と移民流入を説明できるのは第 1 期のみであり，その後は都市化・工業化や経済成長との関係から説明すべきであると言える。

（3）州レベルでの大都市集中

オーストラリアの人口分布の特徴は州都への集中である。州都は州の行政の中心地であると共に，大陸の 5 州の州都は経済活動が集中する大都市でもある。

表 2-3 は各州の人口に占める州都の割合を示したものである。ここでの州都の地理的定義は，連邦統計局による地域区分（ABS 2010）に基づいている。この地域区分（ASGS）は，公式の地方自治体による行政区分とは一線を画した統計目的の区分なので，地方自治体の範囲とは一致しないことも少なくない。オーストラリアでは，都市の実際の地理的広がりと地方自治体の範囲との関係がきわめて弱い。これは都市（市街地）が複数の

地方自治体にまたがっていたり，地方自治体の中に複数の都市（市街地）が存在したりしていることが多く，地方自治体による行政区分では都市（市街地）の認識が困難な場合が少なくないからである。

この地域区分に基づく人口データが遡れるのは 1991 年までなので，それ以前については，資料の入手可能性，地方自治体などの境界の変更，都市の拡大の実態などを考慮し，いくつかの年次を境に一定期間は同一の定義を維持できるようにして独自に遡及推計した。なお ASGS に基づく人口データを用いる場合には，州都の範囲を狭く定義することも広く定義することもできるが，ここでは連邦統計局による最も広い定義を採用した（注4）。これは，大都市の郊外化に伴う外延的拡大と，大都市以外の地方都市での人口増加との混同が生じないようにするためである。

表 2-3 に示されているように，各州の総人口に占める州都の割合（2011 年）は，ヴィクトリア州（メルボン），サウスオーストラリア州（アデレイド），ウェスタンオーストラリア州（パース）のように 75% を超える高い割合は無論のこと，その割合が低くて「分散している」とみなされているクインズランド州（ブリズベン）やタズマニア州（ホバート）でも 40% 以上で，一極集中していると言ってもよいほどの高さである。このように州都の割合が高いのは州都以外の都市が発達していないからであり，州都に次ぐ第 2 の都市の人口は州都に比べてきわめて少ない（付表 5）。

一般に日本やヨーロッパ諸国のような古い歴史を持つ多くの国での大都市への人口集中では，既に多くの人口を抱えていた農村が大都市への流入人口の供給源であり，工業化・サービス化を中心とする産業構造の変化に伴って，農村から都市へ，さらに大都市への人口移動によって生ずる現象として論じられてきた。しかしオーストラリアでは大都市としての州都が当初から先行的に存在しており，大都市への人口流入の原動力は，国内の農

表 2-3　州人口に占める州都の割合，1861-2011 年（％）

	NSW	VIC	QLD	SA	WA	TAS	全国
1861	31.5	24.3	26.5	31.8	51.5	29.3	28.1
1871	30.5	27.3	22.9	30.4	43.8	26.8	28.5
1881	32.8	32.5	21.8	33.7	40.0	24.8	31.4
1891	38.2	39.2	24.9	37.3	40.4	24.1	36.1
1891	40.2	44.4	24.9	40.3	40.4	24.1	39.0
1901	42.0	42.8	25.6	45.1	40.7	21.3	39.3
1911	44.1	46.9	24.9	48.3	41.5	21.2	41.5
1911	45.6	49.6	28.1	48.3	42.7	21.2	43.4
1921	52.6	56.3	33.4	53.4	52.1	25.0	49.9
1933	54.0	60.5	36.2	56.5	52.8	27.0	52.3
1947	58.8	65.6	41.3	63.1	60.5	29.8	57.4
1947	59.4	66.0	42.3	63.6	60.7	34.0	58.1
1954	58.8	65.8	44.4	65.1	62.0	35.1	58.3
1961	61.2	68.5	46.2	68.3	64.8	37.3	60.7
1961	61.3	68.5	46.4	68.2	64.0	37.3	60.6
1966	62.5	69.9	47.1	70.6	65.9	38.2	61.8
1971	63.9	72.1	48.2	71.9	68.2	39.3	63.1
1971	63.8	72.4	51.7	73.7	70.7	39.5	64.0
1976	63.4	72.5	50.6	73.8	71.8	40.5	63.6
1981	62.6	72.4	49.2	74.3	72.4	40.8	62.9
1986	62.8	72.0	48.2	74.9	73.7	40.9	62.6
1991	62.3	72.3	47.7	75.6	74.9	41.0	62.4
1996	62.4	72.9	47.2	76.0	76.0	41.4	62.4
2001	62.8	73.5	47.4	76.4	76.3	41.7	62.8
2006	63.1	74.3	47.6	76.6	76.9	41.9	63.1
2011	63.8	75.3	48.0	77.1	77.9	42.3	63.7

「全国」の州都合計は 6 州都のみ（準州都及び連邦首都を含まない）.
付表 1，3 により作成.

村からの移動ではなく，海外からの移民流入で
あった（谷内 1985）。表 2-3 に示されているよう
に，各州の総人口に占める州都の割合は，19 世
紀半ばには既に十分に高かったのである。そして
開拓初期には，移民流入の玄関口であった州都か
ら国内の他地域へという逆方向の移動さえ見られ
た。たとえばニューサウスウェイルズ，サウスオー
ストラリアは 1871 年まで，クインズランド及び
ウェスタンオーストラリアでは 1881 年まで，そ
してタズマニアでは 1911 年まで，それぞれ州都
の割合が低下した。その後も州都の割合の低下は
1890 年代の大不況期におけるヴィクトリア及び
タズマニアや，1970 年代以降のニューサウスウェ
イルズ，ヴィクトリア，クインズランドでも見ら
れたが，全体的な傾向としては多くの州及び期間

で州都の割合が上昇したので，全国の総人口に占
める 6 州都の割合では 1971 年まで州都への集中
が進んできたと言える。

　このような州都への集中の要因については，
一般に次のようなことが指摘されている（谷内
1985）。

(a) 州都は各州の最初の入植地であり，内陸・奥
　　地の開拓に先行して建設された。
(b) 入植・開拓の時期が歴史的に新しく，19 世
　　紀における鉄道・電信などの技術的手段の発
　　達と，分業，規模の経済などの経済的条件の
　　影響が，既存の中心都市（州都）への集中に
　　有利に作用した。
(c) 州経済は貿易や労働力・資本の流入などの点

で海外に著しく依存しており，州都が中心的港湾都市として海外に対する門戸となった。

(d) 19世紀に各州が個別に成立・発展し，20世紀初頭の連邦結成後も州としての独立性が継承された。

(e) 内陸・奥地では，人口収容力がきわめて小さかった。

これらは，オーストラリアにおける州都への集中の描写としては一定の意味を持っているかもしれないが，北米（アメリカ・カナダ）と比べると，必ずしも一般性のある説明力があるとは言えない。たとえば（a）と（c）については，北米の場合を考えると「最初の入植地」や「海外に対する門戸」であった都市が必ずしも現在の中心的な大都市になっているとは言えないし，（d）の「州の枠組」も，アメリカの「州都」が大都市ではない事例が少なくないことを考えると，一般的な説明にはならない。また（b）の「鉄道・電信などの技術的手段の発達」についても，むしろ北米では内陸の都市の発達に寄与したと考えることはそれほど見当違いではないであろう。

これらに対して（e）は，北米と比べてオーストラリアでは内陸・奥地の人口密度が低く都市がそれほど発達しなかったということによって（a）〜（d）での北米との違いを説明できるので，オーストラリア独自の要因として説明力が最も大きいと言えるであろう。一般的に北米の地理的・歴史的発展過程は，大西洋岸の「門戸」を通じた宗主国側（イギリス，ヨーロッパ）との交易による海岸の港湾都市の発達という初期の段階から，内陸の開発に伴う大都市の発達の段階へという，Vanceの交易モデル（mercantile model）によって説明されているのに対して，オーストラリアでは内陸での大都市の発達という段階には達しなかったからである。たとえばRimmer（1975）は，Vanceの交易モデルを応用したオーストラリア版の交易モデル（an Australian version of the mercantile model）を提示し，北米とは違ってオーストラリアの内陸では都市があまり発達せず，州都への集中が進んだことを示した。

このように州都への集中は，大都市としての州都の力によると言うよりも，州内の他の地域の潜在的な発展可能性が小さかったという消極的な理由によって説明できる。そしてこの理由が，オーストラリアと北米との人口規模の大きな格差の理由であることは言うまでもないであろう。

（4）全国レベルでの大都市集中

オーストラリアにおける大都市集中は，一般には上述のように州レベルでの州都への集中として論じられてきた。しかし全国レベルでは，州レベルとはやや異なる二つの特徴が見えてくる（表2-4）。

第1は，全国の総人口に占めるシドニー，メルボンの割合（2011年）はそれぞれ21%，19%で，両者の差が小さいことである。これは，イギリス（ロンドン）やフランス（パリ）のような首位都市の割合がきわめて高いプライメイト型（首位都市卓越型）の都市システムとは対照的に，第二の都市との差がきわめて小さいバイナリー型（二大都市並立型）の都市システムであることを示している（注5）。

第2は，1970年代以降はシドニー及びアデレイドの割合が低下傾向にあり，メルボンの割合も1980年代まで低下したのに対して，ブリスベン及びパースの割合が上昇傾向にあることである。これは，大都市の間での南東部から周辺部への分散という，空間的分散傾向を反映していると見ることができる（谷内1985）。

全国レベルでの大都市集中は，表2-5のように，一般には大都市以外の地域との対比による垂直的集中あるいは垂直的分散として論じられることが多い。この表の「中小都市」は，州都・準州都・連邦首都以外の人口1000人以上の都市（市街地・集落）である。人口1000人というのはきわめて

表 2-4　全国の総人口に占める各州都の割合，1861-2011 年（%）

	シドニー	メルボン	ブリズベン	アデレイド	パース	ホバート
1861	9.6	11.4	0.7	3.5	0.7	2.3
1871	9.2	12.0	1.6	3.4	0.7	1.6
1881	10.9	12.5	2.1	4.1	0.5	1.3
1891	13.5	14.1	3.1	3.7	0.6	1.1
1891	14.2	15.9	3.1	4.0	0.6	1.1
1901	15.1	13.6	3.4	4.3	2.0	1.0
1911	16.3	13.8	3.4	4.4	2.6	0.9
1911	16.9	14.6	3.8	4.4	2.7	0.9
1921	20.3	15.9	4.6	4.9	3.2	1.0
1933	21.2	16.6	5.2	5.0	3.5	0.9
1947	23.2	17.8	6.0	5.4	4.0	1.0
1947	23.4	17.9	6.2	5.4	4.0	1.2
1954	22.4	18.0	6.5	5.8	4.4	1.2
1961	22.8	19.1	6.7	6.3	4.5	1.2
1961	22.8	19.0	6.7	6.3	4.5	1.2
1966	22.8	19.4	6.8	6.7	4.8	1.2
1971	23.0	19.8	6.9	6.6	5.5	1.2
1971	23.1	19.9	7.3	6.8	5.7	1.2
1976	22.4	19.7	7.5	6.7	6.0	1.2
1981	22.0	19.2	7.7	6.6	6.3	1.2
1986	21.7	18.7	7.9	6.5	6.7	1.1
1991	21.3	18.5	8.2	6.3	7.1	1.1
1996	21.2	18.1	8.6	6.1	7.4	1.1
2001	21.3	18.2	8.8	6.0	7.6	1.0
2006	20.8	18.4	9.3	5.8	7.7	1.0
2011	20.6	18.7	9.6	5.7	8.2	1.0

付表 1，3 により作成.

低い基準のように見えるが，オーストラリアではセンサスにおける「都市」（urban centre）の定義として長い歴史を持っている。オーストラリアでは一般に農場の中に住居があるので，農民が集まって住んでいるという日本的な意味での「農村」はほとんど存在しない。したがって人口数百人程度の集落でも商店などの都市的機能（中心地機能）が集落の存立基盤となっているので，人口 1000人以上という都市の定義はオーストラリアの実情に適合しているのである。また「他地域」（rural area）は，「都市」ではないという意味では「農村」と言いたいところであるが，日本の「農村」の一般的なイメージに影響されて誤解を招くことのないように，「農村」という表現を避けて「他地域」と呼ぶことにする。この地域では人口 1000 人未

満の都市的集落と各農場内の孤立住居が中心であり，農民が集住している集落はほとんど存在していないからである。

表 2-5 によれば，州都の割合が 1971 年まで上昇を続けてきたのに対して，「他地域」の割合は多くの期間で低下してきた。しかし 1971 〜 91 年には州都の割合が低下したのに対して中小都市の割合は上昇し，他地域の割合も 1980 年代には上昇した。その後 1991 年からは再び州都の割合が上昇に転じると共に中小都市の割合はおおむね横ばい傾向となり，「他地域」の割合は低下を続けた。

表 2-6 での中小都市及び他地域の人口増加率の算出においては，表に注記したように期末人口は期首人口の基準に合せて組み替えた（付表 6）。たとえば期首人口が 1000 人未満であったので「他

表 2-5　人口の都市規模別割合，
1861-2011 年（%）

	州都	中小都市	他地域
1861	28.1	15.8	56.0
1871	28.5	18.8	52.7
1881	31.4	19.1	49.5
1891	36.1	19.8	44.0
1891	39.0	20.3	40.7
1901	39.3	22.3	38.4
1911	41.5	23.5	35.0
1911	43.4	24.6	32.0
1921	49.9	22.2	27.9
1933	52.4	21.2	26.4
1947	57.6	21.9	20.5
1947	58.4	22.3	19.3
1954	58.8	23.5	17.8
1961	61.4	23.5	15.0
1961	61.3	23.3	15.4
1966	62.9	23.2	13.9
1971	64.6	23.0	12.4
1971	65.6	23.0	11.4
1976	65.5	23.6	10.9
1981	64.9	24.2	10.8
1986	64.8	24.3	10.8
1991	64.7	24.4	11.0
1991	64.7	25.9	9.3
1996	64.8	26.3	8.9
2001	65.2	26.3	8.6
2006	65.4	26.4	8.1
2011	66.2	26.1	7.8

「州都」は準州都及び連邦首都を
含む（以下同じ）.
付表 1, 3, 6 により作成.

地域」に含まれていた集落の人口が期間中に増加
して期末に 1000 人以上となった場合には，その
集落は期末の都市規模別割合（表 2-5）では「中
小都市」に含まれるが，増加率（表 2-6）では期
末人口も期首の区分に合せて「他地域」に含まれ
る。また反対に，期首人口が 1000 人以上であっ
たので「中小都市」に含まれていた都市が期末に
1000 人未満へと減少した場合には，期末の都市
規模別割合では「他地域」に含まれるが，増加率
では期末人口も期首の区分に合せて「中小都市」
に含まれる。したがって「他地域」の人口増加は，
都市の出現や急成長を反映していることがあるの
で，必ずしも「農村」としての成長を反映してい

るわけではないことに注意する必要がある。

　表 2-6 の人口増加率を比較すると，州都の増加
率は 1971 〜 91 年を除くすべての期間で全国平均
よりも高かった。これに対して中小都市の増加率
は，1971 年以前には多くの期間で全国平均より
も低く，しかも自然増加率よりも低くて人口が流
出したとみなされる期間（1871 〜 1933 年）さえ
あったのに対して，1971 年以降は多くの期間で
増加率が全国平均よりも高かった。また「他地域」
の増加率も 1976 〜 91 年には全国平均を上回った。

　このような，1970 年代〜 80 年代に見られた州
都（大都市）の人口増加率の相対的低下と中小都
市・他地域の人口増加率の相対的上昇は，オース
トラリアだけではなく日本・北米・ヨーロッパで
も広く観察された現象であり，都市地理学・人口
学では「人口移動転換」や「逆都市化」として論
じられた。

　「人口移動転換」（migration turnaround）とは，
非大都市圏から大都市圏への人口流入数に対して
大都市圏から非大都市圏への人口流出数の方が多
くなり，人口移動の方向が逆転することである（石
川 1994）。また「逆都市化」（counterurbanization）
とは，大都市圏の人口が絶対的又は相対的に減
少し，他の中都市などに流出することであり，都
市化が逆方向に向かうことから名付けられた（注
6）。この逆都市化は，都市の発展段階モデルにお
いては，大都市中心部での人口増加（第 1 段階），
大都市中心部の絶対的又は相対的な人口減少と大
都市圏内の郊外での人口増加（第 2 段階）に続
く，第 3 段階として位置付けられている（富田
1995）。

　1970 年代〜 80 年代のオーストラリアにおける
このような現象が人口移動転換あるいは逆都市化
として説明できるかどうかについては，1990 年
代以降には州都人口の全国比及び増加率が再び上
昇に転じたこともあり，慎重な検討が必要である。
この点については，次節でさらに検討する。

表 2-6 都市規模別人口の年平均増加率, 1861-2011 年（%）

	州都	中小都市	他地域	全国	自然増加率
1861–71	3.87	2.85	3.90	3.73	*2.53*
1871–81	4.07	1.64	3.00	3.08	*2.13*
1881–91	4.98	1.73	3.15	3.51	*2.08*
1891–01	1.81	1.51	1.77	1.73	*1.67*
1901–11	2.22	0.94	1.51	1.67	*1.49*
1911–21	3.45	0.85	0.71	2.01	*1.34*
1921–33	2.04	1.07	1.31	1.63	*1.23*
1933–47	1.64	1.05	-0.69	0.96	*0.90*
1947–54	2.55	2.78	1.82	2.46	*1.36*
1954–61	2.92	2.12	0.11	2.26	*1.37*
1961–66	2.42	1.74	0.09	1.92	*1.26*
1966–71	2.48	1.81	-0.57	1.92	*1.10*
1971–76	1.40	1.75	0.98	1.44	*1.07*
1976–81	1.07	1.50	1.67	1.24	*0.81*
1981–86	1.39	1.22	2.09	1.43	*0.83*
1986–91	1.49	1.56	1.73	1.53	*0.79*
1991–96	1.09	1.19	0.50	1.06	*0.77*
1996–01	1.23	1.08	0.50	1.13	*0.66*
2001–06	1.28	1.27	0.31	1.19	*0.62*
2006–11	2.01	1.54	0.76	1.78	*0.72*

期末人口は期首基準で組替（以下の人口増加率の表も同じ）.
付表 1, 3, 6 及び表 2-2 により作成.

2. 人口の地帯別比較

（1）地帯区分

　オーストラリアの人口や経済活動の地理的特徴を理解するには，図 2-1 のような地帯区分が有効である。オーストラリアの「広大な国土」は隅々まで均等に利用されているわけではなく，人口密度や農業の生産性には著しい地域差があるので，適切な地帯区分によって理解する必要があるからである。この地帯区分は，人口密度（図 2-2）と都市の分布（図 2-3）を中心に，降水量などの自然条件や土地利用の実態（第 4 章）も加味して設定したものである（谷内 1987, 1995, 2008）。

　第 1 地帯は，東部・南東部の海岸部とアデレイド・パース周辺で，オーストラリアとしては降水量が多く人口密度の高い地域であり，大都市への人口集中をはじめとする都市の発達と共に，集約的な農業土地利用を特徴としている。

　第 2 地帯は，東部・南東部・南西部から第 1 地帯を除いた地域で，原則として人口密度が 0.3 人 /km^2 以上であり，第 3 地帯との境界は小麦などの作物の栽培限界にほぼ対応しているとみなされている。降水量は第 1 地帯よりも少ないが，小麦などの作物栽培には十分な降水量があり（第 4 章 1 節），混合農業（作物・畜産の組合せ）や集約的な畜産を特徴としている。ただし図 2-1 の地帯区分と図 2-2 の人口密度を比べると分かるように，人口密度が 0.3 人 /km^2 以下でも第 2 地帯に含まれている所があると共に，人口密度が 0.3 人 /km^2 以上でも第 2 地帯には含まれずに第 3 地帯に含まれている所がある。これは，前者については人口密度よりも農業土地利用の実態，特に耕地の分布（後出の図 4-4）を考慮したためであり，後者については都市（人口 1 万未満なので人口密度の算出では除外されなかった都市）の存在により見かけの人口密度が 0.3 人 /km^2 以上になったが，都市を除くと人口密度がきわめて低いことを

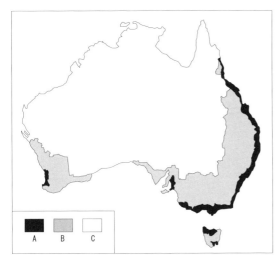

図 2-1 地帯区分
A：第 1 地帯．B：第 2 地帯．C：第 3 地帯．
谷内（1987）による．

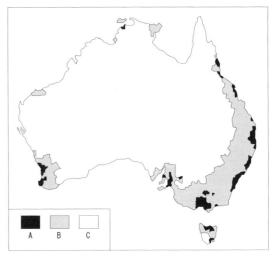

図 2-2 人口密度，2011 年（人/km^2）
A：5 以上．B：0.3 以上．C：0.3 未満．
B, C は人口 1 万以上の都市を含まない．
ABS（2015b）により作成．

考慮したためである．なお人口密度が 0.3 人/km^2 というのは，日本では想像しにくい低さであるが，オーストラリアでは特に低いわけではなく，むしろ十分に開発されていることを示す人口密度である．オーストラリアの第 2 地帯の農場の中ではかなり広い方の 1000ha 前後の家族農場を例にすると，1000ha（10km^2）に 3〜4 人が住むのであるから，人口密度は 0.3〜0.4 人/km^2 となる．各農場の中に家族の住む住居があるという「散村・散居」形態が通例なので，モデル的に各農場の中央に住居があり同じ広さの正方形の農場が並んでいると仮定すると，隣の農場の住居までの直線距離は 3〜4km 程度ということになる．これはオーストラリアでは十分に近い距離であると言える．

これに対して第 3 地帯は，残余の内陸部・北部・西部で，大部分が人口密度 0.3 人/km^2 未満の人口希薄地域である．ほとんどの地域では降水量や土壌などの自然条件が貧弱で作物栽培はきわめて困難であり（第 4 章 1 節），粗放的な放牧に依存する「奥地」である．

この地帯区分は，オーストラリアのナショナルアトラスである *Atlas of Australian Resources* に

おける人口分布と土地利用の地帯区分にほぼ準拠している（注 7）．すなわち「人口」（Australia 1980a）では，人口密度（5 人/km^2，0.3 人/km^2）を基準にして，1. 人口密度が高い海岸地帯（closely settled coastal zone），2. 人口密度が中程度の地帯（moderately settled zone），3. 人口希薄地帯（sparsely settled zone）の 3 地帯に区分しており，それぞれ第 1 地帯・第 2 地帯・第 3 地帯にほぼ対応している．また「土壌と土地利用」（Australia 1980b）では，土地利用について 1. 湿潤地帯（humid zone），2. 亜湿潤地帯（sub-humid zone），3. 半乾燥地帯（semi-arid zone），4. モンスーン地帯（monsoon zone），5. 乾燥地帯（arid zone）の 5 地帯に区分しており，1 が第 1 地帯，2 が第 2 地帯，3〜5 が第 3 地帯にほぼ対応している．このほか同様の地帯区分は多くの文献に見られるので，オーストラリアでほぼ定着していると言える（谷内 2007）．

人口の地帯別割合を見ると（表 2-7），面積割合が 4% しかない第 1 地帯に人口の 85% が集中している．これに対して「広大な国土」を象徴する第 3 地帯は，面積では全国の 77% を占めるのに対して人口は 2% にすぎない．第 1 地帯への集中

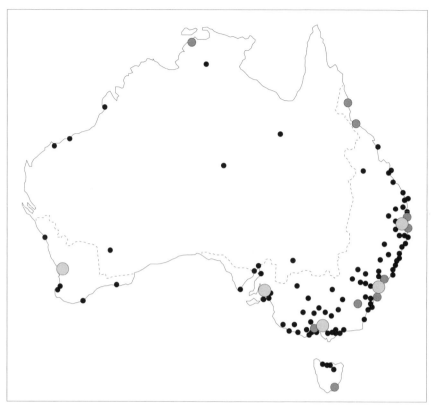

図2-3 都市の分布,2011年
大円は人口100万以上,中円は10万以上,小円は1万以上.
破線は第2地帯・第3地帯の境界.
ABS(2015b)により作成.

表2-7 地帯別人口分布,2011年

人口(千人)	第1地帯	第2地帯	第3地帯	全国
100万以上の都市	14,023	–	–	14,023
10万以上の都市	2,338	407	129	2,874
1万以上の都市	1,242	1,061	156	2,459
1000以上の都市	543	605	99	1,246
その他の地域	754	832	148	1,734
総人口	18,899	2,905	533	22,337
全国比(%)	第1地帯	第2地帯	第3地帯	全国
100万以上の都市	62.8	–	–	62.8
10万以上の都市	10.5	1.8	0.6	12.9
1万以上の都市	5.6	4.8	0.7	11.0
1000以上の都市	2.4	2.7	0.4	5.6
その他の地域	3.4	3.7	0.7	7.8
総人口	84.6	13.0	2.4	100
面積	*3.9*	*19.2*	*76.9*	*100*

各地帯は州都・準州都・連邦首都を含む.
ABS(2015b),付表3〜6により作成.

表2-8 人口10万以上の都市, 2011年（千人）

	都市(所在州)	人口
第1地帯	Sydney (NSW)	4,609
	Melbourne (VIC)	4,169
	Brisbane (QLD)	2,147
	Adelaide (SA)	1,264
	Perth (WA)	1,834
	Hobart (TAS)	216
	Newcastle (NSW)	549
	Wollongong (NSW)	289
	Geelong (VIC)	178
	Gold Coast (QLD/NSW)	578
	Sunshine Coast (QLD)	211
	Townsville (QLD)	170
	Cairns (QLD)	148
第2地帯	Canberra (ACT/NSW)	407
第3地帯	Darwin (NT)	129

シドニー～ホバートは州都，キャンベラは
連邦首都，ダーウィンは準州都.
付表3，5による.

は，大都市（人口100万以上の5都市）全部と人口10万以上の都市のほとんどが第1地帯に位置していること（図2-3，表2-8）が主な理由であることは言うまでもないが，これらの都市を除いても，面積の割には第1地帯の人口が相対的に多い（表2-7）。

先住民人口の地帯別分布を見ると（表2-9），各地帯での総人口に占める先住民の割合では相対的に第3地帯に多いと言えるが，地帯別割合では第3地帯の割合は20%にすぎず，州都及び第1地帯の割合が合せて60%に達している。先住民については「奥地」に住んでいるというイメージが強調されがちであるが，「奥地」に住んでいる先住民はそれほど多くはないのである。

（2）地帯別人口の長期的推移

表2-10及び表2-11は地帯別人口の長期時系列データの推計結果である。州都都市圏の範囲や，地帯別集計の基礎となる地方自治体スケールの小地域の区分は，州や時期によりかなり異なるので，1891年，1911年，1947年，1961年，1971年，1991年を境にその前後で定義を若干変更することによって，それぞれの期間内では同一の定義が維持されるように努めた。また，ここでは州都（準州都・連邦首都を含む）を各地帯から分離して独立した「地帯」とみなし，中小都市及び他地域をそれぞれ第1地帯～第3地帯に分けることとする。なお州都の割合と増加率の動向は上述の表2-5及び表2-6と同じであるが，以下では全体的な動向を把握しやすくするために重複を厭わずに記述する。

オーストラリアでは州都が移民流入の玄関口であり，内陸のフロンティアへの進出の出発地であった。したがって発展段階モデル的には，開拓・開発の進行に伴って，州都・第1地帯から第2地帯へ，そしてさらに第3地帯へと人口増加の主役が移ってゆく「フロンティア」的進展が想定される。

このような進展の可能性を念頭に置いて地帯別割合（表2-10）を見ると，1861～71年には，州都及び中小都市（第1地帯・第2地帯）の割合が上昇したのに対して，「他地域」では第1地帯・第2地帯の割合が低下し，第3地帯の割合が上昇した。ただし地帯別増加率（表2-11）に示されているように，期首基準による増加率では，「他地域」の第2地帯・第3地帯が全国平均よりも高かった。

表2-9 先住民人口の地帯別分布, 2011年（%）

	州都	第1地帯	第2地帯	第3地帯	全国
地帯別割合(%)	33.7	26.7	20.0	19.6	100
総人口に占める割合(%)	1.5	3.8	5.4	32.5	3.0

付表4により作成.

表 2-10　人口の都市規模別・地帯別割合，1861-2011 年（%）

| | 中小都市 | | | | 他地域 | | |
	州都	第1地帯	第2地帯	第3地帯	第1地帯	第2地帯	第3地帯
1861	28.1	6.5	9.3	–	25.7	29.9	0.4
1871	28.5	7.1	11.8	–	23.5	28.1	1.0
1881	31.4	7.4	11.4	0.3	19.6	27.8	2.2
1891	36.1	8.0	10.1	1.7	20.1	21.7	2.3
1891	39.0	8.5	10.1	1.7	16.7	21.8	2.3
1901	39.3	8.6	10.7	2.9	15.8	20.1	2.6
1911	41.5	9.9	11.3	2.3	14.2	18.4	2.4
1911	43.4	10.0	12.1	2.5	12.6	17.2	2.2
1921	49.9	10.4	10.4	1.5	11.4	14.7	1.8
1933	52.4	10.6	9.3	1.3	10.2	14.8	1.4
1947	57.6	11.3	9.4	1.1	8.4	10.9	1.2
1947	58.4	11.7	9.4	1.2	7.3	10.9	1.1
1954	58.8	12.7	9.6	1.2	6.6	10.3	0.9
1961	61.4	13.0	9.3	1.2	5.5	8.6	0.9
1961	61.3	12.9	9.2	1.2	5.5	8.6	1.2
1966	62.9	13.0	9.0	1.2	5.1	7.8	1.0
1971	64.6	13.1	8.7	1.2	4.5	6.7	1.2
1971	65.6	13.1	8.5	1.4	3.7	6.9	0.9
1976	65.5	13.6	8.6	1.4	3.9	6.3	0.8
1981	64.9	14.3	8.5	1.4	4.0	6.0	0.8
1986	64.8	14.6	8.3	1.5	4.3	5.8	0.7
1991	64.7	15.0	7.9	1.4	4.8	5.5	0.7
1991	64.7	16.0	8.6	1.4	3.8	4.8	0.7
1996	64.8	16.6	8.3	1.4	3.8	4.5	0.6
2001	65.2	17.0	8.0	1.3	3.7	4.3	0.6
2006	65.4	17.5	7.8	1.2	3.5	4.0	0.6
2011	66.2	17.5	7.5	1.1	3.4	3.7	0.7

付表 1，3，6 により作成.

「他地域」の第 2 地帯の増加率が相対的に高かったのに割合が低下したことは，第 2 地帯で中小都市が新たに登場したことによって表 2-10 での中小都市（第 2 地帯）の割合が上昇したことと表裏一体である。なお第 3 地帯の割合は中小都市・他地域共に上昇し，増加率もきわめて高かった。人口規模が小さいので増加率が誇張されているとはいえ，このような第 3 地帯の相対的増加は「フロンティア」的進展を反映していると言える。

　その後の 1871 年〜 1971 年には，州都の割合がすべての期間で上昇し，中小都市の第 1 地帯の割合も同様に上昇したのに対して，中小都市の第 2 地帯では多くの期間で割合が低下し，「他地域」

においても第 1 地帯・第 2 地帯ではほとんどの期間で割合が低下した。そして第 3 地帯の割合は，中小都市・他地域共に 1901 年までは割合が上昇して「フロンティア」的進展が見られたが，1901年以降は 1971 年までのほとんどの期間で低下又は横ばいを続けた（表 2-10）。

　増加率を比べると（表 2-11），州都の増加率が1871 年〜 1971 年のすべての期間で全国平均よりも高く，中小都市の第 1 地帯でもほとんどの期間で高かったのに対して，中小都市の第 2 地帯ではすべての期間で全国平均よりも低く，「他地域」の第 2 地帯でもほとんどの期間で全国平均よりも低かった。そして第 3 地帯では，中小都市・他地

表 2-11　人口の都市規模別・地帯別年平均増加率，1861-2011 年（%）

	州都	中小都市			他地域			全国	自然増加率
		第1地帯	第2地帯	第3地帯	第1地帯	第2地帯	第3地帯		
1861-71	3.87	1.69	3.59		3.55	3.99	14.06	3.73	*2.53*
1871-81	4.07	2.72	0.93		1.48	3.64	12.35	3.08	*2.13*
1881-91	4.98	3.22	0.55	4.83	4.19	1.70	8.96	3.51	*2.08*
1891-01	1.81	1.30	1.45	2.85	1.48	1.36	6.42	1.73	*1.67*
1901-11	2.22	1.84	0.69	-1.13	1.35	1.67	1.21	1.67	*1.49*
1911-21	3.45	2.18	0.28	-2.66	1.16	0.53	-0.63	2.01	*1.34*
1921-33	2.04	1.58	0.66	0.23	0.89	1.79	-0.24	1.63	*1.23*
1933-47	1.64	1.36	0.83	-0.02	-0.27	-1.08	0.20	0.96	*0.90*
1947-54	2.55	3.29	2.30	1.29	1.46	2.06	1.75	2.46	*1.36*
1954-61	2.92	2.54	-1.62	1.69	0.11	-0.08	1.89	2.26	*1.37*
1961-66	2.42	2.14	1.30	0.71	0.24	-0.09	0.74	1.92	*1.26*
1966-71	2.48	2.11	1.20	3.19	-0.72	-1.14	3.99	1.92	*1.10*
1971-76	1.40	2.00	1.57	0.57	3.37	-0.27	0.04	1.44	*1.07*
1976-81	1.07	1.95	0.86	1.06	3.10	0.55	3.17	1.24	*0.81*
1981-86	1.39	1.54	0.69	1.06	4.00	0.86	1.22	1.43	*0.83*
1986-91	1.49	2.12	0.66	0.91	3.34	0.55	0.85	1.53	*0.79*
1991-96	1.09	1.79	0.20	0.27	1.68	-0.33	-0.49	1.06	*0.77*
1996-01	1.23	1.44	0.52	-0.05	0.61	0.19	1.99	1.13	*0.66*
2001-06	1.28	1.71	0.51	-0.01	0.72	-0.07	0.44	1.19	*0.62*
2006-11	2.01	1.82	0.96	1.25	0.91	0.30	2.73	1.78	*0.72*

付表 1，3，6 により作成.

域共に 1901 年までは全国平均よりも増加率が高かったが，その後は多くの期間で全国平均よりも低くなった。また中小都市の第 2 地帯・第 3 地帯及び「他地域」の各地帯では，増加率がマイナス（絶対的減少）の期間は無論のこと，増加率がプラスであっても自然増加率よりも明白に低くて人口が流出したとみなされる期間も少なくなかった。したがってこの時期には既に「フロンティア」的進展とは到底言えない状況になっていたと言える。

1971 〜 91 年には，州都の割合が低下し，中小都市及び「他地域」の第 2 地帯・第 3 地帯の割合もほとんどの期間で低下又は横ばいであったのに対して，中小都市・他地域共に第 1 地帯の割合が上昇した（表 2-10）。また増加率でも同様の動きが見られた（表 2-11）。州都の割合の低下は，既に触れたように，当時は人口移動転換あるいは逆都市化，すなわち大都市集中から地方分散への転換という見方をめぐってさまざまに論じられた。たとえば Burnley（1988）は，1971 〜 86 年のシ

ドニーからの転出先の大半が海岸地帯に集中していること，そして転出の動機には雇用などの経済的なものだけではなく生活環境などの非経済的動機が強く影響していることを明らかにすることによって，一般的な人口移動転換論に対しては慎重な見解を示した。

1991 年以降には州都の割合が上昇に転ずると共に，中小都市・他地域共に第 2 地帯・第 3 地帯の割合の低下又は横ばいの傾向は 2011 年まで続いてきており，大都市圏の相対的成長と非大都市圏の衰退・停滞という長期的な傾向が再び続いていると言える。なお「他地域」の第 3 地帯では，いわゆる「資源ブーム」期の 1966 〜 71 年だけでなく，1976 〜 81 年，1996 〜 2001 年，2006 〜 11 年の高い増加率（表 2-11）にも鉱産資源開発が影響しているが，これらは中小都市の成長には結び付いていない。このように第 3 地帯の人口は鉱産資源開発の影響で変動することがあるが，その影響は持続的ではないし，人口規模が絶対的に小さ

34

表 2-12　中小都市人口の機能類型別・地帯別割合，1861-2011 年（％）

	一般都市				鉱産資源都市				リゾート都市
	第1地帯	第2地帯	第3地帯	計	第1地帯	第2地帯	第3地帯	計	
1861	25.8	9.4	–	35.1	15.4	49.4	–	64.9	
1871	22.4	14.2	–	36.6	15.0	48.3	–	63.4	
1881	22.1	22.6	0.7	45.3	16.7	37.1	0.8	54.7	
1891	24.3	25.8	1.8	51.9	16.2	25.3	6.6	48.1	
1891	23.8	25.6	1.7	51.1	18.2	24.3	6.4	48.9	
1901	22.8	24.7	1.6	49.1	16.1	23.2	11.6	50.9	
1911	25.8	29.7	1.6	57.1	16.4	18.2	8.2	42.9	
1911	25.5	31.2	1.5	58.1	15.3	18.0	8.6	41.9	
1921	28.4	32.6	1.5	62.5	18.2	14.2	5.2	37.5	
1933	30.0	32.9	1.5	64.4	19.9	11.1	4.6	35.6	
1947	32.0	32.6	1.2	65.7	19.9	10.3	4.0	34.3	
1947	29.5	38.9	1.7	70.1	19.5	3.1	3.6	26.2	3.7
1954	29.8	38.0	1.9	69.6	20.2	3.0	3.2	26.3	4.1
1961	29.9	36.8	2.1	68.8	20.9	2.8	2.9	26.6	4.6
1961	29.5	36.9	2.1	68.5	21.1	2.8	2.9	26.9	4.6
1966	29.4	36.0	2.2	67.6	21.4	2.8	2.8	27.0	5.4
1971	29.3	34.6	2.1	66.0	21.3	3.0	3.2	27.4	6.5
1971	29.0	33.9	2.2	65.1	21.4	3.1	4.0	28.5	6.4
1976	28.7	33.4	2.1	64.2	20.7	3.0	3.8	27.5	8.3
1981	27.7	32.2	2.0	61.9	20.0	3.0	3.8	26.8	11.3
1986	27.3	31.4	2.3	61.0	19.0	2.7	3.7	25.4	13.6
1991	26.6	30.3	2.3	59.2	18.6	2.3	3.4	24.4	16.4
1991	27.8	30.8	2.1	60.7	17.7	2.3	3.3	23.3	16.0
1996	27.5	29.5	2.2	59.1	17.2	2.0	3.0	22.2	18.6
2001	26.9	28.8	2.2	57.9	17.1	1.8	2.7	21.5	20.6
2006	27.3	27.8	1.9	57.0	16.6	1.6	2.5	20.7	22.3
2011	27.6	27.0	1.9	56.5	16.4	1.6	2.5	20.4	23.1

リゾート都市は 1947 年以降の第 1 地帯のみに設定.
付表 7 により作成.

いので，見かけの増加率の変動は大きくても，全国的な人口増加・人口分布への影響はきわめて小さい（表 2-10）。

（3）中小都市の比較

　表 2-12 及び表 2-13 は，中小都市を一般都市，鉱産資源都市，リゾート都市に分けて地帯別に比較したものである。「一般都市」は中小都市から鉱産資源都市・リゾート都市を除いたいわゆるカントリータウンで，農業地帯の商業・サービスなどの中心地機能を担っている（注 8）。「鉱産資源都市」は鉱産資源に著しく依存している都市であり，鉱山都市だけではなく鉱産物の輸出・製錬や火力発電（石炭火力）などに依存している都市も

含まれる。これに対して「リゾート都市」は，観光・保養が特色の一つなので便宜的にこの名称が付けられているが，年金生活者が多いこと，周辺地域に対する商業・サービス機能（中心地機能）が貧弱であることなどから，一般的な地方都市とは区別されるべき都市である（Taniuchi 1999）。なおリゾート都市は第 2 地帯の高原にも設定できるが，その数はきわめて僅かであり，リゾート都市のほとんどが海岸地域に位置しているので，ここでは第 1 地帯のみに設定した。

　中小都市人口の合計に占める一般都市の割合は，第 1 地帯・第 2 地帯を中心に 1861 〜 1947 年のほとんどの期間で上昇し，増加率も高かった。しかし 1947 年以降には，第 1 地帯では 1961 〜

表 2-13　中小都市人口の機能類型別・地帯別年平均増加率，1861-2011 年（%）

	一般都市				鉱産資源都市				リゾート都市	中小都市計
	第1地帯	第2地帯	第3地帯	計	第1地帯	第2地帯	第3地帯	計		
1861-71	0.40	4.71		1.72	3.56	3.37		3.41		2.85
1871-81	1.71	4.32		2.79	4.07	-0.29		0.91		1.64
1881-91	2.98	2.22	4.72	2.64	3.53	-0.61	4.93	0.92		1.73
1891-01	1.20	1.41	-1.81	1.22	1.43	1.49	3.83	1.81		1.51
1901-11	1.46	1.70	0.56	1.55	2.36	-0.49	-1.39	0.31		0.94
1911-21	1.83	0.99	0.72	1.36	2.73	-1.07	-3.36	0.10		0.85
1921-33	1.37	1.16	1.17	1.25	1.89	-0.60	-0.07	0.76		1.07
1933-47	1.46	1.01	-0.33	1.19	1.21	0.27	0.08	0.79		1.08
1947-54	3.02	2.33	1.41	2.60	3.65	1.94	1.24	3.14	3.53	2.78
1954-61	2.15	1.66	2.95	1.91	2.87	1.02	0.90	2.44	3.64	2.12
1961-66	1.78	1.30	0.97	1.50	2.07	1.26	0.52	1.82	4.64	1.74
1966-71	1.69	1.06	1.31	1.34	1.67	2.85	4.53	2.11	5.83	1.81
1971-76	1.56	1.58	1.03	1.55	1.23	1.44	0.31	1.13	6.16	1.75
1976-81	0.99	0.87	0.91	0.93	1.10	0.69	1.15	1.06	6.81	1.50
1981-86	0.98	0.82	2.87	0.96	0.46	-0.73	0.05	0.27	4.58	1.22
1986-91	1.02	0.83	1.84	0.95	1.13	-1.32	0.30	0.76	5.40	1.56
1991-96	0.99	0.32	1.45	0.67	0.71	-1.42	-0.50	0.34	4.21	1.19
1996-01	0.60	0.62	1.25	0.63	0.94	-1.06	-1.03	0.51	3.08	1.08
2001-06	1.50	0.58	-0.99	0.95	0.70	-0.49	0.78	0.62	2.78	1.27
2006-11	1.76	0.96	1.44	1.36	1.25	1.00	1.12	1.21	2.30	1.54

付表 7 により作成.

2001 年，第 2 地帯ではすべての期間で割合が低下し，増加率も低かったので，一般都市の合計（全地帯）では 1947 年以降のすべての期間で割合が低下し，増加率も低かった（注 9）。

これに対して中小都市人口の合計に占める鉱産資源都市の割合は，合計（全地帯）では 1861 ～ 1947 年のほとんどの期間で低下し，増加率も低かった。このような割合の低下及び低い増加率が主として第 2 地帯の鉱産資源都市の相対的衰退・停滞によるものであることは明らかである。これに対して第 1 地帯では，1861 ～ 1947 年のほとんどの期間で割合が上昇し，増加率も高かった。これは石炭・製鉄・非鉄金属製錬を中心とする二つの鉱工業都市（ニューサウスウェイルズ州のニューカースルとウロンゴン）の存在によるものである。

1947 ～ 71 年には鉱産資源都市の割合（全地帯）が上昇した。これは 1947 年以前から続いてきた第 1 地帯での人口増加によるものである。これに

対して鉱山都市の多い第 2 地帯・第 3 地帯では，1966 年までは割合は低下又は横ばいであり，増加率も低かったが，1966 ～ 71 年には石炭・鉄鉱石を中心とするいわゆる「資源ブーム」（第 5 章）を反映して割合が上昇し，増加率が高かった。しかし 1971 年以降は各地帯共割合が低下し，増加率もきわめて低くなった。このことは，鉱産資源開発は都市の発生と初期の成長には一時的に寄与することはあっても，持続的な成長を支えることはあまり期待できないことを示唆している（Taniuchi 1999）。

リゾート都市は 1947 ～ 2011 年の全期間を通じて割合の上昇と高い増加率を維持している。これが第 1 地帯の中小都市全体の高い増加率（表2-11）の要因となっていることは，第 1 地帯の一般都市の増加率がそれほど高くないことから明らかであり，前述の Burnley（1988）の見解とも整合する。1970 年代～ 80 年代の州都人口の動向を人口移動転換や逆都市化の観点から説明するとす

れば，州都からの人口流出の受け皿としての中小
都市の人口増加が期待されるが，受け皿になった
と言えるのはリゾート都市のみであり，一般都市
は受け皿には程遠いことから，人口移動転換や逆
都市化の観点から説明することには慎重であるべ
きであろう。

3.「計画都市キャンベラ」の実像

(1) 計画・建設の歩み

連邦首都キャンベラは「計画都市」として知
られているが，誤解や過大評価が多く，その実
態はあまり知られていないようである。たとえ
ば1911年の計画案の国際公募，1913年の着工，
1927年の議事堂（旧）の完成と連邦議会の開催
はよく知られているので，この国際公募による
「理想的な」当選案に基づいて着々と建設が進み，
1927年に計画通り都市が完成した，という誤解
がしばしば見られる。しかしキャンベラの計画・

建設の過程には，表2-14に見られるように紆余
曲折があった。

連邦首都の位置は，連邦憲法125条に「ニュー
サウスウェイルズ州内でシドニーから100マイル
以上離れた所」と明記された。しかしこの条件を
満たす範囲でも多くの候補地があり，現地調査を
含むさまざまな議論の末にようやく1909年に位
置が決定した。位置の決定について「シドニーと
メルボンが争った」と言われることがあるが，シ
ドニーとメルボンのいずれが首都となっても角が
立つので非現実的であることはすべての当事者に
とっては百も承知であったと考える方が自然であ
ろう。また関係者が先行事例としてアメリカの連
邦首都（ワシントンDC）を意識していたことは
言うまでもない。表2-14の原資料での上記の憲
法の規定に至るまでの過程に関する記述において
も，「シドニーとメルボンとの争い」を示す直接
的な記述はほとんど見られず，シドニーでもメル
ボンでもない第三の候補地の位置をめぐるさまざ
まな議論，たとえばニューサウスウェイルズ州と

表2-14　キャンベラ略年表，1900-88年

1900	連邦憲法成立(連邦首都の位置等に関する基本的条件を明記)
1901	連邦発足(連邦議会・連邦政府の所在地は暫定的にメルボン)
1909	連邦首都の位置としてキャンベラを選定
1911	設計案を国際公募(計画人口2.5万人)
1912	グリフィン案が第1位として当選
1913	第1位～第3位の混合案を公式計画として決定
	起工式(公式にキャンベラと命名)
	混合案を廃棄し，当初のグリフィン案を再び採用
	グリフィンが修正案を提出(1916年承認)
1921	連邦首都審議会(FCAC)発足(連邦議事堂の建設を優先)
1925	連邦首都委員会(FCC)発足(計画・建設を一元化)
	公式計画 (Gazetted Plan)を決定・告示
1927	旧連邦議事堂完成(キャンベラでの最初の連邦議会を開催)
1930	連邦首都委員会(FCC)廃止(各省庁に縦割り)
1957	連邦首都開発庁 (NCDC) 発足(計画・建設を再び一元化)
1964	人工湖(Lake Burley Griffin)完成(ダムと橋は前年完成)
1965	Future Canberra 構想(想定人口25万人)
1968	国立図書館完成
1970	Y Plan 構想(想定人口100万人)
1982	国立美術館完成
1988	現連邦議事堂完成

ABS（2012a），Linge（1975a），NCDC（1970）により作成.

ヴィクトリア州のどちらの州にするのか，ニューサウスウェイルズ州にした場合にシドニーからどのくらい離れるのかなどの議論において，両州の意見の相違が間接的に見られた程度である。

この位置の決定に基づいて 1911 年に設計案を国際的に公募し，翌年にグリフィン（Walter Burley Griffin）の案を第 1 位の当選案として決定した。しかし 1913 年には第 1 位〜第 3 位の案を混合したものが公式計画として決定され，さらにその後すぐに当初の当選案に戻るという，朝令暮改的な動きが見られた。結局当選案に戻ったとはいえ，政府当局には「国際公募した理想的な計画案」という考え方は希薄だったようである。その後も計画案が何度も改訂されるだけではなく，都市建設の運営主体についても変更が続いた。

この時期の計画案のうち，1925 年の「官報告示案」（gazetted plan）が現在最も多く引用されている計画案である。官報で告示したということは，その変更には然るべき正式な手続きが必要であるということであり，恣意的な変更ができなくなったことを意味しているので，決定版とみなされたからである。この計画案は 1912 年の当選案（グリフィン案）を継承しつつ修正を加えたものであるが，日本ではこれが当選案そのものだとの誤解・混同もしばしば見られる。この 1925 年の計画案がその後の建設のための決定版であるとすると，1911 年の国際公募から実に 14 年を費やしたことになる。国際公募での計画人口は当初（下限）は 2.5 万人，将来の見込み（上限）は 7.5 万人ということになっていたが，当時はこの計画人口の規模は過大であるとされ，1 万人に達するとは思わない人が多かったと言われている（Linge 1975a）。

計画案の変更とは別に，1921 年に発足した連邦首都審議会（Federal Capital Advisory Committee）によって連邦議事堂の建設が最優先となり，当初の計画案で決められていた位置ではない所に，突貫工事による仮建築で 1927 年に完成した。この仮建築の連邦議事堂は，結局 1988

年に現在の議事堂が当初の計画案の位置に完成するまで 60 年余りにわたって使用された。こうして 1927 年に連邦議事堂（旧）が完成して連邦議会が開催されたということによってキャンベラは実質的に連邦首都となり，メルボンに暫定的に置かれていた連邦政府の各省庁のキャンベラへの移転も始まった（注 10）。

しかし 1925 年以来計画・建設の一元的な主体であった連邦首都委員会（Federal Capital Comission）が 1930 年に廃止されて各省庁の縦割りとなったことと，世界恐慌・第二次世界大戦の影響によって，都市建設及び省庁移転は遅々として進まず，その多くは戦後に持ち越された。たとえば当初の計画にあった人工湖（バーリーグリフィン湖）のためのダムが完成したのは 1963 年であり，湛水して人工湖が姿を現したのは 1964 年であった。また国立図書館が完成したのは 1968 年，国立美術館が完成したのはようやく 1982 年であった。

キャンベラの計画・建設をめぐる状況は第二次世界大戦後に大きく変化した。まず 1957 年に連邦首都開発庁（National Capital Development Commission）が発足して計画・建設が再び一元化されたことにより，1930 年代以来の世界恐慌・第二次世界大戦による建設の遅れを取り戻すことができるようになった。また，都市建設が遅れたとはいえ，1950 年代半ばには人口が当初の計画人口の下限（2.5 万人）に達した（表 2-15）。さらに，第二次世界大戦の戦費調達のために所得税の権限が州から連邦へ移管されたことをはじめとして，戦前に比べて連邦政府の権限・責任が大きくなった。この連邦政府の権限・責任の増大に伴う政府職員数の増加とそれに伴う波及効果によって，まもなく当初の計画人口における上限（7.5 万人）を大幅に上回ると予測された。

このような変化を反映して 1962 年から新市街地の建設が始まり，想定人口 25 万人の構想（1965 年）及び想定人口 100 万人の構想（1970 年）の

表 2-15　キャンベラ市街地の地区別人口，1921-2011 年（千人）

	旧市街地			新市街地						合計
	NC	SC	計	WO	WE	BE	TU	GU	計	
1921			1.1							1.1
1933	3.2	2.9	6.1							6.1
1947	7.4	6.3	13.8							13.8
1954	14.4	12.3	26.7							26.7
1961	30.9	23.9	54.7							54.7
1966	50.0	28.1	78.1	11.5						89.6
1971	55.2	22.4	77.6	33.8	8.5	19.0			61.3	139.0
1971	58.2	23.6	81.9	35.6	9.0	20.0			64.7	146.5
1976	45.8	23.7	69.5	36.6	28.1	59.2	10.7		134.6	204.1
1981	39.2	20.7	59.8	33.0	27.7	75.8	28.4		164.9	224.7
1986	38.5	20.8	59.2	31.8	27.9	84.7	51.4		195.9	255.1
1991	39.9	21.0	60.8	33.9	27.1	89.4	74.3		224.8	285.6
1996	38.6	21.6	60.2	33.2	24.9	86.0	90.4	12.3	246.8	307.0
2001	38.6	22.3	60.9	32.7	23.7	86.2	91.4	24.1	258.2	319.1
2006	43.8	23.7	67.6	33.2	22.7	87.3	90.0	32.3	265.5	333.0
2011	49.9	25.2	75.1	34.1	23.4	95.6	89.3	48.0	290.4	365.5
面積	37.7	34.6	72.3	28.6	15.8	66.1	64.0	41.6	216.1	288.4

NC=North Canberra,　SC=South Canberra,　WO=Woden,　WE=Weston Creek,　BE=Belconnen,
TU=Tuggeranong,　GU=Gungahlin. 地区の位置は図 2-4 参照.
面積の単位は km². 対象地域の定義が異なるので人口の合計は表 2-8 及び付表 3 とは一致しない.
ABS（2014a, 2015bc）により推計.

もとで新市街地の建設が進められて今日に至っている。当初の計画地域に相当する旧市街地は，2011 年には計画地域全体（旧市街地＋新市街地）の人口の 21%，面積の 25% を占めるにすぎない（表 2-15）（注 11）。

（2）「計画都市」再考

キャンベラの事例からは，「計画都市」への安易な期待・幻想に陥らぬために留意すべき三つの点を見出すことができる。

第 1 は，計画は変更されるものだということである。最大の変更は第二次世界大戦後の新市街地の建設であるが，旧市街地に限っても計画通りに建設されたのではない。上述のように国際公募の当選案から 1925 年の官報告示案に至るまでに何度も変更があったし，1925 年以降も同様であった。1925 年の計画と現在の旧市街地とを比較すると，たとえば旧市街地を南北に縦貫する鉄道は結局実現しなかった，人工湖の形はかなり異なる

ものになった，人工湖を渡る橋は 3 本から 2 本になった，円と放射状の街路を組み合わせたパターンの数がかなり減った，商業地区の予定地が士官学校になった，行政官庁地区の一部が商業地区になったなど，大小さまざまな変更があったことが見出せる。これらの変更が，モータリゼーションの進展をはじめとして，計画当初には想定していなかった客観的状況の変化に対応するものであったという場合には，特に批判されるべきことではない。むしろ批判されるべきは，国際公募の当選案の通りに建設された計画都市であるという単純な思い込みの方であろう。

第 2 は，都市計画と幾何学的な街路パターンとは無関係だということである。キャンベラは「円・六角形と放射状の道路を組み合わせた美しい街路パターンによる理想的な計画都市」と言われることがある。しかしこのような「円・六角形＋放射状道路」の街路パターンは，旧市街地の計画案に見られる象徴的・観念的な理念，あるいはイギリ

第 2 章 人口と都市　39

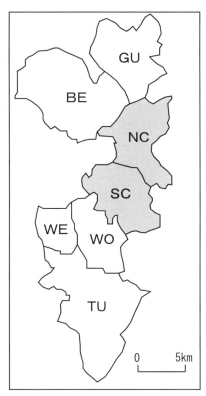

図 2-4　キャンベラ市街地の区分
地区の名称は表 2-15 参照．
ABS（2010）により作成

ス発祥の「田園都市」としての当時の流行を反映したものにすぎないのであって，メルボン・アデレイド・京都・札幌の中心部のような格子状（方格状）の街路パターンと比べると，利用者にとって不便この上ないものであり，実用性・利便性には程遠いものである。なお「円・六角形＋放射状道路による美しい街路パターン」は，地図で見ることはできても，旧市街地にある三つの丘の頂上の展望台からでさえ実物を見ることはできない。おそらく実物を見る機会があるのは，キャンベラ空港から旧市街地の上空を通ってメルボン空港へ向かう航空機から見下ろすときだけであろう。

旧市街地と比べると，新市街地の街路パターンは象徴的・観念的な理念や見かけの（地図上の）美観にはこだわらずに実用本位で計画されたものであり，幾何学的な街路パターンはまったく見ら

れない。新市街地では，新市街地相互及び新旧市街地を結ぶ広域的な幹線道路は別にして，近隣住宅地区の中では無関係な車両が通り抜けできないように曲がりくねった街路や行き止まりの街路を意図的に作るなど，住民の生活環境を重視した独自の「計画」に基づいて，幾何学的なパターンとは無縁の不規則な街路網となっている。したがって幾何学的な街路網だから「計画都市」であると言うのは誤りであり，どのような目的に基づいて「計画」されたかが重要なのである。

第 3 は，政府当局の権限がきわめて強いことである。キャンベラの土地は放牧地として利用されていたが，オーストラリアンキャピタルテリトリー（ACT）の成立（1911 年）に伴い連邦政府が買い戻して国有地となった（注 12）。したがってその後の計画・建設の過程では土地買収や立退きなどの問題はまったくなかった。また 1989 年までは市議会のような地方自治的な組織はなかったので，少なくとも形式的には連邦政府はフリーハンドであった。このように土地と行政の両面で権限がきわめて強かったことは連邦政府にとって好都合であったが，土地の取得や利害の調整などで苦労している他の多くの都市の計画や再開発には参考にならないのである。

第 2 章の注
（注 1）1996 年センサスからは，インド洋上のオーストラリア領のクリスマス（Christmas）島及びココス（Cocos）島が国内の人口に含まれることになったが，本書の人口統計ではそれ以前との整合性を保つために除外した。また同じく 1996 年センサスからは，それまで形式的にオーストラリアンキャピタルテリトリーに含まれていたジャーヴィスベイ（Jervis Bay）地区がオーストラリアンキャピタルテリトリーから除外されて上記の二つの島と共に「その他のテリトリー」となったが，本書の人口統計ではそれ以前と同様にオーストラリアンキャピタルテリトリーに含めることとした。このジャーヴィスベイは東海岸にある連邦直轄の海軍基地がある狭い地区

で，2011 年の人口（389 人）は上記の二つの島の人口（合せて 2728 人）よりもさらに少ないので，人口分布の大勢にはほとんど影響はない。

（注2）連邦結成（1901 年）までは各州がセンサスなどの人口調査を個別に実施していた。1861 年以前も含めて年末現在の州人口が毎年推計される一方で，数年ごとのセンサスの実施年は州によって異なっており，センサスの実施年がオーストラリア全体で統一されたのは 1881 年であった。したがって表 2-1 の 1861 年及び 1871 年（付表 1 の 1861 ～ 76 年）の各州の人口は，1881 年との比較を考慮して，前後の各州のセンサスと年末のデータに基づいて筆者が推計したものである。1881 年以降のセンサスの実施年は表 2-1 のように 1921 年までは 10 年毎（末尾が 1 の年），その後は世界恐慌及び第二次世界大戦の影響により変則的に 1933 年，1947 年，1954 年となり，1961 年以降は 5 年毎（末尾が 1 及び 6 の年）となって今日に至っている。またセンサスの調査時期は，1921 年までは 3 月末（又は 4 月初め）であり，1933 年からは 6 月末となった。表 2-1 をはじめとする本章での人口統計では，この調査時期（3 月末か 6 月末か）については特に調整せずに原資料のままとしたが，1921 ～ 33 年や 1926 ～ 33 年の年平均増加率を算出する際には調査時期の変更（3 カ月長いこと）を考慮した。なお本章の表 2-2 の総人口や第 4 章以下の経済関係の統計についてはセンサス実施年以外でもデータを利用できるので，1947 年以前についても 5 年毎又はそれに近くなるように年次を追加した。

（注3）現在人口とは，センサス調査において小地域別（たとえば地方自治体別）に集計する際に，調査時にいた場所（たとえば旅行中の者は宿泊していたホテルなどの所在地）に基づいて集計された人口である。これに対して常住人口とは，調査時にいた場所（旅行先など）にかかわらず，自宅（住んでいる場所）に基づいて集計された人口である。日本の場合，戦前は現在人口方式であったが現在は常住人口方式である。

（注4）たとえば大都市としてのシドニーは 43 の地方自治体にまたがり，面積（1 万 2368km^2）は南関東 4 都県（埼玉・千葉・東京・神奈川）のおよそ 9 割である。都心部にある公式の「シドニー市」の面積は 27km^2，人口は 18.3 万人（2011 年）で，シドニー全体の面積の 0.2%，人口（460.9 万人）

の 4.0% にすぎない。また大都市としてのメルボンは 32 の地方自治体にまたがり，面積（9991km^2）は南関東 4 都県のおよそ 7 割である。都心部にある公式の「メルボン市」の面積は 36km^2，人口は 9.9 万人（2011 年）で，メルボン全体の面積の 0.4%，人口（416.9 万人）の 2.4% にすぎない。

（注5）プライメイト型かバイナリー型かは大都市圏の定義と共に空間スケールに影響される。オーストラリアの場合，州レベルではプライメイト型であり，全国レベルではバイナリー型であるということになる。なお，日本ではしばしば「東京一極集中」であると言われるが，イギリスやフランスに比べればプライメイト型であると言えるほどではない。「東京一極集中」は，過去（近世以来）のバイナリー型（東京・大阪）から次第に東京優位の状態に移りつつあることを強調している表現なのである。

（注6）逆都市化は「反都市化」と訳されることがあるが，「都市化」を正面から否定して農村回帰するという意味であるとの誤解を招くので，避けるべきである。逆都市化の原語である counterurbanization の counter は，サッカーの「カウンターアタック」と同様に，単に方向が逆であることを示すだけであり，その直後の語句（都市化，アタック）を否定するのではないからである。

（注7）原資料での地帯区分は定性的な記述にとどまっており，既製の地帯別統計データは存在しない。本書での地帯別データは，地方自治体スケールの小地域別統計に基づいて筆者が独自に集計・推計したものである。

（注8）金田（1998）はこのような都市を「中心集落」として詳細に論じている。

（注9）一般都市の第 3 地帯では，1981 ～ 2001 年には割合が低下せず，増加率が相対的に高かった。これはノーザンテリトリー南部のアリススプリングズ（Alice Springs）及びウェスタンオーストラリア北西部のブルーム（Broome）の人口増加によるものである。両都市は共に行政拠点ではあるが観光産業が増加の理由であると考えられること，そして人口規模がきわめて小さいことにより，逆都市化論のような州都からの地方分散に関する一般的な議論とは無関係である。

（注10）各省庁は移転に消極的であり，なるべく先延ばしにすることを希望したと言われている

（Linge 1975a）。省庁の移転が完了したと言える
のは 1960 年代に入ってからであった。

（注 11）都市圏としてのキャンベラは，準州（連邦
直轄地区）であるオーストラリアンキャピタル
テリトリー（ACT）とは同じではない。キャン
ベラ都市圏は隣接するニューサウスウェイルズ
州のクインビヤン（Queanbeyan）地区も含んで
いるし，オーストラリアンキャピタルテリトリー
の中には，キャンベラ都市圏に含まれない地域
や，都市圏には含まれるが計画地域には含まれ
ない地域もある。表 2-15 は計画地域のみであり，
クインビヤン地区などは含まれていないのに対
して，付表 3 はクインビヤン地区などを含む都
市圏全体の人口を示している。

（注 12）現在でもキャンベラの土地は国有地である。
民間の個人・企業は長期（99 年間）のリース契
約により土地を専有できるし，その土地に建て
た建物は私有物として認められるので，事実上
土地を私有しているようなものであるが，完全
な土地私有に比べると政府による土地利用の管
理・統制は容易であると言える。なお，キャンベ
ラに隣接し，キャンベラ都市圏に含まれるニュー
サウスウェイルズ州のクインビヤン地区では土
地を私有できるので，クインビヤン地区で土地
を買い家を建ててキャンベラに通勤している人
もいる。

第3章　移民と多文化社会

1. 移民政策の変化

(1) 白豪主義・白豪政策・英豪政策

　表3-1は、いわゆる「白豪主義」に関係する移民政策の変化を簡単にまとめたものである。「白豪主義」（white Australia policy）は公式の名称ではなく（Shaw 1984, Walmsley and Sorensen 1992)、移民制限法（1901年）以来の移民政策における運用実態に対する一般的な通称にすぎない。また本来の意味での「主義」と言うよりも現実的な意味での「政策」にすぎないので、英語の表現通りに「白豪政策」とする方が適切であろうと思われる。

　白豪政策がいつ撤廃されたかという質問に対する答は公式には存在しないことになるが、一般には1973年に移民の受け入れにおいて人種・皮膚・国籍などを根拠とする差別をしないと連邦政府が明言したことによって撤廃されたことになっている。しかしこのことが、それまでの移民がヨーロッパ系（注1）に限られていて非ヨーロッパ系の移民が1人も入れなかったことを意味するのではない。表3-1に示されているように、白豪政策的な移民政策の根拠となっていた移民制限法が1958年に廃止され、1959年に非ヨーロッパ系

の市民権取得が可能になるなど、徐々に「白豪政策」的な規制が緩和され、非ヨーロッパ系の移民が認められるようになってきていた。こうして既に1960年代には「経済発展のためならば多少の人口の異質化には目をつぶるという、大まかな国民的合意」（関根1994）ができていたのである。したがって1970年代以降の変化に歴史的意義があるとすれば、イギリス系社会に同化できるのなら非イギリス系あるいは非ヨーロッパ系の移民も受け入れるというそれまでの同化政策から、積極的な多文化政策に転換したことにある（関根1994）。本来ならイギリスからの移民によって人口を増加させたいという、「白豪政策」どころかむしろ「英豪政策」が長い間移民政策の当然の前提となっていたが、イギリスからの移民だけでは、そして後にはヨーロッパからの移民だけでは、人口を増加させることが困難になってきたという現実のもとで、国民の同質性よりも人口増加の方を優先せざるを得ないという判断に至ったと言える。

　日本の地理教育では、ようやく移民政策の変化と多文化社会が取り上げられるようになったとはいえ、いまだに「白豪主義」が多くの教科書では重要語句として生き残っているようである。ス

表3-1　移民政策の変化，1901-73年

1901	移民制限法（事実上非ヨーロッパ系移民を排除）
1958	移民制限法廃止，新移民法（移民政策を弾力化）
1959	非ヨーロッパ系移民の国籍取得の条件を明示
1966	上記の条件を緩和
1973	人種・皮膚・国籍などによる差別のないことを明言

谷内（2007）による.

ペースに十分な余裕のある専門書ならば移民政策の歴史的変遷の記述において言及することには一定の意味はあろうが，教科書での限られたスペースの中で中途半端に触れるよりも，現在の多文化社会の記述を優先すべきであろう（注2）。

（2）南ヨーロッパ・東ヨーロッパからの移民

1970年代前半までは，「移民」（migrants）あるいは「新しいオーストラリア人」（New Australians）という言葉が南ヨーロッパ・東ヨーロッパからの移民を意味して使われていた。このような言葉の使い方は，当時のメインストリームであったイギリス系オーストラリア人が，これらの非イギリス系移民に対して，同じヨーロッパ系とはいえ母語が英語でないことをはじめとする文化的な異質さを感じていたこと，そして白豪政策が「白」（ヨーロッパ系）ならば誰でも無条件で受け入れるというのではなく，「白」すなわちイギリス系であるという，いわば英豪政策が実質的な意味であったことを示している（注3）。イギリス以外のヨーロッパからの移民を受け入れたことは，もしこの経験がなかったらその後のアジア系移民の受入れや多文化社会への移行はもっと困難であったであろうという意味で，社会の多様化の第一段階であったと言える。したがって白豪政策から多文化政策への変化を「アジア人を入れるかどうか」という視点のみで論じるのは余りにも単純であり，この第一段階について十分に理解すべきである。

アジアからの移民が目立つようになってからの1980年代以降の概説書でも，移民に関してはイギリス以外のヨーロッパからの移民に重点を置いた記述が多く見られた。たとえば Walmsley and Sorensen（1992）での移民の多様化に関する記述では，アジアからの移民よりも南ヨーロッパ・東ヨーロッパからの移民の方に重点を置いており，アジアからの移民はその延長線上で簡単に触れているにとどまる。また Burnley（1987）は南ヨー

ロッパ・東ヨーロッパからの移民の受入れをそれまでの移民政策に対する劇的な変化であったとし，移民のエスニックな多様化が進んだと述べているし，Bowen（1982）も1950年代〜60年代の南ヨーロッパからの移民の急増がオーストラリア社会のイギリス的性格を劇的に一変させたと述べている。

オーストラリアの教育用図書では，たとえばBonnor（1988）には，過去の移民政策について「イギリス優先」の記述はあるが「白豪政策」の言葉はないし，移民の多様化についても実質的にはイギリス以外のヨーロッパからの移民に関する記述が中心で，非ヨーロッパ系移民に関する記述はきわめて少ない。また Pask and Bryant（1986）は移民と多文化社会に関して，海外出生者の出生地別構成と移民流入の出生地別構成の統計データや，イギリス，ギリシャ，イタリア，ベトナムからの移民の具体的な事例を含めて詳細に記述しているが，「白豪政策」の言葉は登場せず，英語系・非英語系あるいはイギリス系・非イギリス系の区別に基づく記述の中でイギリス以外のヨーロッパからの移民とアジアからの移民とが並列的に扱われている。

2. 社会の多様化

（1）出生地別構成

総人口の出生地別割合（表3-2）は，移民流入による社会の多様化について考えるための出発点となる基礎的なデータである。この表の原資料はセンサスにおいて調査された出生地（国・地域）別の人口で，移民一世に限られるとはいえ，入手し得る範囲では最も信頼できる包括的なデータである（注4）。

この表では，数多くの出生地を，イギリスを中心とする英語圏，イギリス以外のヨーロッパ，中東を含むアジア，そして「その他」の四つのグルー

表 3-2　人口の出生地別割合，1861-2011 年（%）

		英語圏		他のヨーロッパ(3)			アジア					その他(5)	海外計
	国内	イギリス(1)	その他(2)	北西欧	南欧東欧	計	中東(4)	南アジア	東南アジア	東アジア	計		
1861	37.2	54.7	0.8	3.3	0.3	3.6		0.2		3.4	3.6	0.1	62.8
1871	53.5	40.9	0.6	2.6	0.2	2.8		0.2		1.7	1.9	0.3	46.5
1881	63.2	31.0	0.8	2.5	0.2	2.7		0.2		1.7	1.9	0.4	36.8
1891	68.3	26.1	1.2	2.3	0.3	2.6		0.2	0.1	1.2	1.5	0.4	31.7
1901	77.2	18.2	1.0	1.7	0.3	2.0	0.1	0.2	0.1	0.9	1.3	0.3	22.8
1911	82.9	13.5	1.0	1.3	0.3	1.6	0.1	0.2	0.1	0.6	0.8	0.1	17.1
1921	84.5	12.5	1.0	0.8	0.4	1.3	0.1	0.1	–	0.3	0.6	0.1	15.5
1933	86.4	10.8	0.9	0.5	0.9	1.4	0.1	0.1	–	0.2	0.4	0.1	13.6
1947	90.2	7.1	0.8	0.5	1.0	1.5	0.1	0.1	–	0.1	0.3	0.1	9.8
1954	85.7	7.4	0.7	1.7	3.8	5.5	0.3	0.2	0.1	0.2	0.7	0.1	14.3
1961	83.1	7.2	0.7	2.5	5.4	8.0	0.4	0.2	0.2	0.2	0.9	0.1	16.9
1966	81.6	7.8	0.8	2.3	6.2	8.5	0.4	0.2	0.2	0.2	1.1	0.2	18.4
1971	79.8	8.5	1.1	2.2	6.5	8.7	0.7	0.3	0.3	0.2	1.5	0.4	20.2
1976	79.9	8.2	1.1	2.0	6.1	8.1	0.9	0.4	0.4	0.3	2.0	0.6	20.1
1981	79.1	7.9	1.8	1.9	5.7	7.6	1.0	0.4	1.0	0.4	2.8	0.8	20.9
1981	79.2	7.9	1.7	2.0	5.7	7.7	1.0	0.4	1.1	0.4	2.8	0.8	20.8
1986	78.8	7.4	2.0	1.9	5.3	7.2	1.1	0.5	1.6	0.6	3.7	0.9	21.2
1991	77.1	7.2	2.4	1.7	4.9	6.6	1.3	0.7	2.3	1.2	5.4	1.3	22.9
1996	76.6	6.7	2.5	1.7	4.8	6.4	1.3	0.9	2.7	1.5	6.4	1.3	23.4
2001	76.7	6.1	3.0	1.5	4.3	5.9	1.4	1.0	2.8	1.7	6.9	1.4	23.3
2006	75.4	5.8	3.3	1.5	4.0	5.6	1.5	1.4	3.1	2.2	8.2	1.7	24.6
2011	73.1	5.7	3.8	1.4	3.5	5.0	1.7	2.4	3.6	2.9	10.5	2.0	26.9

（1）アイルランドを含む．（2）ニュージーランド＋北米＋南アフリカ．（3）東欧は旧ソ連諸国を含む．
（4）エジプトを含む．（5）中南米＋太平洋諸島＋他のアフリカ．
付表 8 により作成．

プに分けている．一般にヨーロッパとアジアに分けることが多いが，母語を重視して，英語圏と非英語圏とを区別することが重要だからである．

イギリス出生者の割合は，19 世紀にはきわめて高かったが，国内出生者の割合の上昇に伴って 1947 年の 7.1% へと低下し，1971 年以降も低下傾向にある．ただし，ニュージーランドなどの他の英語圏出生者の割合が上昇傾向にあるので，英語圏全体では一定の割合を維持してきている．

北西ヨーロッパ出生者の割合は，19 世紀にはイギリス以外としてはかなりの割合を示していたが，20 世紀に入ってからはいったん低下し，1960 年代にはやや上昇したものの，1971 年以降は低下傾向にある．北西ヨーロッパ出生者は，非イギリス系とはいえ，イギリス系の人々からはイギリス系に最も近い人々とされていて，移民や多文化社会の議論においてはほとんどイギリス系と

同じ位置付けとされるので，移民としては話題にならないことが多い．

南ヨーロッパ・東ヨーロッパ出生者の割合は，20 世紀前半までは北西ヨーロッパ出生者に比べてきわめて低かったが，1947 年から急速に上昇した．1971 年以降には南ヨーロッパ・東ヨーロッパ出生者の割合は低下傾向にあるが，これは主に南ヨーロッパ出生者（絶対数）の減少によるものであり，東ヨーロッパ出生者（絶対数）はむしろ増加傾向にある（付表 8）．

中東・南アジア出生者の割合はきわめて低かったが，1960 年代後半から中東出生者の割合が上昇し，南アジア出生者もそれを追って上昇してきている．東南アジア出生者の割合もきわめて低かったが，1970 年代以降上昇を続け，2011 年には南ヨーロッパ・東ヨーロッパ出生者の割合を上回るに至った（注 5）．

これに対して東アジア出生者（ほとんどが中国系）の割合がゴールドラッシュ直後の1861年には北西ヨーロッパ出生者の割合に匹敵するほど高かったことはあまり知られていない。その後割合は低下していったが，絶対数では，20世紀初頭までほぼ3万人台を維持していた（付表8）。これとは別に1960年代の中東出生者から始まったアジア系移民の流入の波が1980年代には東アジア出生者に波及してその割合が上昇し，東南アジア出生者の割合に次ぐに至っている。

こうして中東を含むアジア出生者全体の割合は，1991年には南ヨーロッパ・東ヨーロッパ出生者の割合を上回り，2001年には非英語圏ヨーロッパ出生者の割合をも上回るに至った。

純移民流入の出生地別割合（表3-3）は，表3-2に基づく推計結果である。純移民流入の推計方法には，原理的には死亡統計によるものと出入国統計によるものとがある。ここでは前者を優先し，部分的に後者を併用した。死亡統計による方法とは，当該期間の実際の死亡数（又は年齢構成に基づく推定死亡率による死亡数）に基づいて，閉鎖人口を仮定した際の期末人口を算出し，それ

と実際の期末人口との差を純流入（流出）数とみなす方法である。このための適切な死亡統計が必ずしも十分に入手できるわけではないが，少なくとも出入国統計に比べれば，技術的な問題はかなり小さいと考えられる。

表3-3から，移民流入の構成とその変化については次のようにまとめることができる。これらは前節及び表3-2についての記述を流入のデータによって裏付けるものである。

第1に，イギリス出生者の割合は時期によって変動しているが，1970年代以降はおおむね低下傾向にある。ただし，他の英語圏出生者の割合が上昇傾向にあり，イギリス出生者の割合を上回るようになっているので，英語圏全体としての重要性を見落とさないように注意する必要がある。

第2に，1970年代前半までは，非英語圏ヨーロッパ出生者の割合がきわめて高かった。特に南ヨーロッパ・東ヨーロッパ出生者の割合が高かったことが，上述のようにイギリス系住民にとっては社会の多様化を実感させられることとなり，移民イコール南ヨーロッパ・東ヨーロッパ系移民という印象が生まれた。

表3-3　純移民流入数の出生地別割合，1947-2011年（％）

| | 英語圏 | | 他のヨーロッパ | | | アジア | | | | | その他 |
	イギリス	その他	北西欧	南欧東欧	計	中東	南アジア	東南アジア	東アジア	計	
1947-54	27.4	1.0	19.5	45.7	65.2	3.0	1.3	0.8	1.0	6.1	0.4
1954-61	23.8	2.3	22.5	43.7	66.1	2.8	0.6	1.8	1.3	6.6	1.1
1961-66	38.6	3.6	11.5	39.3	50.8	2.8	1.2	0.9	0.7	5.5	1.5
1966-71	38.6	5.7	7.3	33.0	40.3	6.1	2.9	1.9	0.7	11.5	4.0
1971-76	30.5	8.5	5.3	25.8	31.1	10.1	4.6	4.8	1.4	20.9	8.9
1976-81	26.3	16.2	3.8	13.1	16.9	8.6	2.1	19.6	3.7	33.9	6.6
1981-86	18.0	17.5	4.2	7.8	12.0	8.8	5.0	22.6	8.4	44.7	7.7
1986-91	19.1	15.0	1.8	5.1	6.9	6.5	5.8	21.1	16.0	49.5	9.5
1991-96	11.1	11.0	3.4	14.7	18.1	6.2	8.7	22.5	17.7	55.0	4.7
1996-01	9.4	30.6	3.4	3.4	6.8	9.4	9.8	12.3	13.4	45.0	8.2
2001-06	15.4	20.3	1.9	4.2	6.1	11.5	12.1	15.2	10.3	49.0	9.1
2006-11	13.5	15.7	2.2	1.7	3.9	6.0	21.5	14.6	16.2	58.3	8.7

地域区分の注は表3-2に同じ.
付表9により作成.

第3章 移民と多文化社会　47

そして第3に，アジア出生者全体の割合が1960年代から次第に高まると共に，1970年代後半からの東南アジア出生者の割合の上昇によって，1976〜81年には東南アジア出生者の割合だけで非英語圏ヨーロッパ出生者の割合を上回り，移民流入の主役となった。そして1980年代後半からは東アジア出生者の割合も上昇し，南アジアも後を追って，アジア出生者全体の割合が50%前後という高い割合に達した。

（2）エスニックグループ別構成

　移民や多文化社会に関する記述や議論のほとんどは，上記のように海外出生者（移民一世）のみのデータに基づいている。その際には，表3-2の国内出生者は一般に「オーストラリア出生者」と表現されるので，「オーストラリア人」のイギリス系的イメージから，国内出生者のすべてがイギリス系であるかのような誤解が生じがちである。たとえば1981年の場合，イギリス出生者及び他の英語圏出生者の割合に国内出生者の割合を単純

に加えると89%となる。1980年代になっても「イギリス系が90%」と記述している出版物が日本で見られたことは，このような誤解によるものであろう。言うまでもなく国内出生者には，先住民（注6）は無論のこと，非イギリス系（非英語圏系）の移民から生まれた二世以降の人々（以下「二世」）も含まれている。したがって多文化社会について考えるためには，国内出生者から先住民や非英語圏系移民二世を分離して，エスニックグループとして再編成することが必要である。

　Kasper *et al.*（1980）及びKhoo and Price（1996）は，それぞれ別個に特定の年次（前者は1947年及び1978年，後者は1987年）について国内出生者を父母の出生地により再配分し，エスニックグループ（ethnic origin, ethnic strength）別の人口を推計した（注7）。同じ方法による推計はデータの入手可能性の点で容易ではないが，上記の2論文による推計結果を利用しながら，入手可能なデータの範囲でこれらと整合するような推計を試みた結果が表3-4である。

表3-4　人口のエスニックグループ別割合，1947-2011年（%）

| | 英語圏系 | 他のヨーロッパ系 | | | アジア系 | | | | | | その他 |
		北西欧系	南欧系 東欧系	計	中東系	南 アジア系	東南 アジア系	東 アジア系	計	
1947	91.0	6.9	1.7	8.6	0.1	0.1	−	0.1	0.3	0.1
1954	87.2	6.8	5.3	12.0	0.3	0.2	0.1	0.2	0.7	0.1
1961	83.5	7.7	7.7	15.4	0.4	0.2	0.2	0.2	1.0	0.1
1966	81.7	7.6	9.3	16.9	0.5	0.2	0.3	0.2	1.2	0.2
1971	79.9	7.5	10.6	18.1	0.8	0.3	0.4	0.2	1.7	0.3
1976	78.6	7.5	11.3	18.7	1.0	0.4	0.5	0.3	2.3	0.4
1981	77.2	7.5	11.7	19.1	1.1	0.4	1.2	0.4	3.2	0.5
1986	76.4	7.5	11.4	18.9	1.3	0.5	1.7	0.6	4.1	0.6
1991	73.7	7.3	11.4	18.7	1.5	1.4	2.6	1.2	6.8	0.9
1996	72.0	7.4	11.6	18.9	1.7	1.7	3.2	1.7	8.1	1.0
2001	71.0	7.4	11.5	18.9	1.8	1.9	3.4	2.0	9.0	1.1
2006	69.5	7.3	11.3	18.6	2.2	2.2	3.9	2.3	10.5	1.3
2011	67.4	7.0	10.8	17.8	2.2	3.3	4.4	3.2	13.1	1.7

　英語圏系は先住民系を含む．南欧系は中南米系を含む．
　他の地域区分の注は表3-2に同じ．
　付表10により作成．

英語圏系はさすがに過去からの蓄積もあって高い割合を示しているが，1947年の91％から1981年の77％，2011年の67％へと低下してきた。非英語圏ヨーロッパ系の割合は，南ヨーロッパ系・東ヨーロッパ系の割合の上昇によって1981年まで上昇した後も，移民流入の減少にもかかわらず二世の増加によってほぼ一定の割合を維持している。そしてアジア系全体の割合は全期間にわたって上昇し，2011年には13％に達している。

2011年の割合をKasper *et al.*（1980）における2008年の将来予測と比較すると，英語圏系の割合は予測（72.2％）よりもかなり低く，非英語圏ヨーロッパ系の割合が予測（18.1％）と大差ないのに対して，アジア系の割合は予測（6.9％）よりもはるかに高い。このことから，変化が予測以上に進んだことが明らかである。ただし上述のように，エスニックグループ別の構成によって多文化社会を考える際には，このアジア系の割合の上昇は，ヨーロッパ系対アジア系ではなく，英語圏系対非英語圏系という枠組みの中で，まず非英語圏ヨーロッパ系が増加し，それに続いてアジア系も増加してきたというように理解すべきであるこ

とは言うまでもない。

3. 移民流入と大都市

（1）大都市人口の出生地別構成

第二次世界大戦後の移民流入は「広大な土地の開拓」とは無関係であり，移民の多くは大都市に流入して製造業・商業・サービス業などに従事した。したがって移民流入の影響は大都市，特にシドニー及びメルボンにおいて顕著である。

表3-5及び表3-6は，全国を五大都市（五つの百万都市）とその他の地域に分けて比較したものである。まず表3-5によって各都市の人口の出生地別割合を比較すると，シドニー及びメルボンでは総人口に占める海外出生者の割合がそれぞれ38％と34％，非英語圏出生者（海外計－英語圏）の割合はそれぞれ29％と27％に達している。さらに「国内出生者」においてエスニックグループ別に見た場合に非英語圏系とみなされるべき人（非英語圏出生者から生まれた二世）の割合を付表8及び付表10から算出すると，全国平均

表3-5 大都市人口の出生地別割合，2011年（％）

| | | 五大都市 | | | | | | 他地域 | 全国 |
		シドニー	メルボン	ブリズベン	アデレイド	パース	計		
国内		62.3	65.6	73.2	72.7	62.4	65.9	84.9	73.1
英語圏	イギリス	4.8	4.6	5.9	8.9	12.8	6.3	4.7	5.7
	他の英語圏	3.6	3.0	6.9	1.8	6.0	4.1	3.3	3.8
他の欧州	北西欧	1.3	1.4	1.4	1.7	1.5	1.4	1.4	1.4
	南欧・東欧	4.8	6.9	1.7	4.8	3.3	4.7	1.6	3.5
	他の欧州計	6.1	8.3	3.1	6.5	4.8	6.2	3.0	5.0
アジア	中東	4.1	2.5	0.7	1.2	1.2	2.5	0.4	1.7
	南アジア	3.8	4.6	1.7	2.2	2.4	3.4	0.7	2.4
	東南アジア	5.7	5.4	3.0	3.2	5.5	4.9	1.3	3.6
	東アジア	6.4	3.7	2.7	2.2	2.4	4.2	0.7	2.9
	アジア計	20.1	16.2	8.1	8.7	11.5	14.9	3.2	10.5
その他		3.1	2.3	2.8	1.4	2.5	2.6	1.0	2.0
非英語圏計		29.3	26.8	14.0	16.6	18.8	23.7	7.1	17.4
海外計		37.7	34.4	26.8	27.3	37.6	34.1	15.1	26.9

地域区分の注は表3-2に同じ.
付表11により作成.

第 3 章　移民と多文化社会　　49

表 3-6　出生地別人口の大都市別割合，2011 年（%）

		五大都市						他地域
		シドニー	メルボン	ブリズベン	アデレイド	パース	計	
国内		17.4	16.7	9.6	5.7	6.9	56.3	43.7
英語圏	イギリス	17.0	15.1	9.9	8.9	18.1	69.0	31.0
	他の英語圏	19.7	14.6	17.6	2.7	12.7	67.4	32.6
他の欧州	北西欧	19.0	18.5	9.6	6.8	8.5	62.5	37.5
	南欧・東欧	27.5	36.1	4.6	7.8	7.4	83.3	16.7
	他の欧州計	25.0	31.0	6.1	7.5	7.7	77.3	22.7
アジア	中 東	50.1	27.5	3.8	4.0	5.8	91.2	8.8
	南アジア	32.8	35.5	6.8	5.1	8.0	88.2	11.8
	東南アジア	32.6	28.2	8.0	5.0	12.3	86.2	13.8
	東アジア	46.0	24.3	9.2	4.4	6.8	90.7	9.3
	アジア計	39.1	28.7	7.4	4.7	8.8	88.7	11.3
その他		31.7	21.5	13.3	4.0	10.1	80.7	19.3
非英語圏計		34.3	28.5	7.7	5.4	8.6	84.5	15.5
海外計		28.6	23.7	9.5	5.8	11.2	78.8	21.2
合計(総人口)		20.4	18.6	9.6	5.7	8.0	62.4	37.6

地域区分の注は表 3-2 に同じ.
付表 11 により作成.

では 21% となる．仮にこの割合をシドニー及びメルボンの国内出生者数に適用して，二世を含む非英語圏系の割合を推計してみると，それぞれ 42%, 41% に達する（注 8）．このように，シドニー及びメルボンでは海外出生者，特に非英語圏出生者及びその二世の割合がきわめて高いことは明らかである．ただしこのことは同時に，他の大都市ではシドニー及びメルボンに比べると多文化社会としての特徴が弱まることを意味することにもなる．

表 3-6 も，当然のことながら原理的には表 3-5 と同様の特徴を示している．すなわち全国合計に占める各都市及び他地域の割合を見ると，総人口の全国比（表の最下段）に比べて，シドニー及びメルボンでは南ヨーロッパ・東ヨーロッパとアジアの各地域の割合が高いことが明らかであり，両都市を合わせると，総人口では全国の 39% であるのに対して，南ヨーロッパ・東ヨーロッパでは全国の 64%，アジア計では 68% に達している．他の大都市では，アデレイドでの南ヨーロッパ・東ヨーロッパ，パースでの東南アジアの割合が総

人口の全国比よりも高いが，シドニー及びメルボンとは対照的にイギリスの割合が高く，ブリズベン及びパースでは他の英語圏の割合も高い．

（2）言語と多文化社会

言語はエスニックグループ別の構成を示す上での現実的な指標であり，言語の使用状況をセンサスで調査していることも，この点が重視されていることを示している．表 3-7 及び表 3-8 では，海外出生者だけではなく国内出生者も含めて，家庭で英語以外の言語を話す，あるいは英語と併用して英語以外の言語も話す人の数が，それぞれの言語ごとに集計されている．国内出生者の中には，社会的には英語を話せるし実際に英語を話していても，親が海外出生者（移民一世）であった場合に家庭では親の母語を話している人が多いからである．

表 3-7 で各都市の総人口に占める「英語以外計」（家庭で英語以外の言語も話す人）の割合を比較すると，全国では 19% であるのに対してシドニー及びメルボンではそれぞれ 34% と 30% で

50

表 3-7 大都市人口の言語別割合，2011 年（%）

		五大都市						他地域	全国
		シドニー	メルボン	ブリズベン	アデレイド	パース	計		
英語のみ		65.7	69.5	86.1	82.0	82.4	73.6	92.8	80.8
北西欧系		1.1	1.1	1.0	1.0	1.4	1.1	0.8	1.0
南欧・東欧系	イタリア語	1.7	3.1	0.6	2.8	2.0	2.0	0.6	1.5
	ギリシャ語	2.0	3.1	0.4	2.1	0.3	1.9	0.3	1.3
	スペイン語	1.2	0.7	0.6	0.4	0.5	0.8	0.2	0.6
	その他	4.1	5.0	1.7	3.1	3.0	3.8	1.2	2.8
	小計	8.9	11.9	3.3	8.4	5.8	8.5	2.4	6.2
中東系	アラビア語	4.3	1.8	0.4	0.6	0.8	2.2	0.3	1.5
	その他	1.6	1.7	0.3	0.6	0.6	1.2	0.2	0.8
	小計	6.0	3.4	0.8	1.3	1.4	3.4	0.4	2.3
南アジア系	ヒンディー語	1.2	0.9	0.6	0.4	0.3	0.8	0.1	0.6
	その他	2.9	2.9	1.2	1.4	1.5	2.3	0.5	1.6
	小計	4.1	3.8	1.8	1.8	1.8	3.2	0.6	2.2
東・東南アジア系	中国語	6.9	5.1	2.8	2.4	3.3	4.9	0.7	3.3
	ベトナム語	2.1	2.3	1.0	1.4	1.1	1.8	0.2	1.2
	フィリピノ語	1.3	0.8	0.6	0.5	0.7	0.9	0.4	0.7
	その他	2.7	1.5	1.2	1.1	1.8	1.8	0.6	1.4
	小計	12.9	9.7	5.6	5.3	7.0	9.4	1.8	6.5
その他	先住民語	–	–	–	0.1	–	–	0.8	0.3
	その他	1.2	0.5	1.4	0.2	0.2	0.8	0.4	0.7
英語以外計		34.3	30.5	13.9	18.0	17.6	26.4	7.2	19.2

家庭で話す言語（英語との併用を含む）．無回答を含まない．
付表 12 により作成．

表 3-8 言語別人口の大都市別割合，2011 年（%）

		五大都市						他地域
		シドニー	メルボン	ブリズベン	アデレイド	パース	計	
英語のみ		16.6	16.1	10.3	5.9	8.2	56.9	43.1
北西欧系		23.2	21.4	10.1	5.7	10.9	71.4	28.6
南欧・東欧系	イタリア語	22.3	37.6	3.6	10.5	10.3	84.3	15.7
	ギリシャ語	31.2	45.0	3.3	9.3	2.2	91.0	9.0
	スペイン語	41.3	23.5	9.5	3.9	7.1	85.4	14.6
	その他	29.9	33.3	5.8	6.5	8.5	83.9	16.1
	小計	29.4	35.8	5.1	7.8	7.5	85.6	14.4
中東系	アラビア語	60.6	22.8	2.9	2.5	4.4	93.2	6.8
	その他	40.4	37.7	3.7	4.5	6.2	92.5	7.5
	小計	53.3	28.2	3.2	3.2	5.0	93.0	7.0
南アジア系	ヒンディー語	44.4	28.4	9.7	3.8	4.5	90.8	9.2
	その他	36.4	33.8	7.0	4.9	7.4	89.6	10.4
	小計	38.5	32.4	7.7	4.6	6.7	89.9	10.1
東・東南アジア系	中国語	42.5	29.2	8.1	4.2	8.1	92.0	8.0
	ベトナム語	35.5	36.5	8.4	6.7	7.4	94.5	5.5
	フィリピノ語	38.1	20.7	8.8	4.2	8.5	80.3	19.7
	その他	39.8	20.5	8.6	4.5	10.7	84.0	16.0
	小計	40.2	27.8	8.3	4.7	8.6	89.5	10.5
その他	先住民語	0.7	0.4	1.0	1.1	1.1	4.3	95.7
	その他	36.8	14.0	20.2	1.8	2.4	75.2	24.8
英語以外計		36.4	29.7	7.0	5.4	7.4	85.9	14.1
合計		20.4	18.7	9.6	5.8	8.0	62.5	37.5

注は表 3-7 に同じ．
付表 12 により作成．

第 3 章　移民と多文化社会　51

表 3-9　海外出生者数の英語能力別割合，2011 年（%）

| | | 五大都市 | | | | | | 他地域 | 全国 |
		シドニー	メルボン	ブリズベン	アデレイド	パース	計		
英語のみを話す		32.5	34.6	58.1	51.0	62.2	41.9	67.6	47.2
他の言語も話す	英語をよく話せる	53.8	52.4	35.5	39.4	32.2	47.0	27.7	43.0
	英語はあまり話せない	13.7	13.0	6.4	9.7	5.6	11.1	4.7	9.8

無回答を含まない．センサス集計ベース．
ABS（2015c）により作成．

表 3-10　英語能力別海外出生者数の大都市別割合，2011 年（%）

| | | 五大都市 | | | | | | 他地域 |
		シドニー	メルボン	ブリズベン	アデレイド	パース	計	
英語のみを話す		19.6	17.5	11.8	6.3	14.8	70.0	30.0
他の言語も話す	英語をよく話せる	35.6	29.0	8.0	5.4	8.5	86.5	13.5
	英語はあまり話せない	39.7	31.7	6.3	5.8	6.4	89.9	10.1
合計		28.4	23.8	9.6	5.9	11.3	79.1	20.9

注は表 3-9 に同じ．
ABS（2015c）により作成．

あり，表 3-5 の「非英語圏」出生者の割合（それぞれ 29%，27%）よりも高い．また表 3-8 で言語別人口の都市別割合を比較すると，シドニー及びメルボンでは「英語以外計」の全国比がそれぞれ 36% と 30% で総人口の全国比（表の最下段）よりも高いことは表 3-6 と同様である．このように，言語から見たエスニックグループ別の構成においても，シドニー及びメルボンでは「英語以外計」の割合が高いことが明らかである．

　センサスでは言語の使用状況と共に英語の能力についても調査しており（表 3-9，表 3-10），ここでもシドニー及びメルボン，他の大都市，他地域の相互の違いは明らかである．連邦政府・州政府は，一方では英語以外のさまざまな言語による放送・電話相談などへの支援や，学校教育における多文化理解教育などの多文化政策を推進すると共に，他方では学校教育を含む社会的な共通言語は英語のみとしており，非英語圏出身者に対する英語教育も行っている．センサスでの英語能力調査も，自己申告とはいえこの政策の一環として行われていると言える．表 3-9 及び表 3-10 での「英語はあまり話せない」人の割合が高いか低いかは議論が分かれるところであろうが，シドニー及び

メルボンでの割合が相対的に高く，ここでも大都市間及び大都市・他地域間の地域差があることは明らかである．いずれにせよ，多文化社会とはいえ英語だけは共通の基盤として位置付けたいという政策のもとで，英語能力の問題が重視されていると言える．

第 3 章の注

（注 1）「白人」は，自然科学的な人種分類とは無関係の，歴史的・文化的・政治的な意味合いを持つ言葉であり，文脈によってさまざまな意味で恣意的に使われる曖昧な言葉である．自然科学的な人種分類で「白人」に相当すると一般に思われているのは「コーカソイド」であろうが，「コーカソイド」にはアラビア人・インド人なども含まれるので，「白人」は「コーカソイド」とは別物である．本書では原則として「白人」の使用を避け，「ヨーロッパ系」を用いることとする．

（注 2）地理教育における「白豪主義」の取扱いの歴史的経緯とその背景，すなわち，なぜ「白豪主義」が地理教育で強調されてきたのかということについては，地理教育史の専門家によって検討されるべきであろう．その際には，なぜ本来の単純な訳語である「白豪政策」ではなく「白

豪主義」と呼ぶようになったのか，そして「オーストラリアの白豪主義」を「南アフリカのアパルトヘイト」及び「アメリカの黒人差別」と並ぶ世界三大人種差別の一つとして大々的に非難する一方で，なぜニュージーランドの移民政策や日本の入国管理政策は話題にされなかったのか，ということについても検討されることが期待される。さらに，太平洋戦争の直前及び開始直後に日本で出版されたオーストラリアに関する多数の本に見られたような，オーストラリアが「少数の怠け者の白人のみが独占的に支配している愚者の楽園」であるとする国策的な反豪キャンペーンと，「日本は狭いから移民を受け入れる余地はない」という伝統的な説明とを組み合わせることによって，「狭い」ニュージーランド及び日本に比べて「広い」オーストラリアでは大量の移民を受け入れるべきであるという，土地神話的な思い込みが生成・増幅されて地理教育に影響していたのではないか，ということについても検討されることが期待される。

（注3）このことは，もし日本が「亜日主義」を標榜して「アジア」又は「東アジア・東南アジア」からの移民だけを積極的に受け入れる政策を続けたと仮定した場合に予想される「日日主義」の日本人の反応を想像すれば，幾分かは理解できるであろう。

（注4）出生地別データに比べると，国籍別データは以下の理由から役に立たない。第1に，オーストラリア国内で生まれた人が親の出生地に関係なく自動的にオーストラリア国籍となるだけではなく，外国生まれの人（移民一世）の多くがオーストラリア国籍を取得しているので，エスニックな背景に関する情報としては出生地別データよりも曖昧になるからである。第2に，英語圏以外からの移民が積極的にオーストラリア国籍を取得しているのに対して，メインストリームとみなされるイギリスやニュージーランドからの移民の中にはオーストラリア国籍を取得しようとせずに元の国籍のままでいる人が思いのほか多いからである。なお，算出の根拠となる出生地別人口の実数は，1976年以前はセンサス集計人口，1981年以降は推定常住人口（前章1節）に基づいている。推定常住人口は，総人口などについては1971年まで遡ることができるが，出生地別人口に関しては1981年までしか遡及推計

されていないからである。

（注5）東南アジア出生者の割合の上昇については，ベトナムなどからの難民の流入によるものであるとの説明が見受けられることがある。1970年代にはそれが要因の一つであったことは否定できないが，東南アジア出生者の流入（絶対数）は1980年代以降も増加傾向にあるので（付表9），難民がきっかけの一つであったとしても，もっと一般的な背景に照らして考えるべきであろう。

（注6）先住民も多文化社会の文脈で論じられることがあるが，移民流入に伴う「多文化」とはまったく別物であると考えるべきなので，ここでは言及しない。なお表3-4では，1947年と1954年についても1961年と比較できるように先住民人口を筆者が独自に推計し，総人口及び国内出生者に加えた。

（注7）センサスでは親の出生地も調査しているので，移民二世は親の出生地によって分類し直すことができる。たとえば両親がイタリア生まれである二世は「イタリア系」としてイタリア出生者に加え，父親がギリシャ生まれ，母親がハンガリー生まれの二世は「ギリシャ系」と「ハンガリー系」にそれぞれ0.5人ずつ加える。なお，Khoo and Price（1996）では出生地にかかわらず中国系及びユダヤ系をそれぞれ一つにまとめ，Kasper et al.（1980）も中国系を一つにまとめているが，表3-4では出生地別に分けている。これは原資料の入手が困難であるだけではなく，血統的属性よりも出生地による文化的影響を重視したいからである。

（注8）二世を含むエスニックグループ別の割合を都市別に推計することはきわめて困難である。国内出生者に占める非英語圏系二世の割合は，おそらくシドニー及びメルボンでは全国平均よりも高く，他の都市では低いであろうから，本文で示した数値はかなり控え目なものである。

第4章　土地資源と農業

1. 天然資源としての土地・森林・水

（1）土地資源

　天然資源は，自然（自然環境）の中で人間が有用と認識して利用している，あるいは潜在的に利用する可能性のあるものである。「オーストラリアには豊富な資源がある」「日本には資源がない」という表現に見られるように「資源」は鉱産資源を意味して使われることが多いが，土地資源，森林資源，水資源などが第一義的に重要かつ普遍的な天然資源である。また天然資源は，鉱産資源を含めて，単純に「あるかないか」という形で論ずるのではなく，「オーストラリア（日本）の天然資源はどのようなものか」という形で論ずるべきであり，オーストラリア（日本）にとっての天然資源の位置付けや重要性という観点から考えるべきである。

　オーストラリアは「広大な国土」という言葉で説明されることが多い。さらに日本では「広大な国土」という言葉が「狭い日本」という思い込みと結び付いて，「土地の価値は面積に比例して決まる」という土地神話的な観点から「広いオーストラリア」が過剰に認識されて取り上げられることが多い（第1章2節）。しかし天然資源としての土地の価値は，単なる面積ではなく気候条件や水資源も含めた自然環境全般との関わりで決まる。たとえば第1章1節で触れたように，初期に来航したヨーロッパ船やインドネシアからのナマコ漁民による消極的評価の理由は，来航地が自然条件の制約が特に大きい北部・西部であったことである。

　土地の資源的な価値を左右する基本的な自然条件は気候である。年降水量は北部・東部・南東部・南西部の海岸地域から内陸・北西部に向かって減少してゆく（図4-1）。しかし比較的降水量の多い海岸地域でもその絶対量がそれほど多くはないことは，表4-1からも明らかである。ほぼ砂漠的

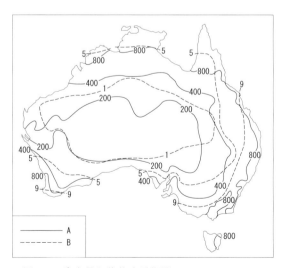

図4-1　降水量と作物生長期間
A：年平均降水量（mm）．B：作物生長期間（月数）．
谷内（1977）による．

表4-1　降水量別面積割合（％）

年平均降水量	割合
200mm未満	29.6
200–300mm	22.9
300–400mm	11.2
400–500mm	7.6
500–600mm	6.6
600–800mm	10.7
800–1200mm	7.7
1200mm以上	3.7

ABS（2012a）による．

な乾燥地域といってよい年降水量 300mm 未満の土地が国土の 52％を占めており，日本並みの降水量があると言える 800mm 以上の土地は 11％しかない（注 1）。

降水量が少ないことによる制約は，図 4-1 の作物生長期間（growing period）によっても明らかである。作物生長期間とは，気温と蒸発量との関係に関する理論に基づいて実験室的に想定される潜在的蒸発可能量を実際の降水量が上回る期間，すなわち降った雨が全部蒸発してしまうのではなく地表に降水が残る期間を，月数で表したものである。作物生長期間が 10 カ月以上であれば，少なくとも気温と降水量の点ではおおむね作物栽培が可能であるとされる。そして作物生長期間が 5～9 カ月であれば，条件付きで小麦のような乾燥に強い作物の栽培が可能であり，1～4 カ月であれば，作物栽培はできないが草は生えるので，粗放な放牧は可能であるとされる（CSIRO 1960; Davidson 1982; Marshall 1977）（注 2）。

図 4-2 及び表 4-2 は，自然条件の制約によって土地資源を評価したものである。「乾燥地帯」（E）は降水量の不足という制約によって作物栽培ができないとされた地域であり，これ以外の北部～南西部（A～D）が，気候による制約がなく作物栽培が潜在的に可能であるとされた地域である。その範囲は，図 4-1 の作物生長期間が 5 カ月以上及び 10 カ月以上の地域と原理的に同じである。

この地域に地形・土壌による制約を加えると，作物栽培が可能な地域はさらに狭くなる。た

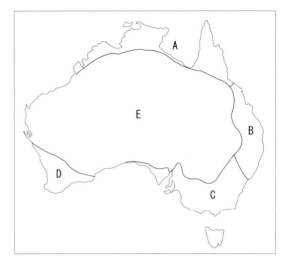

図 4-2　土地資源評価のための地域区分
A：北部．B：東部．C：南東部．D：南西部．
E：乾燥地帯．
Wilson（1980）により作成．

えば北部（A）では，気候による制約がなくて作物栽培が可能であるとみなされている地域（73 万 km^2）が，地形の制約（41 万 km^2）によって 32 万 km^2 に減り，さらに土壌による制約（29 万 km^2）が大きいので，気候・地形・土壌による制約がないとされた「可耕地」は，最終的には僅か 3 万 km^2 となる。これに対して東部（B）・南東部（C）・南西部（D）では，気候・地形・土壌による制約がないとされた「可耕地」はそれぞれ 24 万 km^2，33 万 km^2，17 万 km^2 で，ある程度まとまった可耕地があることになり，北部も含めた可耕地の合計は 77 万 km^2（国土面積の 10％）となる。しかしこの可耕地の面積には既に開発され

表 4-2　土地資源の評価（万 km^2）

	全国	北部	東部	南東部	南西部	乾燥地帯
総面積	768	73	62	72	30	531
気候（乾燥）による制約	531	−	−	−	−	531
地形（起伏）による制約	105	41	29	29	6	−
土壌による制約	55	29	9	10	7	−
可耕地	77	3	24	33	17	−
未開発の可耕地	26	3	18	2	3	−

地域区分は図 4-2 参照．
Powell（1988），Wilson（1980）により作成．

た土地も含まれているので，それらを除くと，今後作物栽培のために潜在的に開発可能とみなされる土地は26万km²（国土面積の3%）しかない。しかもこのような土地は自然条件以外の諸条件によって未開発の土地として残ってしまった可能性がある。したがって「国土が広大で土地が余っているから今後の農業的開発の可能性が大きい」とは到底言えないのである（注3）。

（2）森林資源

表4-3は入植・開拓以前の自然状態での植生を示している。AはHeathcote（1975），BはHeathcote（1994）によるものであり，かなりの食違いが見受けられる。AとBとを比べると，特に「低木林」（shrubland）と「草原」（grassland）の割合の相違が大きい。このような相違は，推定の根拠となった原資料の相違だけではなく，「低木林」及び「草原」の定義とその適用が容易ではないこと，すなわち「低木林」あるいは「草原」のいずれにも分類できるグレーゾーンの植生が広がっていることを反映している。

「疎林」（woodland）の割合はAとBで同じであり，「疎林＋草原」の割合もほぼ同じである。「疎林」は，「低木林」と同様に，日本ではまとまった形ではほとんど見られない植生なので，オース

トラリアの植生を考える際には注意を要する。たとえば，「森林」（forest）の面積割合はこの表のBによれば8%であるが，「疎林」の17%を加えると25%，さらに「疎林＋草原」の一部（たとえば仮に半分の13%）を加えると38%にもなる。現在に至るまでに植生としての「疎林」及び「疎林＋草原」の面積割合は大幅に減少したと推定されているので（Heathcote 1975），「疎林」の面積割合は現在よりもかなり高かったと言える。しかし，そもそも「疎林」を「森林」に加えることは，少なくとも日本での「森林」のイメージからは適切ではなく，日本との比較という意味からは，「森林」の面積割合は，この表の通りの8%であったとするべきであろう。

このように入植・開拓以前の自然植生において森林の面積割合が低かったことは，土地の資源的価値が小さかったことを意味する。自然状態で森林が発達しているということは，それを可能にする豊かな自然条件があったからであり，森林が発達せずに草原にとどまったことは，自然条件が豊かでなかったからである。開拓の際に，すぐに農地になりそうな草原に比べて，伐採などの労苦を伴いながらも森林が開拓されて農地となった事例が北米や北海道で多く見られたのは，自然状態において森林が発達していた土地の方が資源的価値が高かったからである。

現在の森林の面積割合は，表4-4によればオーストラリアでは16%である。この表の原資料における森林の定義は「樹高5m以上の樹木の樹冠により10%以上覆われている土地」である。ここでの「樹冠」とは，真上から見たときの枝・葉の広がりの範囲を指す。このような定義は日本での森林の一般的なイメージ（閉鎖林，すなわち樹冠に覆われている割合が100%又はそれに近い割合の森林）からは程遠いものである。原資料における土地利用の分類には「疎林」や「低木林」がないので，これらの一部が「森林」に含まれていることになる。したがって日本的な意味での森林

表4-3　入植以前の植生（面積割合, %）

	A	B
森林 (forest)	6.8	8.4
疎林 (woodland)	17.0	17.0
疎林＋草原	25.2	26.6
低木林 (shrubland)	8.0	32.5
疎林＋低木林	3.0	–
低木林＋草原	4.0	–
草原 (grassland)	23.0	6.4
草原＋砂漠	0.8	1.0
砂漠 (desert)	12.0	7.9
その他	0.2	0.2

「その他」は高山植生・マングローブなど.
AはHeathcote（1975），
BはHeathcote（1994）による.

表 4-4　土地・森林・水資源の日豪比較

			オースト ラリア	日本
土地	土地面積(千km²)(1)		7,682	365
	土地面積に占める 割合(%)	耕地(2)	6.3	10.8
		草地	47.1	1.7
		森林	16.1	68.5
		その他(3)	30.6	19.0
森林	森林面積(千km²)(1)		1,235	250
	森林面積に占める 割合(%)	原生林	4.1	19.2
		二次林	94.4	39.6
		人工林	1.6	41.2
	森林蓄積(十億m³)(4)		7.0	4.3
	森林蓄積／森林面積(m³/ha)		55	171
水資源	年平均降水量(mm)		534	1,668
	年平均降水総量(十億m³)		4,134	630
	年平均水資源賦存量(十億m³)		492	430
	取水量(十億m³)(5)		19.8	81.5
	取水量に占める 割合(%)	農業用水	65.7	66.8
		生活用水	21.6	18.9
		工業用水	12.8	14.3
	取水量／水資源賦存量(%)		3.9	18.9

(1) 2011 年.　(2) 樹園地を含む（以下同じ）.
(3) 砂漠・都市的土地利用など.　(4) 2005 年.
(5) オーストラリアは 2013 年，日本は 2009 年.
FAO（2015, 2016）により作成.

の面積割合は 16%よりもかなり低いと言える。

　土地面積に占める森林の割合が日本より低くても，土地の面積が広いので，オーストラリアの森林面積（絶対量）は日本の森林面積の 5 倍に達する。ただしオーストラリアの森林の大部分は二次林である。二次林とは，原生林が天災又は人為的原因により失われた跡に自然の力で育った森林で，原生林と二次林とを合わせたものが自然林（天然林）である。このようにオーストラリアでは二次林を中心に密度の低い森林が多いので，森林面積当りの森林蓄積は日本の 3 分の 1 にすぎず，森林蓄積の絶対量は日本の 1.6 倍にとどまる。この森林蓄積とは森林の幹や枝の体積の総和であり，同一面積の森林でも，樹木の本数が多いほど，樹木の高さが高いほど，そして幹や枝が太いほど，森林蓄積は多くなる。森林の量的表現としては面積が使われることが多いが，資源的評価としては森林蓄積の方が重要である。これらのことから，

オーストラリアの森林資源は土地面積に比べてきわめて小規模であると言える。

（3）水資源

　オーストラリアの年平均降水量は日本の年平均降水量の 3 分の 1 足らずにすぎないが，土地面積が日本の 21 倍なので，降水総量は 6 倍以上となる（表 4-4）。しかしオーストラリアでは降水総量の多くが蒸発散で失われるので，蒸発散量を差し引いた水資源賦存量（更新可能な水資源量）は日本と比べて大差ない。

　降水総量は，降水量×土地面積で算出される。プールの水にたとえると，プールの深さ（m）が降水量，プールの水の量すなわち深さ（m）に面積（m²）を乗じた量（m³）が降水総量にあたる。「更新可能な」(renewable)とは「毎年の降水によって追加される」という意味である（注 4）。現実の水利用には，降水やそれに伴う河川の水だけで

はなく，地下水も含まれる。しかし地下水の源は過去の降水であり，年々の降水によって地下水に追加される量（涵養量）を超えて地下水を過度に利用すれば枯渇する恐れがある。したがって地下水も降水の結果であることに留意し，降水量のみに着目しているのである。

実際の水資源の利用を取水量で比較すると，オーストラリアの取水量（絶対量）は日本の４分の１である。これは土地面積や水資源賦存量に比べると相対的に少ないが，人口規模に比べると相対的に多い。このことは，水資源が豊かであるというよりも，降水量が少ないことも含めて，むしろ水資源に乏しいことを反映していると言える。ここで言う「取水」とは，原資料の定義によれば「何らかの設備すなわち用水路・水道・井戸・タンクなどによって水を入手して利用すること」である。したがって「何らかの設備」を使わない利用，たとえば天から自然に降ってくる雨を利用することは，取水量には含まれない。日本では米以外の作物の多くは自然の降水のみを利用しているし，公園や家庭の芝生の多くも同様である。しかしオーストラリアでは，灌漑に依存する作物が多いこと（本章３節）や，公園や家庭の芝生の多くには散水のための設備が備えられていることなどによって，取水量が相対的に多くなっているのである。

2. 農業生産

（1）農業生産額の構成

農業は天然資源としての土地資源・水資源を利用する重要な経済活動であり，農業生産額（gross value of production）は農業生産全体を経済的に概観する最も有用な指標である。特に，生産量・輸出量の規模やそれらの世界での国別順位・シェアを過度に重視する「物資調達型地理観」に惑わされずに，国民経済としての国内的視点から考える

上で有効である。

農業生産額を作物部門と畜産部門に分けると，長期的には作物部門の割合が上昇し，畜産部門の割合が低下してきている（表4-5）。その最も大きな理由は羊毛の割合の大幅な低下である。畜産部門の割合は，牛肉の割合の上昇が羊毛の割合の低下を一部相殺してきたとはいえ，1966年以前の50％〜60％代から最近の40％代へと低下してきた。これに比べると，作物部門には羊毛のように割合が大幅に低下した部門は見られず，むしろ上昇傾向にある部門の多いことが，作物部門全体の割合の上昇につながっている。また，過去の一時期の小麦・羊毛を除くと，作物・畜産を通じて20％以上の高い割合を示す部門はほとんどなく，いわばドングリの背比べのように似通った割合を示している。羊毛のような特定の農産物に大幅に依存していた時期に比べると，このような多角的な生産の方がむしろ健全であると言える。

作物部門の中では小麦の割合が高く，小麦が主要な作物であることを示しているが，気象条件に影響されて年々の変動が大きいことが特徴であり，その変動が他の部門の割合の変化にも影響を及ぼしている。野菜・果実は，「物資調達型地理観」では相手にされていないが，その割合は上昇傾向にあり，小麦や牛肉に匹敵する主要な部門になってきている。工芸作物では，さとうきびの生産と砂糖の輸出はよく知られているが，その割合は低下傾向にある。これに対して綿花はあまり知られていないが，その割合は上昇傾向にあり，さとうきびと並ぶようになってきている。

畜産部門の中では，羊毛の割合の低下とは対照的に，牛肉の割合が1960年代以降上昇してきている。また羊肉及び「他の肉類」（豚肉・鶏肉など）は牛肉の陰で目立たないようであるが，羊肉の割合がやや不安定ながらも一定の割合を維持し，最近では羊毛を上回っていること，そして「他の肉類」の割合が上昇傾向にあることも見落とすべきではないであろう。さらに生乳の割合は，1970

表 4-5　農業生産額の部門別割合，1906-2011 年（%）

	小麦	他の穀物	野菜·果実	さとうきび	綿花	他の作物	作物計
1906	12.0	2.9					30.1
1911	14.4	3.4					34.8
1916	25.1	2.7	5.8				46.0
1921	24.0	2.4	5.5				43.5
1926	14.3	2.1	7.4	2.7	0.2	8.9	35.7
1933	18.5	2.2	8.7	3.9	0.1	8.5	42.0
1939	10.6	2.7	9.7	4.4	0.1	9.4	36.8
1947	14.0	2.9	12.2	2.4	-	5.6	37.2
1954	11.9	3.5	8.3	3.4	-	4.9	32.1
1961	14.2	4.8	9.3	3.7	0.1	6.8	39.0
1966	11.5	3.6	9.6	3.6	0.4	6.6	35.3
1971	11.3	7.0	11.6	4.9	0.4	7.2	42.3
1976	20.2	8.7	10.4	7.1	0.6	5.5	52.6
1981	14.5	7.3	9.9	6.9	1.3	5.9	45.8
1986	17.7	7.0	10.8	3.2	2.1	7.2	47.9
1991	9.4	4.8	12.8	3.5	4.2	8.1	42.9
1996	15.7	8.4	14.0	4.3	3.7	10.0	56.0
2001	15.0	6.9	16.8	1.9	3.8	9.7	54.1
2006	13.2	6.5	17.9	2.7	2.4	11.3	54.0
2011	15.3	6.1	16.0	2.1	4.1	10.8	54.4
	牛肉	羊肉	他の肉類	羊毛	生乳	他の畜産	畜産計
1906	6.0	4.6	2.6	30.9	9.9	16.0	69.9
1911	5.7	6.7	3.4	29.8	9.3	10.3	65.2
1916	7.8	1.7	2.6	18.9	7.8	15.2	54.0
1921	9.0	2.1	3.6	14.7	14.3	12.8	56.5
1926	8.0	3.4	3.5	25.4	12.9	11.0	64.3
1933	6.3	5.3	3.8	21.4	15.3	5.9	58.0
1939	9.4	7.2	2.3	16.8	20.9	6.6	63.2
1947	6.4	7.0	3.9	26.0	14.5	5.1	62.8
1954	9.9	3.6	2.9	35.3	12.2	3.9	67.9
1961	11.0	6.2	3.4	24.8	11.8	3.8	61.0
1966	15.9	6.2	4.3	24.1	11.4	2.8	64.7
1971	17.1	5.0	5.3	15.0	12.0	3.2	57.7
1976	11.5	3.4	5.5	16.2	7.9	3.1	47.5
1981	17.8	6.2	6.0	14.4	7.6	2.2	54.2
1986	15.4	3.4	6.5	17.6	7.2	2.1	52.1
1991	18.3	1.8	7.0	19.7	8.6	1.7	57.1
1996	13.1	3.8	5.8	9.3	10.9	1.1	44.0
2001	18.8	4.1	5.6	7.4	8.9	1.1	45.9
2006	19.9	5.5	5.6	5.3	8.7	1.0	46.0
2011	17.0	6.2	6.8	5.8	8.5	1.2	45.6

1939 年以前の「生乳」は酪製品.
付表 13 により作成.

年代以降は低下したが，1990 年代後半からは羊毛の割合を上回る一定の割合を維持している。

（2）小麦の生産

　小麦は耕地面積すなわち全作物の作付面積（area under crop）で大きな割合を占めており（表4-6），1860 年代以来の多くの時期では過半を占めてきた。したがって耕地面積と小麦の作付面積はほぼ連動して長期的に増加してきたが，いくつかの時期では減少した。

第 4 章　土地資源と農業　　59

表 4-6　耕地面積と小麦生産，1861-2011 年

| | 耕地面積(作付面積) | | | 小麦 | | | |
	全作物 (千ha)	小麦 (千ha)	他の作物 (千ha)	収量 (t/ha)	生産量 (千t)	輸出量 (千t)	輸出率 (%)
1861	475	261	214	*1.07*	279	-6	*-2*
1866	636	331	305	*0.79*	263	-67	*-25*
1871	869	455	414	*0.72*	329	39	*12*
1876	1,039	576	463	*0.88*	509	172	*34*
1881	1,854	1,235	618	*0.51*	636	216	*34*
1886	2,148	1,206	942	*0.41*	489	-23	*-5*
1891	2,198	1,307	891	*0.56*	738	287	*39*
1896	2,611	1,425	1,186	*0.35*	497	-118	*-24*
1901	3,567	2,293	1,274	*0.57*	1,316	683	*52*
1906	3,818	2,478	1,340	*0.75*	1,865	1,051	*56*
1911	4,813	2,984	1,830	*0.87*	2,588	1,740	*67*
1916	7,498	5,052	2,446	*0.96*	4,873	979	*20*
1921	6,099	3,671	2,427	*1.08*	3,969	2,403	*61*
1926	6,796	4,128	2,668	*0.75*	3,115	2,130	*68*
1933	9,069	6,380	2,689	*0.91*	5,821	4,079	*70*
1939	9,510	5,806	3,704	*0.73*	4,227	2,665	*63*
1947	8,465	5,332	3,132	*0.60*	3,191	1,331	*42*
1954	8,399	4,350	4,049	*1.24*	5,386	1,941	*36*
1961	10,990	5,438	5,552	*1.37*	7,447	4,991	*67*
1966	12,883	7,087	5,796	*1.00*	7,064	5,664	*80*
1971	14,575	6,478	8,097	*1.22*	7,889	9,470	*120*
1976	14,857	8,555	6,302	*1.40*	11,982	7,864	*66*
1981	18,516	11,283	7,233	*0.96*	10,856	10,671	*98*
1986	20,803	11,736	9,067	*1.37*	16,063	16,169	*101*
1991	17,693	9,218	8,475	*1.63*	15,066	12,018	*80*
1996	19,143	9,221	9,922	*1.79*	16,504	14,709	*89*
2001	24,520	12,141	12,379	*1.82*	22,108	15,854	*72*
2006	24,473	12,443	12,030	*2.02*	25,150	15,300	*61*
2011	32,078	13,502	18,577	*2.03*	27,410	17,726	*65*

　　小麦輸出量のマイナスは輸入超過.
　　付表 17 〜 19 により作成.

　生産量が予期されざる干ばつによる不作などにより結果的に減少することがあるのに対して，作付面積の変化は生産への積極的な意思・期待又はその反対の生産意欲の減退を反映している。小麦の作付面積が減少した時期及び理由はさまざまであるが，第一次世界大戦，世界恐慌，第二次世界大戦，そしてそれらに伴う国際価格の低落などの国際情勢によって輸出の見通しが困難あるいは不利になった時期（1916 〜 21 年，1933 〜 54 年など）や，干ばつなどによる不作の事実又は予想が影響したと思われる時期（1986 〜 91 年など）がその例である（注 5）。また小麦の作付面積と「他

の作物」の作付面積を比べると，小麦の作付面積の減少が「他の作物」の作付面積の減少と連動している時期がある一方で，連動していない時期もあり，戦争や干ばつのような共通の理由だけでなく，作物によってそれぞれ個別の理由があることを示している。特に小麦は他の作物に比べると比較的降水量の少ない乾燥した土地でも栽培されているので，降水量に恵まれた時期に半乾燥地に進出した小麦栽培がその後の降水量不足や土壌の劣化により撤退を余儀なくされるなど，不安定な要因による影響が相対的に大きいといわれている。

　収量（土地生産性）は，小麦生産の長期的推

移を端的に示す上で有用な指標である（表4-6）。この指標により，1861〜1901年，1901〜1947年，そして1947年以降の三つの期間に分けて，主として栽培技術の進展の観点から，その長期的推移を説明できる（Donald 1982; Dunsdorfs 1956）。

1861〜1901年の特徴は収量の低下傾向であり，その理由は略奪的農法と連作による土壌の劣化であった。イギリスなどと比べてオーストラリアでは気候が温暖で冬でも家畜の舎飼の必要がなかったので堆肥の利用が見られなかったこと，そして肥沃でない土地では耕地を広くすることによって生産量を確保しなければならなかったので，少数の家族労働力では労働生産性の点から人為的な施肥には消極的であったことが，このような略奪的農法の背景にあった。1861〜1901年の40年間には，収量はおよそ2分の1へと減少したが，作付面積が8.8倍に増えたので，生産量は4.7倍に増加した。

1901年以降には栽培方法に三つの進展があり，1901〜33年には作付面積が2.8倍，収量が1.6倍，生産量が4.4倍に増加したが，その後の1933〜47年にはいずれも減少に転じてしまった。

第1の進展は施肥の普及であり，肥料の三要素の一つである燐分を補うために過燐酸肥料（superphosphate, 通称super）の施肥が奨励された。

第2の進展は休閑（fallow）の普及である。休閑とは作物を栽培せずに土地を一時的に休ませることで，これにより連作に伴う土壌の劣化を緩和すると共に，肥料の三要素の一つである窒素分が自然に作物に取り込まれることによって窒素分の不足を補うことができるようになった。ただしこの休閑は地表には何も生えていない裸地休閑（bare fallow）であったので，当初は一定の効果があったとはいえ，結果的に土壌がますます劣化するという悪循環が生ずるようになった。

第3の進展はオーストラリアの自然条件に適した新品種の開発とその普及で，安定した栽培と収量の増加に寄与したといわれているが，収量につ

いてはその効果はそれほど大きくはなかったという見方もある。

1947年以降には栽培方法にさらに三つの進展があり，1947〜2011年には作付面積が2.5倍（1954〜2011年では3.1倍），収量が3.4倍（同1.6倍），生産量は8.6倍（同5.1倍）に増加した。

第1の進展は，休閑の方式がそれまでの裸地休閑に代えて草地休閑（ley fallow）になったことである。草地休閑とは，作物の栽培をしない休閑の段階で牧草を育てることであり，農地を多くの区画に分けて，各区画で作物栽培（主に小麦），草地休閑，放牧（主に羊）の三つを順次行ってゆくという，新たな輪作（rotation）のシステムが確立した。このシステムには，作物の種類（小麦のみ，あるいは小麦＋大麦など），家畜の種類（羊，牛，あるいは羊＋牛など），段階数（一般には3段階），各段階の年数（1年，あるいは2年連続など），全段階（1サイクル）の年数（4年，あるいは6年など）の点で，さまざまなタイプがある。

このような作物栽培と家畜飼育とを組み合わせた農業は混合農業と呼ばれていて，現在のオーストラリアの農業で最も重要な営農方式となっている（注6）。しかしオーストラリアの混合農業は，残念ながら日本の地理教育ではほとんど無視されているので，一般には知られていない。その理由は，教科書・地図帳に掲載されている「世界の農業地域」の地図では，オーストラリアの混合農業地域は「企業的穀物・畑作農業」の地域とされており，「混合農業」地域は欧米のみに限られているからである。日本の地理教育ではこれに準拠して，「混合農業」はオーストラリアの混合農業とは若干異なるヨーロッパ型の混合農業（飼料作物と畜産との組合せ）のみを意味することになっていると考えられる。しかしこの「世界の農業地域」の地図はアメリカのウィトルシー（D. Whittlesey, 日本では「ホイットルセー」と表記されることが多い）が1936年に発表した論文に基づいたものであり，その後の改訂を経てはいるが，少なくと

もオーストラリアに関しては 1936 年当時のままなので，第二次世界大戦後に確立した混合農業は無視されているのである。無論これはウィトルシーの責任ではなく，このような昔の論文に基づく地図をいまだに使っていることが問題であると言えよう。

第 2 の進展は，この草地休閑において，マメ科牧草が普及したことである。これによってマメ科牧草の栄養分が羊などの飼料として役立つと共に，マメ科牧草の持つ窒素固定作用によって土壌中の窒素分の不足を安定的に補うことができるようになった。

第 3 の進展は，トラクターをはじめとする農業機械の普及である。無論オーストラリアでは馬や蒸気機関を動力とする農業機械が 19 世紀以来使われてきていたが，特に第二次世界大戦後には内燃機関を動力とする農業機械の普及によって労働生産性が飛躍的に向上した。このような機械化は世界各地で一般的に見られることであるが，少人数の家族労働力で広い土地を相手にしなければならないオーストラリアの農場では特に重要であった。

以上のように，小麦の生産量の増加には耕地の拡大のみならず収量の増加が重要であり，単に土地が広かったからということだけでは説明できない。そして収量の増加の背景にはさまざまな形での栽培方法の進展があったのである。

小麦は重要な食料であると共に現在では重要な輸出品でもあるが，羊毛とは違って小麦は最初から輸出向け農産物だったのではない。小麦に限らず，連邦結成（1901 年）以前には当然のことながら各州が個別に商品を輸出入していたので，現在のオーストラリア全体と比較できる貿易データは公式には存在しない。したがって，当時の各州のデータを基にして，他の州との州際貿易分を除外するなどの操作を経て「海外」への輸出のみのデータを推計する必要がある。特に小麦の場合には州際貿易量（移出入量）が多かったので，この

ような推計は重要である。表 4-6 の輸出量のうち 1861 ～ 96 年のデータは，そのような操作を経て推計したもので，輸出量から輸入量を差し引いた純輸出量で表してある。小麦の栽培はほとんどの州で入植直後から始まったが，1860 年代までは生産量はかなり少なく（付表 15），しかもサウスオーストラリアとタズマニアからの輸移出量よりもニューサウスウェイルズやヴィクトリアなどへの輸移入量の方が多くてオーストラリア全体としては輸出するどころか輸入超過となる年が多かった（付表 16）。

その後 1870 年代からはサウスオーストラリア及びヴィクトリアで生産量が増加すると共に（付表 15），ヴィクトリアも 1880 年代からサウスオーストラリアと並ぶ輸移出州となったので（付表 16），オーストラリア全体としてはかなりの量を輸出するようになった。ただし表 4-6 に示されているように，豊作で輸出率が 30% 以上となることもあれば，不作で輸入量が輸出量を上回ることもあるという，きわめて不安定な状況であった。

1901 年以降は生産量と共に輸出量も増加し，多くの時期では輸出率が 60% 以上となって，輸出向け農産物の性格を強めていった。このように輸出量が増加したことの背景には，イギリスなどの海外市場とオーストラリアとを結ぶ海運の発達（Blainey 1966; Harris 1974）や，内陸の小麦生産地から輸出港に小麦を運ぶ鉄道網の発達があったことが重要である。

（3）牛・羊の頭数

牛と羊の頭数を比較したり合計したりする際には，牛換算が必要である。牛換算とは，食べる草の量に代表されるような土地資源への負荷の差から羊 8 頭が牛 1 頭に相当するとみなして，羊の頭数を牛の頭数（cattle equivalent）に換算することである。オーストラリアの羊の頭数が多いことはよく知られていて，オーストラリアの農業における羊の重要性が過大評価される理由の一つとなっ

表 4-7　牛・羊の頭数及び牛肉・羊毛の生産，1861-2011 年

| | 頭数(牛換算, 百万頭) | | | 牛肉 | | | 羊毛 | | |
	牛	羊	合計	生産量 (千t)	輸出量 (千t)	輸出率 (%)	生産量 (千t)	輸出量 (千t)	輸出率 (%)
1861	4.0	2.5	6.5	82			30	27	*90*
1866	3.7	3.7	7.4	77			58	49	*85*
1871	4.3	5.2	9.5	91			94	80	*85*
1876	6.4	6.5	12.9	136			137	126	*92*
1881	7.5	7.4	14.9	156			145	149	*103*
1886	7.4	8.4	15.8	125			173	168	*97*
1891	10.3	12.0	22.3	169	2	*1*	288	291	*101*
1896	11.8	11.3	23.1	244	25	*10*	263	238	*91*
1901	8.6	8.8	17.5	230	41	*18*	239	205	*86*
1906	8.5	9.3	17.8	221	19	*9*	250	218	*87*
1911	11.7	11.5	23.3	272	49	*18*	349	295	*85*
1916	9.9	8.7	18.6	300	52	*17*	250	222	*89*
1921	13.5	9.8	23.3	353	81	*23*	248	220	*89*
1926	13.3	13.0	26.3	399	97	*24*	377	374	*99*
1933	12.8	14.1	26.9	393	70	*18*	482	419	*87*
1939	12.9	13.9	26.7	568	123	*22*	446	393	*88*
1947	13.4	12.0	25.4	496	82	*16*	443	549	*124*
1954	15.6	15.9	31.5	715	144	*20*	565	530	*94*
1961	17.3	19.1	36.4	643	146	*23*	737	627	*85*
1966	17.9	19.7	37.6	946	278	*29*	754	656	*87*
1971	24.4	22.2	46.6	1,047	339	*32*	886	695	*79*
1976	33.4	18.6	52.0	1,840	549	*30*	754	637	*84*
1981	25.2	16.8	42.0	1,467	515	*35*	700	614	*88*
1986	22.4	18.4	40.9	1,385	477	*34*	830	699	*84*
1991	23.7	20.4	44.1	1,760	759	*43*	1,066	556	*52*
1996	26.4	15.1	41.5	1,745	738	*42*	690	623	*90*
2001	27.7	13.9	41.6	2,119	971	*46*	590	549	*93*
2006	28.4	11.4	39.8	2,077	1,007	*48*	534	432	*81*
2011	28.5	9.1	37.6	2,128	907	*43*	368	314	*85*

付表 17，21，22 により作成.

てきた。しかし牛換算した上で牛と羊の頭数を比べると（表 4-7），ほとんどの期間では牛の頭数と羊の頭数とはほぼ同等であり，牛と羊の重要性にほとんど差がないことが分かる。しかも 1976年以降は牛の頭数が羊の頭数をかなり上回るようになり，羊の頭数の減少が続いたこともあって，2001 年には牛の頭数が羊の頭数の 2 倍，2011 年には 3 倍に達している。

牛と羊の頭数（牛換算）の変化を比べると，牛と羊が共に増加した時期や，共に減少した時期には，それぞれ共通の理由，たとえば開拓の進行による放牧地の絶対的拡大による増加，干ばつ・戦争などによる減少，そのような一時的な減少からの回復による増加などが考えられ，各時期について説明することは比較的容易であろう。これに対して興味深いのは，牛が減って羊が増えた時期や，牛が増えて羊が減った時期があることである。これらについては，牛と羊のそれぞれについて異なる理由があるので説明は容易ではないが，一般的には，国際相場の動向に為替相場の動向を加えた結果としての牛肉・羊毛の価格の違いや，国際市場での需要の違いによって説明されることが多い。ただし，牛肉・羊毛の価格や需要の動向に応じて牛か羊のうち一方を減らしてもう一方を増や

すという経営判断には，同じ農場あるいは地域で牛と羊の双方が飼育されていることが前提となる。一般的には羊が中心といわれていても牛と羊の双方を飼育している地域はかなり多いので，牛のみに特化している北部の一部を除けば，価格や需要の動向によって説明できる場合が多いと思われる。

(4) 牛肉・羊毛の生産

牛肉は，現在では日本が輸入していることもあって，輸出指向の農産物であるという印象が強いようである。しかし牛肉は伝統的には国内市場向けの重要な食料の一つであり，羊毛とは対照的に 1960 年代までは輸出率はそれほど高くはなかった（表 4-7）。

牛肉の輸出に関しては「1880 年の冷凍船の就航」がよく知られている（注7），しかしこの「就航」は，それまでの試行錯誤（失敗）の末にようやく冷凍牛肉（frozen beef）のイギリスへの海上輸送が成功したということにすぎないのであって，直ちに「冷凍船」が定期的かつ頻繁に出航して冷凍牛肉が大々的に輸出されるようになったとか，牛肉の生産・輸出が急増したとかいうわけではない。1901 年以前の牛肉の生産量・輸出量のデータはきわめて乏しいが，ある程度の量の輸出が見られるようになったと言えるのは 1890 年代以降であり，その後の輸出量もそれほど多くはなかった。その理由は，当時オーストラリアからイギリスへの海上輸送の距離・日数はアルゼンチンからイギリスへの海上輸送の距離・日数よりもはるかに長く，アルゼンチンからイギリスへは冷蔵牛肉（chilled beef）を輸出できたのに対してオーストラリアからの輸出は冷凍牛肉のみであったので（注8），品質（鮮度・味）の点でアルゼンチンからの冷蔵牛肉に比べて評価が低かったことである（Linge 1975b; Wadham *et al.* 1957）。

牛肉の生産量・輸出量が増加するようになったのは 1960 年代後半にアメリカが主な輸出先になってからであり，次いで日本への輸出が増加していった（ABS 2012a; Boehm 1993）。今では日本が最大の輸出先であり，北米と並んで韓国・中国や東南アジア諸国が主な輸出先となった。輸送における技術進歩と共に市場が近くなったことにより，今では輸出のほとんどが冷凍牛肉ではなく冷蔵牛肉である。アメリカでは国内のフィードロット（穀物飼料による集約的な肥育場）で高品質の牛肉を生産し，日本にも輸出する一方で，オーストラリアからは自然の草地で放牧した低価格の牛肉を輸入している。これに対してオーストラリアが日本へ輸出している牛肉は，日本に輸出するためにフィードロットで育てた高品質の牛肉であり（小林 2007），「広大な国土」とは無関係である。

羊毛はオーストラリアの伝統的な輸出向け農産物で，表 4-7 に示されているように，輸出率はきわめて高い（注9）。このことは，羊毛の生産と国内産業（毛織物業）とは結び付かなかったことを意味していると共に，伝統的にオーストラリアからの羊毛の輸入国であった日本の「物資調達型地理観」からは，他の農産物に比べて特別に重視されてきた理由となった。

羊毛が早くから輸出農産物となったことについては，羊毛が軽くて腐りにくく，しかも単位重量当りの羊毛の価格が高かったので，内陸から港までの陸上輸送及び港からイギリスまでの海上輸送という長距離・長時間の輸送に耐えることが大きな理由であった，というのが一般的な説明である。内陸への鉄道網の発達は 19 世紀後半になってからであり，鉄道以前の内陸から港への農産物の輸送手段は主に「荷牛車」（bullock dray, bullock cart）であった。これによる輸送は時間がかかり輸送費もかなり高かったので，そのような時間と費用でも採算が取れる内陸の農産物は，小麦でも牛肉でもなく，羊毛のみであった。19 世紀初めには，単位重量当りの羊毛の単価は小麦の 10 倍以上であったといわれている（Blainey 1966）。

しかしこの説明は，初期の羊毛産業には通用し

ても，19世紀後半に鉄道網が発達し小麦・牛肉が輸出されるようになってからは通用しなくなった。したがって，羊毛が19世紀後半から20世紀後半までの長期間にわたって主要な輸出農産物であったことの理由としては，国内的には，羊の放牧に適した土地（というよりもむしろ羊の放牧くらいしかできない土地）があったこと，そして国際的にはイギリスをはじめとするヨーロッパ市場での需要と価格の動向が羊毛産業に有利に作用した時期がかなりあったことが重要であると言える。

輸出率がきわめて高いので，生産量・輸出量の増減は多くの時期で一致している。これらの増減の中には，たとえば大干ばつと大不況により大きな打撃を受けた1890年代のように国内的な（生産サイドでの）理由によるものと，1970年代以降の多くの時期のように国際的な羊毛需要の停滞・減少とそれに伴う羊毛価格の停滞・下落のような需要サイドでの理由によるものとがある。これは多かれ少なかれ小麦や牛肉にも見られるが，特に国際的な需要の動向による影響は，輸出率の

高い羊毛の方が小麦や牛肉よりも深刻であると言える。

（5）日本との比較

オーストラリアの国土が広大であり，農産物の輸出国であることはよく知られている。たとえば「国土面積は日本の20倍余りである」「人口は日本の5分の1足らずである」「農場は日本と比べて広く，特に奥地にはきわめて広大な農場がある」という言説は，いずれも個別には事実であると言える。しかし，国土の広さと農業の豊かさとを結び付けることには注意を要する。たとえば「国土が広いので農業がさかんである」「国土面積に比べて人口が少なく，土地が余っているので，人口増加と農業開発の余地が大きい」「奥地の広大な農場での牛・羊の放牧が農業を支えている」「狭い日本で無理に農業を続けるよりも，広いオーストラリアから農産物を輸入すればよい」という言説は，いずれも誤りである。

表4-8は，農業のさまざまな指標について，オーストラリアと日本とを比較したものである（注

表4-8 農業の日豪比較

		オーストラリア			日本		
		1966-70	1986-90	2006-10	1966-70	1986-90	2006-10
収穫面積	小麦	8,864	9,438	13,040	325	269	210
（千ha）	米	160	102	30	3,203	2,146	1,648
	他の穀物	3,154	4,428	6,709	407	139	103
	野菜・果実(1)	433	2,244	3,871	1,756	1,382	976
牛の頭数	肉牛	15,249	19,922	25,046	1,689	2,657	2,853
（千頭）	乳牛	4,391	2,637	2,632	1,541	2,052	1,549
生産量	小麦	10,697	14,324	17,921	853	939	775
（千t）	米(2)	154	497	193	11,848	8,847	7,179
	他の穀物	3,576	7,173	11,199	1,086	390	212
	野菜・果実(1)	3,521	6,485	9,104	28,145	26,444	19,044
	牛肉	935	1,532	2,134	201	558	511
	他の肉類	921	1,295	1,895	1,139	2,995	2,667
	生乳	7,350	6,369	9,461	4,052	7,729	7,952
生産額(3)	作物	4.8	8.4	12.1	85.4	72.3	54.9
（十億米ドル）	畜産	9.0	11.4	13.0	15.4	30.4	28.1
	合計	13.8	19.8	25.2	100.8	102.7	83.0

年平均．（1）油脂作物を含む．（2）精米量．（3）2004-06年価格．
ABS（2012b, 2013b），FAO（2015），農林水産省（2015）により作成．

10）。このような比較は，「広大な国土」に基づく土地資源の過大評価に影響されて，オーストラリアと日本の農業には桁違いの差があるのだから無意味であると思われているかもしれないが，この表からは以下のようにいくつかの興味ある事実が読み取れる。

第1に，穀物の代表であるオーストラリアの小麦と日本の米とを比べると，オーストラリアの小麦は，2006〜10年には収穫面積では日本の米の7.9倍であるが生産量では2.5倍にすぎない。しかも日本の米の生産調整政策が実施される直前の1966〜70年には，収穫面積ではオーストラリアの小麦は日本の米の2.8倍にすぎず，生産量では日本の米の方が多かった。その後オーストラリアでは小麦の収穫面積・生産量が大幅に増加したのに対して，日本では生産調整政策によって米の収穫面積・生産量が大幅に減少した。したがって，2006〜10年の両国の差はこれらの結果であり，農業政策や土地生産性などを無視して単純に「広いオーストラリア」と「狭い日本」から説明すべきでないことは明らかである。

第2に，「野菜・果実」について比較すると，2006〜10年には，収穫面積ではオーストラリアは日本の4.0倍であるが，生産量では日本の方がはるかに多く，オーストラリアの2.1倍である。1966〜70年と比べると，オーストラリアでは収穫面積・生産量が大幅に増加してきているのに対して，日本では収穫面積・生産量が大幅に減少してきている。したがってここでも両国の農業生産の実態を単純に国土の広さと結び付けることはできない。

第3に，畜産を比べると，肉牛頭数はさすがにオーストラリアの方がはるかに多いが，乳牛頭数及び生乳生産量ではオーストラリアが桁違いに多いとは言えず，十分に比較し得る範囲内での差にすぎない。また「他の肉類」（羊肉・豚肉・鶏肉など）の生産量で日本の方が多いのは，日本では豚肉・鶏肉の生産量が多いからである。生乳・豚肉・

鶏肉のように，土地の広さと生産量との関係がそれほど強くない事例も少なくないので，ここでも土地の広さから説明することには限界がある。

第4に，生産額では，作物・畜産のいずれにおいても日本の方が多い。生産方法・コスト構造の違いや為替レートの影響を考えるとしても，オーストラリアの農業の経済的規模が日本と比べて桁違いに大きいどころかむしろ日本よりもかなり小さいと言える。それでもオーストラリアが農産物輸出国であり，いわば「農業大国」であるとすれば，土地が広いことではなく，人口が少ない割にはある程度の生産量があることによると言うべきであろう。

3. 農業の州別・地帯別比較

（1）農業の州別比較

各州の農業生産額の部門別割合（表4-9）を見ると，ノーザンテリトリー以外の各州では，さとうきび・綿花以外のすべての部門で生産活動が行われている。そのような基本的な共通性を認めた上で各州の部門別割合を比較すると，州によりかなりの違いがあることが分かる。

作物・畜産別に見ると，作物部門の割合が高い4州と，畜産部門の割合が高い3州とに分けられる。作物部門の割合が高い4州のうち，ニューサウスウェイルズ州，サウスオーストラリア州，ウェスタンオーストラリア州では小麦の割合がきわめて高いことが共通の特徴であり，作物部門の割合が高い理由となっている。これに対してクインズランド州では特に突出した部門はなく，野菜・果実，さとうきび，綿花の割合が高いことが作物部門の割合が高い理由となっている。畜産部門の割合が高い3州のうち，ヴィクトリア州とタズマニア州では生乳の割合が高いのに対して，ノーザンテリトリーでは牛肉の割合が高い。なおクインズランド州では，畜産部門全体での割合は作物部門

表 4-9　州別農業生産額の部門別割合，2011 年（%）

	NSW	VIC	QLD	SA	WA	TAS	NT	全国
小麦	21.4	9.3	4.0	27.3	26.1	0.7	−	15.3
他の穀物	8.5	4.3	3.5	8.9	7.5	0.9	−	6.1
野菜・果実	9.1	18.6	20.3	19.0	12.0	25.3	22.1	16.0
さとうきび	0.5	−	9.5	−	−	−	−	2.1
綿花	9.6	−	8.1	−	−	−	−	4.1
他の作物	11.2	11.8	5.9	12.4	14.1	14.9	5.0	10.8
作物計	60.4	43.9	51.3	67.6	59.7	41.7	27.0	54.4
牛肉	13.8	11.8	35.8	5.1	11.3	15.6	70.3	17.0
羊肉	5.2	9.4	0.6	8.6	9.9	3.8	−	6.2
他の肉類	7.3	6.3	6.9	9.0	5.0	2.4	2.7	6.8
羊毛	7.3	5.9	1.2	5.9	10.3	8.4	−	5.8
生乳	4.3	21.4	2.7	3.5	2.9	27.1	−	8.5
他の畜産	1.7	1.3	1.6	0.2	0.9	1.1	−	1.2
畜産計	39.6	56.1	48.7	32.4	40.3	58.3	73.0	45.6

ACT は表示を省略．
付表 14 により作成．

表 4-10　部門別農業生産額の州別割合，2011 年（%）

	NSW	VIC	QLD	SA	WA	TAS	NT
小麦	35.6	15.2	5.4	23.8	19.9	0.1	−
他の穀物	35.7	17.9	11.9	19.6	14.6	0.4	−
野菜・果実	14.6	29.3	26.3	15.8	8.8	4.0	1.3
さとうきび	6.5	−	93.5	−	−	−	−
綿花	59.2	−	40.8	−	−	−	−
他の作物	26.4	27.6	11.4	15.3	15.3	3.5	0.5
作物計	28.3	20.4	19.6	16.5	12.8	1.9	0.5
牛肉	20.7	17.5	43.7	4.0	7.8	2.3	4.0
羊肉	21.3	38.1	1.9	18.5	18.6	1.5	−
他の肉類	27.6	23.7	21.1	17.7	8.7	0.9	0.4
羊毛	31.9	25.5	4.4	13.6	20.8	3.6	−
生乳	12.8	63.2	6.5	5.5	4.0	7.9	−
他の畜産	33.9	26.4	26.0	2.6	8.5	2.2	−
畜産計	22.1	31.1	22.2	9.5	10.4	3.2	1.6
合計	25.5	25.2	20.8	13.3	11.7	2.5	1.0

注は表 4-9 に同じ．
付表 14 により作成．

よりも低いが，畜産部門の中では牛肉の割合が高いことが特徴である。

　各部門の農業生産額の州別割合（表 4-10）に示されているように，各部門にはそれぞれ特定の州に集中する傾向がある。特にさとうきび，綿花，生乳では最上位の 1 州のみで全国の生産額の 50% 以上となり，他のすべての部門でも上位 2 州で全国の 50% 以上を占めている。このような特定州への集中は，後述のような土地資源の差に基づく地帯別の地域差だけではなく，たとえばヴィクトリア州の酪農重視政策のような州の農業政策も影響している。

（2）農場経営類型による地域区分

　図 4-3 のような農場経営類型（farm type）による地域区分図は，経営類型による区分であることが忘れられて，単なる農業地域区分図として教科書や地図帳に掲載されている。オーストラリアの

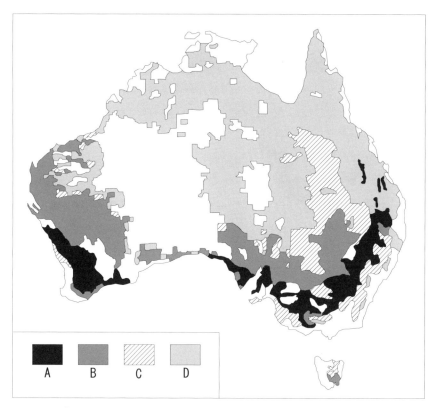

図 4-3　農場経営類型による地域区分
A：穀物，穀物＋肉牛，穀物＋羊，穀物＋肉牛・羊，
B：羊．C：肉牛＋羊．D：肉牛．
穀物，肉牛，羊関係の類型のみを表示．
Australia（1982）により作成．

「広大な奥地」では多くの牛や羊が放牧されていて牛肉・羊毛の主産地として生産を支えているという誤解は，この地域区分図における「肉牛」「肉牛＋羊」「羊」などのキーワードで示された広大な地域の印象が独り歩きしてしまった結果であろうと思われる。

農場経営類型による地域区分とは，個々の農場の収入源が何であるかによる区分である。たとえば主な収入源が肉牛（牛肉）である農場が多ければ「肉牛」地域となり，羊（羊毛・羊肉）であれば「羊」地域となる。しかし主な収入源が肉牛であるということは，その農場（地域）が肉牛に依存している，あるいは肉牛以外にめぼしい収入源がない，という意味での肉牛専業農場（地域）で

あることは示しているが，その農場（地域）の肉牛の頭数がきわめて多いという意味での主産地であることを示しているわけではない（谷内 2008）。図 4-3 のような地域区分図は経営類型に関する限り正しいし意味があるが，肉牛が多いのはどこか，どこが牛肉の主産地であるかということについては，このような経営類型による区分ではなく，絶対分布で確かめる必要がある。

図 4-4 〜図 4-6 は，それぞれ耕地，肉牛，羊の分布を，人口密度と同様に単位面積当りの密度で表したものである。図 4-4 の耕地の分布は，穀物の作付面積が耕地面積の大きな割合を占めていることもあって，図 4-3 の穀物・混合農業地域（A）の分布とかなり対応している。しかし図 4-5 の肉

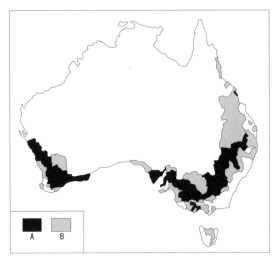

図4-4　耕地の分布，2011年（ha/km²）
A：15以上．B：1以上．
ABS（2012b）により作成．

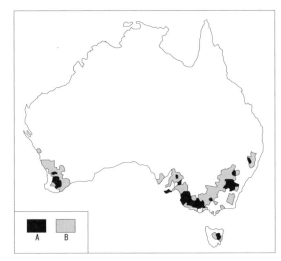

図4-6　羊の分布，2011年（頭/km²）
A：120以上．B：40以上．
ABS（2012b）により作成．

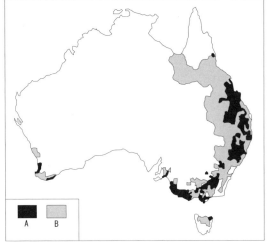

図4-5　肉牛の分布，2011年（頭/km²）
A：15以上．B：5以上．
ABS（2012b）により作成．

牛の分布を見ると，図4-3の広大な肉牛地域（D）のうちでは東部のみが示されていて，北部・西部の「広大な奥地」での密度はきわめて低い。また密度の高い地域は，「肉牛」地域としては目立たない東部・南東部の第1地帯・第2地帯にも広がっている（注11）。さらに図4-6の羊の分布と図4-3との違いは著しく，肉牛の5頭/km²以上に相当する40頭/km²以上の地域はおおむね図4-3の混合農業地域及びそれに隣接する「羊」地域に対応していて，肉牛と同様に「広大な奥地」での密度はきわめて低い。図4-3の「奥地」の「肉牛」「肉牛・羊」「羊」地域の大半は，主産地であるどころか，肉牛あるいは羊を飼うことしかできないという意味での消極的な「専業地域」なのである。

（3）小麦栽培の地帯別比較

耕地面積の地帯別割合（表4-11）の特徴は，一貫して第2地帯の割合が上昇してきたことである。1961年以降は第2地帯が90%以上の高い割合を維持してきていて，図4-3及び図4-4と整合している。この特徴は小麦の作付面積でも明らかであり，1916年以降は第2地帯がおおむね95%以上の高い割合を維持している。1860年代までは第1地帯が小麦栽培の中心であったが，内陸への鉄道網が発達して内陸から海岸地域の大都市・港湾への輸送ができるようになったことにより，1870年代後半から第2地帯の割合が急上昇した（Powell 1988; Robinson 1976）。これは第2地帯の方が第1地帯に比べて降水量が多すぎないなどの自然条件が小麦栽培に適していたからである。ま

第4章　土地資源と農業　69

表 4-11　耕地面積・小麦作付面積の地帯別割合，1861-2011 年
(%)

	耕地面積			小麦作付面積		
	第1地帯	第2地帯	第3地帯	第1地帯	第2地帯	第3地帯
1861	73.3	26.7	–	65.1	34.9	–
1866	67.2	32.8	–	65.6	34.4	–
1871	56.3	43.7	–	53.3	46.7	–
1876	40.0	60.0	–	32.7	67.3	–
1881	28.2	68.9	3.0	14.9	80.9	4.2
1886	25.6	71.0	3.4	12.0	82.8	5.2
1891	22.8	74.8	2.4	9.9	86.2	3.9
1896	19.3	77.6	3.1	7.4	88.1	4.5
1901	18.7	78.8	2.6	6.0	90.2	3.8
1906	15.7	82.9	1.3	5.4	92.7	1.9
1911	17.1	81.9	1.0	5.4	93.2	1.4
1916	12.8	86.6	0.6	3.8	95.4	0.8
1921	12.1	87.4	0.5	3.4	95.9	0.7
1926	11.9	87.8	0.4	3.8	95.7	0.5
1933	10.6	88.7	0.7	2.7	96.4	0.9
1939	10.3	89.3	0.4	6.7	92.7	0.5
1947	10.5	89.3	0.2	2.3	97.5	0.2
1954	11.2	88.7	0.1	2.0	97.9	0.1
1961	8.5	91.4	0.1	2.0	97.9	–
1966	8.0	91.8	0.2	1.8	98.1	0.1
1971	7.6	92.1	0.3	1.2	98.6	0.1
1976	6.4	93.3	0.3	1.7	98.1	0.2
1981	6.2	93.5	0.3	1.6	98.1	0.3
1986	5.8	93.7	0.6	1.1	98.3	0.5
1991	6.4	92.7	0.8	1.2	98.1	0.7
1996	5.6	93.6	0.7	2.3	97.1	0.7
2001	6.1	93.1	0.8	2.1	97.1	0.8
2006	6.4	92.5	1.0	2.1	97.3	0.7
2011	5.8	93.3	1.0	3.8	95.7	0.5

各地帯は州都・準州都・連邦首都を含む（以下同じ）.
付表 20 により作成.

た 1880 年代からは小麦栽培がさらに内陸に進出したので第 3 地帯の割合が一時上昇したが，1900 年代以降は低下し，第 2 地帯への集中が定着することとなった。

　第 2 地帯で現在小麦が栽培されている地域は，既に 19 世紀半ばには放牧地となっていた（Williams 1975）。したがって小麦生産の第 2 地帯への進出は，新規の開拓ではなく，放牧地を小麦畑に変えることであった。このような小麦栽培の拡大には「集約入植」（closer settlement）を促進する政策が関係していたことがよく知られている。集約入植政策とは，広い土地で牛・羊を放牧

する畜産農場（squatter）に対して，小麦栽培をはじめとする小規模な家族農場（family farm）を増やすことによって，「集約的」な農業を発展させ，人口密度を高めようとする政策であり，農業政策であると共に人口増加政策でもあった（注 12）。

　このような小麦生産の第 2 地帯への進出と集約入植政策との関係については多くの議論があるが，次のようにまとめることができる（Campbell 1967; Dunsdorfs 1956; Peel 1973; Powell 1988; Roberts 1924; Williams 1975）。

　第 1 に，集約入植政策は，狭義には 1880 年代から 1910 年代，広義には 1860 年代から 1920 年

代にかけて各州政府が実施した小規模農場奨励策の総称である。さらには二度の世界大戦からの復員軍人の失業対策としての復員軍人入植事業（soldier settlement）もこの政策に含めて論じられることが多いので、その場合には1950年代まで続いたことになる。したがって時期・目的・地域によってさまざまな成功例・失敗例があるので、その評価も一様ではない。

第2に、最も代表的・典型的な政策は、州政府が既存の放牧地を買い戻し（あるいはリース契約を解約し）、多くの区画に分けて、小麦などの作物を栽培する家族農場として分譲することであった。その背景には、イギリス的な家族農場を理想とする心情的・伝統的な考え方に加えて、放牧地として広い土地を専有している畜産農場が土地を十分に利用していないので土地の有効利用を図るべきであるという大義名分があった。

第3に、この政策は、上述のように農業政策であると共に人口増加政策でもあったので、両者の矛盾に起因するさまざまな問題が見られた。たとえば「生計維持面積」（living area, home maintenance area）はこのような矛盾を象徴する例の一つである。この「生計維持面積」は、土地の資源的条件（水・土壌など）をはじめとする一定の前提の下で、家族農場が少数の家族労働力による作物農業によって生計を維持するのに必要であるとされた標準的な農地面積のことである。しかし、そのような面積をどのようにして決めるのかという技術的な問題は別にしても、農地面積の下限とみなすのか上限とみなすのかによって政策上の取扱いが異なるという問題が生ずる。もし農業政策として効率的かつ安定した農業経営を重視するのならば、「健全な家族農場の経営には少なくともこれくらいの面積が必要である」という意味で、農地面積の下限とみなすべきであるということとなる。これに対して、人口増加政策としてなるべく多くの農場に分割して入植者数を増やしたいならば、「これくらいの面積ならば十分に生計を維持できるであろう」という意味で、農地面積の上限とみなすべきであるということなる。

第4に、現実には、経済的効率の観点からは土地の広さが不十分であったために農場が長続きしなかった事例があったし、機械化などの技術進歩により少数の家族労働力で経営できる面積が拡大し、農場を広げていった事例も少なくない。これらの試行錯誤を経て、結果的には政策が想定した面積よりも広いという、現在のような農地面積に落ち着いた。こうして、時期と地域によりその程度が異なるとはいえ、小麦栽培地の拡大と小麦生産量の増加には、集約入植政策が経済政策として一定の成果があったことは否定できないであろうが（表4-6）、人口増加政策としての成果はあまりなかったと言えるであろう（表2-11）。

(4) 畜産の地帯別比較

肉牛頭数の地帯別割合を比較すると（表4-12）、時期により若干の変動があるとはいえ、各地帯がおおむね一定の割合を維持してきている。特に第3地帯の割合は1880年代に30%台に達してからは1960年代まで第2地帯と並ぶ割合を維持し、その後は第2地帯との差が開いたものの、20%～30%台を維持している。このことは第3地帯に代表される「広大な奥地」が肉牛産業を支えているという印象をある程度裏付けるものであり、それ自体は特に誤りであるとは言えない。ただし第3地帯では繁殖段階が中心であるのに対して、第1地帯では肥育段階が中心なので、第3地帯は第1地帯に対して補完的な役割を果たしているにすぎない（注13）。

したがって第3地帯から遠く離れた第1地帯への肉牛の輸送は第3地帯にとって19世紀以来の課題であり、長大な距離を長い時間をかけて牛を歩かせていたために肉の品質が低下するという問題を抱えていた。しかし1950年代以降の「牛肉道路」（beef road）と呼ばれる道路改良事業と、それに伴う「道路列車」（road train）と呼ばれる

表 4-12　肉牛・羊の頭数の地帯別割合，1861-2011 年（％）

	肉牛			羊		
	第1地帯	第2地帯	第3地帯	第1地帯	第2地帯	第3地帯
1861	26.7	68.3	4.9	16.3	76.4	7.4
1866	37.2	57.0	5.8	20.1	71.1	8.8
1871	33.8	58.2	8.0	12.8	77.4	9.8
1876	33.9	53.0	13.2	13.8	74.0	12.3
1881	32.6	45.3	22.1	9.9	71.4	18.7
1886	29.2	35.8	35.1	8.5	61.3	30.2
1891	27.7	37.4	34.9	6.8	61.0	32.2
1896	25.5	38.7	35.7	7.1	63.2	29.8
1901	31.1	40.1	28.8	8.9	72.8	18.3
1906	32.9	36.3	30.7	8.9	71.1	20.0
1911	28.3	36.9	34.8	7.7	66.1	26.2
1916	28.4	31.2	40.4	6.5	67.4	26.2
1921	26.2	37.8	36.0	7.9	64.4	27.7
1926	26.2	33.1	40.7	6.7	68.4	24.9
1933	29.6	37.8	32.6	7.6	69.0	23.4
1939	29.7	35.1	35.2	8.1	70.6	21.3
1947	21.8	38.7	39.5	8.8	70.8	20.4
1954	22.3	41.9	35.8	8.6	74.2	17.2
1961	25.5	39.8	34.7	8.8	74.6	16.6
1966	22.2	46.7	31.1	10.6	75.9	13.4
1971	25.4	51.7	22.9	9.4	78.9	11.7
1976	22.7	53.3	24.0	8.4	77.5	14.1
1981	23.2	46.8	30.0	9.8	79.3	10.9
1986	21.2	48.7	30.1	9.0	77.6	13.4
1991	19.6	52.0	28.4	7.9	78.5	13.6
1996	19.4	51.5	29.1	8.4	78.6	13.0
2001	17.0	50.4	32.6	8.8	79.1	12.1
2006	19.8	50.9	29.3	8.5	83.8	7.7
2011	16.4	47.2	36.4	8.4	83.0	8.5

付表 23，24 により作成.

大型連結トレーラーの普及により，輸送の問題は解決された（Courtenay 1987）。このように第 3 地帯での肉牛の放牧は，第 1 地帯よりも土地が広いから肉牛も多いというような単純な話ではなく，第 3 地帯が第 1 地帯に対して「奥地」的な状況にあり，それに伴う輸送などの諸困難の克服が課題であった。なお，第 1 地帯の割合は 1980 年代以降低下してきているが，各地帯はセパレートコースで競争しているのではなく，食肉加工まで含めた肉牛生産において相互に補完関係にあるので，第 1 地帯の重要性が実質的に低下しているわけではない。

　乳牛の頭数は第 1 地帯に多いので（付表 24），酪農が第 1 地帯の特徴であるとされることが多い。たしかに酪農だけを見れば第 1 地帯が中心であると言えるが，第 1 地帯が酪農のみに依存しているわけではない。第 1 地帯の肉牛・乳牛の絶対数を比べると，1861 年以来のほとんどの時期において肉牛頭数の方が乳牛頭数よりも多かったし，乳牛頭数が 1960 年代以後は減少傾向にあるのに対して肉牛頭数は 1960 年代に急増し，その後もおおむね一定数を維持している（付表 24）。

　羊の頭数の地帯別割合の特徴は，小麦と同様に第 2 地帯の割合が 1861 年以来きわめて高いことであり（表 4-12），図 4-6 と整合している。これに対して図 4-3 の肉牛・羊地域及び羊地域の大半

表 4-13　灌漑面積と灌漑水量，2011 年

	灌漑面積(千ha)				灌漑面積／農地面積(%)			
	第1地帯	第2地帯	第3地帯	全国	第1地帯	第2地帯	第3地帯	全国
野菜	73	52	4	129	85.2	88.9	85.8	86.6
ぶどう	43	108	1	152	80.4	88.3	78.9	85.9
他の果実	34	95	10	139	50.7	86.0	88.5	73.6
米	1	75	–	76	100	100	100	100
他の穀物	5	149	4	158	0.7	0.8	4.9	0.8
さとうきび	120	6	4	129	38.9	49.0	97.5	40.1
綿花	–	341	18	359	17.2	60.2	83.6	61.1
他の作物	33	106	4	143	2.2	0.6	0.1	0.6
牧草	190	481	6	678	1.5	0.6	–	0.2
合計	498	1,413	52	1,963	3.2	1.3	–	0.5

	灌漑水量(百万m³)				灌漑水量／灌漑面積(千m³/ha)			
	第1地帯	第2地帯	第3地帯	全国	第1地帯	第2地帯	第3地帯	全国
野菜	204	211	19	434	2.8	4.1	4.9	3.4
ぶどう	47	304	5	356	1.1	2.8	7.1	2.3
他の果実	87	423	41	550	2.5	4.5	4.0	4.0
米	6	757	3	766	8.0	10.1	13.2	10.1
他の穀物	8	262	16	286	1.7	1.8	3.7	1.8
さとうきび	419	21	19	459	3.5	3.7	4.7	3.5
綿花	–	1,775	107	1,882	0.5	5.2	5.8	5.2
他の作物	65	226	24	315	2.0	2.1	5.7	2.2
牧草	469	1,105	22	1,596	2.5	2.3	3.9	2.4
合計	1,305	5,084	256	6,645	2.6	3.6	5.0	3.4

ABS（2012e）により推計.

を代表する広大な第 3 地帯の割合は，1891 年には 32%に達したが，1891 〜 1901 年の低下とその後の回復を経て 1926 年以降は低下傾向にある。絶対数の変化を見ると（付表 23），1891 〜 1901 年及び 1991 年以降には各地帯で頭数が減少したが，第 3 地帯での減少が最も多かったので割合が低下した。1891 〜 1901 年の減少は大干ばつによるものであり，1991 年以降の減少は海外市場における需要の減少によるものであったので理由は異なるが，共に全国レベルでの不利な状況が他の地帯よりも第 3 地帯に大きく影響するという，第 3 地帯の限界地域的な特性を反映していると言える。

(5) 灌漑

　水資源に乏しいオーストラリアでは，灌漑は日本とは別の意味できわめて重要であり，以下のように日本とは異なる特徴がある（表 4-13）。

　第 1 に，農地面積（作付面積）に対する灌漑面積の割合（表の右上）は，米が 100%であることは当然としても，野菜・果実でもきわめて高いし，さとうきび・綿花でも高い。日本では野菜などの畑作物の栽培は灌漑に頼らずに自然の降水で間に合っていることが多いが，オーストラリアでは灌漑が当然の前提となっていることが多いからである。ただし降水量の不足を補うためであるから，灌漑面積当りの水量（表の右下）は少ない。したがって，日本では灌漑といえば水で満たされている水田のイメージがあるが，オーストラリアの灌漑地域にある野菜畑や果樹園では，灌漑していることを感じさせる景観はあまり見られない。

　第 2 に，第 2 地帯の「他の穀物」や第 1 地帯・第 2 地帯の「牧草」については，農地面積に対する灌漑面積の割合（表の右上）がきわめて低く，灌漑面積当りの水量（表の右下）も少ないが，分母となる農地面積が広いので，灌漑水量の絶対量

第4章　土地資源と農業　73

表 4-14　農業の地帯別比較，2011 年

| | | | 第1地帯 | 第2地帯 | 第3地帯 | |
					東部(1)	西部(2)
地帯別割合(%)	全農場数		37.3	59.4	2.4	0.9
	放牧地のある農場数		34.4	61.9	3.0	0.7
	農地面積	耕地	5.8	93.3	0.8	0.2
		放牧地	3.5	20.0	32.3	44.2
		合計(3)	3.8	27.1	29.3	39.8
	頭数	肉牛	16.4	47.2	22.9	13.4
		乳牛	67.5	32.4	–	–
		羊	8.4	83.0	6.8	1.8
		合計(4)	18.0	54.9	17.4	9.7
	生産額	作物	26.1	72.1	1.0	0.9
		畜産	34.4	52.4	9.4	3.9
		合計	29.9	63.1	4.8	2.2
規模と生産性	農地面積/農場(千ha/戸)		0.31	1.38	36.2	131.5
	放牧地/放牧農場(千ha/戸)		0.36	1.14	38.2	215.2
	頭数/放牧農場(千頭/戸) (4)		0.19	0.32	2.14	4.89
	放牧地/頭数(ha/頭) (4)		1.89	3.53	17.9	44.0
	生産額/面積(豪ドル/ha)		877	262	18.5	6.3
	生産額/農場(千豪ドル/戸)		272	361	668	825

(1) NSW+QLD.　(2) SA+WA+NT.　(3) 耕地・放牧地以外の土地も含む.
(4) 牛換算（羊 8 頭＝牛 1 頭）.
付表 25 により作成.

（表の左下）は第 2 地帯を中心にかなり多い。オーストラリアでの灌漑に関しては，野菜・果実だけではなく，日本では想像しにくい小麦や牧草のための灌漑も，灌漑水量（絶対量）が多いという点では無視できないのである。

(6) 規模と生産性の地帯別比較

表 4-14 は農業生産に関するさまざまな指標について地帯別に比較したものである。第 3 地帯での東部と西部の違いは，主に土地所有形態の違いによるものであり，東部では第 1 地帯・第 2 地帯と同様に土地を私有している家族農場がかなりあると共に，国有地の借地（一般に 99 年間の長期リース契約）で労働者を雇用している企業的農場でも面積の上限がある場合が少なくないのに対して，西部では土地が国有地の借地で面積の上限のない企業的農場がほとんどである（Heathcote 1987）。したがって農場の規模と生産性について比較する際には，このように第 3 地帯を東部と西

部に分けることが重要である。

農地（私有地又は借地で農場の専有的管理下にある土地）は，耕地（作物栽培地），放牧地（その多くが自然の草原），その他の土地（休閑地・未利用地なども含む）に分けられる。すべての農場に耕地と放牧地の両方があるわけではないので，全農場と「放牧農場」（放牧地のある農場）とを必要に応じて使い分ける必要がある。

農場数及び耕地面積（全作物の作付面積）では第 2 地帯の割合が高いが，農地面積の合計及び放牧地面積では第 3 地帯の割合が高いので，農場 1 戸当りの農地面積（合計）は，第 1 地帯の 310ha から第 3 地帯西部の 13 万 1500ha まで 424 倍の開きがある。また放牧農場 1 戸当りの放牧地面積は，第 1 地帯の 360ha から第 3 地帯西部の 21 万 5200ha まで 598 倍の開きがある。

既に触れたように肉牛頭数及び羊頭数では第 2 地帯の割合が高いので，肉牛・乳牛・羊の合計（牛換算）でも第 2 地帯の割合が高く，55%を占める。

これに対して第3地帯西部は，放牧地面積では44％を占めるが，頭数では10％にすぎない。したがって肉牛・乳牛・羊の合計（牛換算）で見ると，放牧農場1戸当りの頭数は，第1地帯の190頭から第3地帯西部の4890頭まで26倍の開きがある。これに対して1頭当りの放牧地面積は，第1地帯の1.9haから第3地帯西部の44.0haまで23倍の開きがある。

生産額では，作物・畜産のいずれにおいても第2地帯の割合が高い。特に畜産部門での第3地帯（東部＋西部）の割合は僅か13％であり，肉牛・乳牛・羊の頭数の合計（牛換算）における第3地帯（東部＋西部）の割合（27％）よりもはるかに低いので，頭数に比べて経済的な重要性はきわめて小さい。これには，第3地帯で育った肉牛のかなりの部分が第1地帯に運ばれてから食肉加工されることと，第1地帯・第2地帯では豚・鶏などの生産額が多いことが影響している。

上記のような農場数・農地面積・生産額における地帯間の差の結果として，農地面積1ha当りの生産額は，第1地帯の877豪ドルから第3地帯西部の6.3豪ドルまで139倍の開きがある。これに対して農場1戸当りの生産額は，第1地帯の27.2万豪ドルから第3地帯西部の82.5万豪ドルまで3倍の開きしかない。この3倍の差を農場の広さによって説明することは明らかに誤りである。生産コストの問題を棚上げにすれば，第3地帯西部の農場当り面積は上記のように第1地帯の400倍以上もあるのに生産額の差が3倍にすぎないことは，むしろ農場が広いことでは説明できないことの理由になるからである。おそらくこのような3倍の差は，第1地帯・第2地帯に多い家族農場に比べて第3地帯西部には企業的農場が多く，雇用されている労働者などを含めて「養うべき」人数が多いことによって説明できるであろう。第3地帯東部についても，家族農場がかなりあるとはいえ，おそらく同様の説明の方が，少なくとも農場の広さで説明するよりも現実的であろう。

また，第1地帯と第2地帯を比べると，第2地帯の農場当り面積は第1地帯の4.5倍であるが，面積当りの生産額では逆に第1地帯の方が多く，第2地帯の3.3倍なので，第2地帯の農場当り生産額は第1地帯の1.3倍へと縮まる。ここでも，土地の広さの説明力はきわめて小さいのである。

このように，農場当りの農地面積と生産額については，土地の広さから考えるのではなく，生産性から考える必要があり，土地の広さは結果にすぎない。モデル的に言うと，スタートはこの表の下から2段目の面積当り生産額であり，ゴールは最下段の農場当り生産額である。仮に生産コストや規模の経済などによる影響を無視して，目標となる農場当り生産額を30万豪ドルとしてみると，これを達成するために必要な農地面積は，第1地帯では30万豪ドルを面積当り生産額（877豪ドル）で除した342ha，第2地帯では30万豪ドルを面積当り生産額（262豪ドル）で除した1145haとなる。これに対して第3地帯東部では同様の計算により1.6万ha，第3地帯西部では4.8万haとなる。したがって，目標となる生産額を30万豪ドルと仮定した場合，第3地帯西部で必要となる農地面積は第1地帯の139倍となるのである。

以上のように，農場の広さは目標とする生産額を達成するために必要な広さなのであり，生産性の高い土地なら狭い土地で達成できるのに対して，生産性の低い土地では広い土地が必要となる。奥地に「広大な牧場」があることは事実であり，しばしば「広大なオーストラリア」を象徴する例として登場するが，農場の広さは土地の貧弱さの結果にすぎない。農場が広いから多数の牛・羊を飼えるのではなく，一定の数の牛・羊を飼うためには広い土地が必要となるのである。したがって「オーストラリアは土地が広いから農業が盛んである」との言説は誤りであり，仮に上述の肉牛の繁殖・肥育の事例のような地帯間の連関を無視するとすれば，たとえ農地面積の69％を占める第3地帯がなくても，第1地帯・第2地帯だけで農業

第4章　土地資源と農業　75

表 4-15　農業の小地域別比較，2011 年

区分 (1)	地区数 (2)	農場当り 農地面積 (ha/戸)	面積当り 生産額 (豪ドル/ha)	農場当り 生産額 (千豪ドル/戸)
20未満	18	13	28,385	380
20+	44	32	10,126	328
50+	76	77	2,913	225
100+	98	149	1,932	288
200+	69	238	1,104	263
300+	69	355	653	232
500+	63	602	407	245
750+	39	870	398	346
1000+	55	1,371	332	455
2000+	30	2,993	194	580
5000+	14	6,753	89.0	601
1万+	8	15,162	34.0	516
2万+	8	33,916	20.2	686
5万+	4	61,895	11.4	706
10万+	7	134,560	9.6	1,287
20万+	12	294,086	5.6	1,651

(1) 各地区の農場当り平均農地面積 (ha/戸) による.
(2) 農業生産額 500 万豪ドル以上の地区.
付表 26 により作成.

生産額の 93% を担っているのである.

　表 4-15 は，農地面積・生産性・生産額の相互関係に関する上記の地帯別の比較から得られた知見を，地帯区分よりももっと小さい地方自治体スケールの小地域区分のデータによって裏付けるために作成されたものである（注 14）. この表では，対象となった 614 地区を各地区の農場当り平均農地面積 (ha/戸) によって 16 のグループ（地区群）に区分し，各グループに含まれる全農場の平均値によって比較している.

　この表によれば，農場当り面積では最小値（20ha 未満の地区群）の 13ha から最大値（20 万 ha 以上の地区群）の 29.4 万 ha まで 2.2 万倍以上の開きがあるのに対して，面積当り生産額では最大値（2.8 万豪ドル）から最小値（5.6 豪ドル）まで 5000 倍余りの差がある. これらの差が互いに反比例的に相殺し合うので，農場当り生産額では最小値（22.5 万豪ドル）と最大値（165.1 万豪ドル）との開きは 7.3 倍にすぎない. さらに 10 万 ha 未満の地区群（地区数では全体の 97%）に限ると，

最大値は 70.6 万豪ドルとなり，開きは 3.1 倍に縮まる. 農場当り生産額だけを見れば農地面積が広いほど生産額が多いことは確かであるが，2 万倍以上の面積の差が 5000 倍以上の生産性の差によって相殺されているので，広さによる説明力はきわめて弱いと言うべきであろう. なお，1 万 ha 以上の地区（地区数では全体の 6%）を合わせても対象地区の総生産額の 8% しかないことは（付表 26），オーストラリアの農業を「何万 ha もある広大な農場」で代表させて説明すべきではないことを示している.

4.「大鑽井盆地」の実像

(1) 誤解と過大評価

　大鑽井盆地は，日本の地理教育では長い間重要かつ不可欠なテーマとなっていたし，大鑽井盆地の過大評価は今でも根強く残っているようである. ここでの「過大評価」は，大鑽井盆地の水資

源や羊の頭数の過大評価と共に，日本の地理教育での取扱いにおける過大評価も含んでいる。なぜそうなってしまったのかについては地理教育史の専門家に委ねるべきであろうが，ここでは日本における誤解と過大評価について，いくつかの具体的な根拠に基づいて検討する。

誤解の一つは，日本の地理教育では「大鑽井盆地」(グレイトアーテジアン盆地，Great Artesian Basin)が関東平野や甲府盆地のような地表の地名として使われ，地図帳にもそのように記載されていることである。しかし「大鑽井盆地」は地表の地名ではなく，日本の「フォッサマグナ」や「糸魚川静岡構造線」のような，地下の状況を示す地学的な専門用語である。したがって，日本の地図帳の一般図に「フォッサマグナ」や「糸魚川静岡構造線」が記載されていないのと同様に，オーストラリアの地図帳の一般図には「大鑽井盆地」や他の鑽井盆地の名称は記載されていない。

地学的な意味での鑽井盆地(artesian basin)の位置・名称及びそれぞれの地表の地名は図4-7及び表4-16の通りである。ここでの「鑽井盆地」は一般名詞であり，「大鑽井盆地」や「ユークラ盆地」は固有名詞である。図4-7と表4-16に示されているように，各鑽井盆地の上の地表に別の地名が付いていることもあれば，「大鑽井盆地」のようにこの範囲全体に相当する地表にはその範囲に対応する地名が存在しないこともある。なお日本の地図帳では，他の鑽井盆地のうち，たとえばユークラ盆地及びキャニング盆地の上の地表には，地学的な意味での鑽井盆地としての名称ではなく，地表の地名がナラボー平原やグレイトサンディー砂漠のように記載されているのに，「大鑽井盆地」だけが地表の地名として記載されていることは，地名の取扱いとしては不釣合いである。

もう一つの誤解は，「小さな真実と大きな嘘」の罠，すなわち個々の言説は正しくてもそれらの言説が不用意かつ安易に結び付けられてしまうと誤った言説となる，という罠によるものである(注

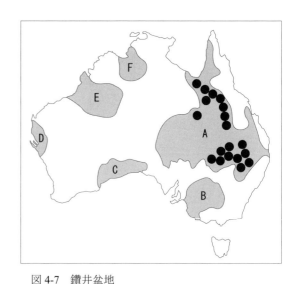

図4-7 鑽井盆地
A～Fの名称は表4-16参照．
●鑽井の多い所．
主要な鑽井盆地のみを表示．
範囲は資料により異なる．
Australia (1976), Perrens (1982), 大森 (1991)
により作成．

15)。「大鑽井盆地」の羊についての「大鑽井盆地では地下水が羊の飲み水として利用されている」「オーストラリアの羊毛の生産量・輸出量は世界一(又は世界有数)である」という言説は，いずれも個別には正しいと言えるが，「大鑽井盆地には豊富な地下水がある」「大鑽井盆地には多数の羊がいて，オーストラリアの羊毛生産を支えている」と言う言説は，いずれも誤りである。

(2) 地下水に関する記述

オーストラリアのナショナルアトラスの「地下水」の地図(Australia 1973)には，大鑽井盆地の範囲はおろか名称も見当たらず，凡例も一般的な水質と用途のみである。ただしその解説書(Australia 1976)では，大鑽井盆地を含む堆積盆地(sedimentary basin)の簡潔な地学的記述と共に，大鑽井盆地の地下水が地元で利用されていると述べている。堆積盆地も鑽井盆地と同様に地学的な専門用語であり，ここでの記述は堆積盆地一般における地下水についてなので，大鑽井盆地は鑽井

第4章　土地資源と農業　77

表 4-16　鑽井盆地と地表の地名

記号	鑽井盆地の名称	地表の地名
A	大鑽井盆地(Great Artesian Basin)	（なし）
B	マリー盆地(Murray Basin)	（なし）
C	ユークラ盆地(Eucla Basin)	ナラボー平原(Nullarbor Plain)
D	カナーヴォン盆地(Carnarvon Basin)又は ノースウェスト盆地(North-west Basin)	（なし）
E	キャニング盆地(Canning Basin)又は デザート盆地(Desert Basin)	グレイトサンディー砂漠 (Great Sandy Desert)
F	ヴィクトリア盆地(Victoria Basin), ボナパート盆地(Bonaparte Basin)及び オード盆地(Ord Basin)	（なし）

A 〜 F の位置は図 4-7 参照．名称は資料により異なる．
Australia（1976），Perrens（1982），大森（1991）により作成．

盆地の事例としてではなく，堆積盆地の事例の一つとして取り上げられている。したがって本文には固有名詞としての「大鑽井盆地」はあっても，一般名詞としての「鑽井盆地」は登場しない。堆積盆地の事例としてはマリー盆地も取り上げられているが，ここでも「鑽井盆地」の言葉は登場しない。すなわち鑽井盆地であろうがなかろうが問題ではなく，鑽井盆地ではない他の堆積盆地と同列に扱われているのであり，固有名詞としての大鑽井盆地及びマリー盆地が取り上げられたのは，鑽井盆地だからではなく，一般的な意味でそこの地下水が記述に値すると判断されたからにすぎないのである。

またナショナルアトラスの「水利用」の地図（Australia 1974）は地表水に関する情報のみで地下水には触れていないが，その解説書（Australia 1975）では大鑽井盆地を含む内陸での地下水の利用に言及している。しかし「羊と羊毛」の解説書（Australia 1968）では，内陸の放牧地（pastoral zone）では井戸と溜池を利用していると一般的に述べているだけで，大鑽井盆地や鑽井への直接的な言及は見られない。また「土壌と土地利用」（Australia 1980b）及び「農業」（Australia 1982）も，大鑽井盆地には言及していない。

一般向けの百科事典である Shaw（1984）は，「鑽井水」（被圧地下水，artesian water）の項で，大

鑽井盆地の鑽井水がこの地域での羊・牛の飲み水の主な供給源となっていると述べているが，「羊と羊毛」の項では大鑽井盆地には言及していない。またオーストラリアの自然環境に関する基本図書とされる CSIRO（1960）には大鑽井盆地の簡潔な地学的説明はあるが，羊の分布に関する記述では降水量・気温・植生との関係が中心で，大鑽井盆地には言及していない。

オーストラリアの概説書では，たとえば Warner（1977）は，大鑽井盆地の水資源量についての消極的な評価の後に，この地下水がクインズランド州の羊と牛を支えていることに言及している。また Perrens（1982）は，大鑽井盆地を含む鑽井盆地と鑽井（掘抜井戸，自噴井，artesian bore）の分布図を示すと共に，乾燥地帯の牧畜が大鑽井盆地の鑽井水に依存していると述べている。Taylor（1941）は，水利用の記述の中で大鑽井盆地の鑽井水がこの地域の羊・牛の飼育に利用されていることに触れているが，羊と環境との関係に関する記述では，気候との関係に関する記述が中心であり，大鑽井盆地の鑽井水に関する記述は見当たらない。Wilson（1980）も，鑽井盆地と鑽井の分布図を示しているが，本文では羊の分布に影響を与えるいくつかの水資源の一つとして鑽井に触れているにすぎない。さらに Wadham *et al.*（1957）は，鑽井盆地と鑽井の分布図を示しているが，本文で

は羊のための鑽井水の利用方法を技術的に記述するにとどまっているし，内陸部での羊と自然条件との関係についての記述は植生との関係が中心で，大鑽井盆地の鑽井水には触れていない。このほか Marshall（1966, 1977）及び Heathcote（1987, 1994）は，牧畜の歴史的な記述の中で1880年代以後の鑽井水の利用が牧畜に与えた意義に言及しているが，Walmsley and Sorensen（1992）での羊の分布に関する記述では，大鑽井盆地にはまったく言及していない。

　オーストラリアの教育用図書では，たとえば Camm *et al.*（1987）は，大鑽井盆地がクインズランド州内陸部の乾燥・半乾燥地域での羊・牛の飲み水の重要な供給源であると述べている。これに対して水資源に特化した教材である Crabb（1986）には，上記の Australia（1976）と同様に，堆積盆地の地下水に関する一般的な記述の中で堆積盆地の事例の一つとして大鑽井盆地にも言及しているが，「鑽井盆地」や「鑽井水」などの言葉は登場しないし，羊との関係にもまったく触れておらず，水資源全体としては灌漑，都市・工業用水，水力発電などに関する記述に重きを置いている。Sale and Wilson（1987）にも大鑽井盆地の簡潔な地学的説明はあるが羊との関係に関する記述はないし，羊の分布に関する記述でも大鑽井盆地にはまったく言及せず，むしろ羊の分布が小麦の分布と重なっていることを強調している（注16）。また Harris（1974）も，大鑽井盆地の簡潔な地学的説明はあるが羊には言及しておらず，羊の分布に関する記述においても気温・降水量との関係が中心で，大鑽井盆地にはまったく触れていない。さらに Bonnor（1988）も，水資源に関する記述の中で乾燥地帯の牧畜・鉱業には地下水が重要であることを一般的に述べているが，大鑽井盆地や鑽井への直接の言及はない。このほか Pask and Bryant（1986）の農業に関する章ではかなりのページを割いて小麦・羊の混合農業，北部の肉牛，灌漑農業，野菜・茶・綿花について記述しているが，

羊は小麦・羊の混合農業に登場するだけであり，大鑽井盆地やそこでの羊にはまったく言及していない。

　日本の概説書では，たとえば風間（1942）は「大地下水盆地」が牧畜に至大の利用価値があると述べているが，羊の分布に関する記述では大鑽井盆地にはまったく言及していないし，同じ本の佐藤（1942）の自然地理の記述では大鑽井盆地には触れていない。また田邊（1943）は「大アァテシアン地盆」についての簡潔な地学的説明と共に，地下水の発見によって牧畜に利用されるようになったと述べているが，同じ本の清川（1943）での牧羊業に関する記述では大鑽井盆地にはまったく言及していない。さらに福井・武久（1972）は，大鑽井盆地をはじめとする鑽井盆地の詳細な地学的説明と共に，大鑽井盆地が内陸の乾燥地域における牧畜の発展に寄与したことに言及しているが，羊の分布に関する記述では大鑽井盆地にはまったく言及していない。

　以上のように，オーストラリア及び日本の概説書などでは，大鑽井盆地に関する地学的説明はあっても，大鑽井盆地と羊との関係に関する記述は皆無又は控え目であり，大鑽井盆地の羊がオーストラリア全体の羊毛生産を支えているという誤解を生むような記述は見当たらない。また羊あるいは牧畜に関する記述の中では大鑽井盆地への言及はほとんど見当たらない。したがって日本の地理教育における強い関心や過大評価は，上で紹介したような資料に基づくのではなく，「小さな真実と大きな嘘」の罠と，羊毛を過度に重視する「物資調達型地理観」によって生じ，教科書・教育現場・入試問題の悪循環的相互関係の中で自己増殖的に受け継がれてきたのではないかと考えられる。

　以上から，大鑽井盆地と羊との関係については次のようにまとめることができる。

　第1に，大鑽井盆地の地下水が羊の飲み水として利用されており，地元での羊の飼育にとって重要あるいは不可欠の水資源であることを，降水量

のきわめて少ない地域での水資源利用のローカルな事例として取り上げること自体については特に問題はないであろう。

第2に，しかし大鑽井盆地の地下水は，堆積盆地の地下水という一般的なテーマの中での事例の一つにすぎないことを忘れてはならない。ましてオーストラリア全体の羊の飼育や羊毛生産と関連させるべきではない。

第3に，水資源利用の点では，地表水・地下水のいずれにおいても，灌漑用や生活用の利用の方がオーストラリア全体にとってはるかに重要であり，資源・環境の両面からの関心が高いことに留意すべきである。

（3）水資源としての量的評価

大鑽井盆地の地下水の量や鑽井の数に関する具体的なデータはきわめて乏しいし，必ずしも相互に整合していない。環境白書に相当する連邦政府レベルの包括的な報告書（Australia 1996）では，大鑽井盆地に関しては本文では触れていないが，地下水を規制する必要のある事例として別枠のコラムとして取り上げており，1890 ～ 1990 年の100 年間にわたる鑽井（自噴井）の数と自噴量を示している。これによれば，1910 年代以来，鑽井の数は増加傾向にあるが水量は減少してきている。すなわち 1914 年には鑽井の数は 1300 本，1日当りの自噴量は 160 万 m^3（水量の過去のピーク）であったが，1965 年には 2300 本，90 万 m^3，1975 年には 2900 本，85 万 m^3，1990 年には 3200本，80 万 m^3 となった。これらの数値は，1960年代については Learmonth（1971）及び大森（1991）のデータと整合し，1970 年代の本数は Shaw（1984）と整合しているが，Australia（1976）では 1960年代の本数が 3000 本となっている。

亜鑽井（sub-artesian bore）による地下水の利用に関する量的データはさらに乏しい。これは，鑽井は自噴するので取水のための費用が少なくてすむという利点（Heathcote 1987, 1994）が評価され

ているのに対して，亜鑽井は自噴しないので風車やポンプで汲み上げる必要があり，その点では一般の井戸と実質的に変わりはないので関心を持たれず，地下水利用の一般的な記述の中に埋没してしまいがちだからである。あえて亜鑽井の本数のデータを探してみると，Learmonth（1971），大森（1991）によれば 1 万 2000 本（1960 年代），Shaw（1984）によれば 2 万本（1970 年代）であり，鑽井よりも多く，しかも増加してきていることが推察できる。なお水量の明示的なデータはないが，Australia（1975）の間接的なデータから 1970 年代には 1 日当り 60 万 m^3 であったと推定されるので，亜鑽井の本数が多い割に水量はそれほど多くはないと言える。

大鑽井盆地の地下水が豊富かどうかについては，「豊富」の意味にもよるが，以下の理由から豊富とは言えないであろう。

第1に，他の水資源と比べて絶対量が少ない。たとえば Warner（1977）は「年間の涵養量 2 億m^3 は降水量に換算すると僅か 0.1mm であるし，シドニーの水道用ダムの貯水量の 10％にすぎない」と述べている。

第2に，取水量が涵養量を上回っている（大森1991）。上述のように鑽井からの取水量は減少してきているが，それでも年間の取水量はおよそ 3億 m^3（Australia 1996）で，涵養量（2 億 m^3）よりも多い。

第3に，鑽井の新規掘削は許可制であり，既存の鑽井も水量が公的に規制されている（Learmonth1971）。さらに，一般的にも地下水の取水は公的な管理・規制の対象となっている（Australia1974, 1996）。

そして第4に，「自噴する」ということは単に圧力の問題にすぎないので豊富かどうかとは無関係であるにもかかわらず，「溢れ出す」というイメージから「豊富である」と誤解されている。

（4）牛・羊の頭数

　日本の教育用地図帳には，地学的な意味での大鑽井盆地（あるいはすべての鑽井盆地）の範囲と羊の分布を示すドットマップとを組み合わせた地図が掲載されており，大鑽井盆地の範囲と羊の分布とが安易に結び付けられて，「この広大な大鑽井盆地の全域に満遍なく鑽井があり，そこで得られる豊富な地下水によって多数の羊が飼育されている」という誤った印象を作り出している。二つの事象の分布を一つの地図に重ねて両者の関係を見出すことは地理的手法の一つであるが，安易な重ね合わせは誤解のもとであることに注意したい。このような地図でのドットマップの正確さには大きな疑問があるが，それでもドットマップによる羊の分布をよく見て「大鑽井盆地」の範囲と比べれば，羊の分布と「大鑽井盆地」の範囲とがそれほど重なっていないことは読み取れるはずであるのに，現実には上記のような誤解がほぼ定着しているようである。

　大鑽井盆地での羊の飼育を全国的な観点から客観的に評価するには，大鑽井盆地の地下水に依存する羊の頭数に関する量的なデータが必要であるが，そのようなデータは公的資料にも一般文献にも見当たらない。そこで大鑽井盆地に依存する羊の頭数の推計を独自に試みた結果が表4-17である。ここでは羊だけではなく，羊と同等あるいはそれ以上に重要な牛（ほとんどが肉牛）も含めて考えることとする。

　表の対象地域は地学的な意味での大鑽井盆地ではなく，その中で鑽井が多く，羊が鑽井水に依存しているとみなされる範囲である。実際には鑽井の分布状況（図4-7）に基づいておおよその範囲を定め，その範囲にほぼ相当する地方自治体スケールの小地域を同定して「対象地域」とした。この対象地域は大鑽井盆地の東部にあり，地学的な意味での大鑽井盆地に比べると範囲はかなり限られる。なお鑽井があっても，鑽井水ではない一般の地下水，雨水，河川水と併用している農場が少なくないし（Heathcote 1987），小麦などの作物を栽培している農場が混在していることもあるので，必ずしも鑽井水のみに依存しているとは限らない。しかし推計の目的は大鑽井盆地の牛・羊の頭数がそれ程多くはないことを示すことなので，若干過大評価となることを承知の上で設定した。この表からは次の諸点が読み取れる。

　第1に，大鑽井盆地ではもっぱら羊が放牧されているというイメージが強いが，肉牛も重要である。しかもそれは最近のことではなく，19世紀以来，牛の頭数は羊の頭数（牛換算）と十分に比較し得るほど多い（表4-17）。大鑽井盆地と羊とを結び付ける理由は，鑽井水は塩分濃度が高いのでそれに耐えるのは羊だけであることだと説明されてきた。たしかに羊が耐え得る塩分濃度は主要な家畜の中で最も高いが，肉牛の許容限度も羊に次いで高いので（Conacher 1982; Crabb 1986），この地域での肉牛の飼育には特に大きな支障はないと言える。

　第2に，1880年代以後の鑽井利用の普及によって対象地域の牛・羊の頭数が増加し，全国比も上昇した。このことはMarshall（1977），Heathcote（1987, 1994）の記述と整合する。ただし鑽井が普及する以前の1870年代にも相当数の牛・羊がいたことは，上述のように対象地域の牛・羊の頭数には鑽井に依存しない牛・羊の頭数が1880年代以後もかなり含まれていることを示している。

　第3に，歴史的な大干ばつ（1897〜1902年）によって1901年には対象地域及び全国の双方で牛・羊の頭数が大幅に減少したが，対象地域での減少率の方が大きかったので全国比が大幅に低下した。地下水に依存する対象地域では降水量の減少による影響は相対的に小さいはずであるが，もともと貧弱な植生が干ばつによってさらに劣化したためである（Dragovich 1987; Heathcote 1994）。なお，過放牧とそれに伴う植生・土壌の劣化は乾燥・半乾燥地域の一般的な問題であり（Australia 1996; Dragovich 1987），乾燥・半乾燥地域での土

表 4-17 「大鑽井盆地」の牛と羊，1861-2011 年

	頭数(牛換算，千頭)			全国比(%)		
	牛	羊	牛＋羊	牛	羊	牛＋羊
1861	3	4	6	0.1	0.1	0.1
1866	184	155	339	4.9	4.2	4.6
1871	240	172	413	5.6	3.3	4.4
1876	595	341	936	9.3	5.2	7.2
1881	1,291	582	1,873	17.2	7.9	12.6
1886	1,281	1,463	2,743	17.3	17.3	17.3
1891	1,822	2,490	4,312	17.7	20.8	19.3
1896	2,043	2,552	4,595	17.4	22.5	19.9
1901	703	977	1,680	8.1	11.1	9.6
1906	499	1,444	1,943	5.9	15.5	10.9
1911	1,044	2,290	3,334	8.9	19.9	14.3
1916	864	1,761	2,625	8.7	20.3	14.1
1921	1,316	2,001	3,317	9.7	20.5	14.3
1926	1,236	2,482	3,718	9.3	19.1	14.2
1933	769	2,348	3,118	6.0	16.6	11.6
1939	818	2,294	3,112	6.4	16.5	11.6
1947	742	1,743	2,485	5.5	14.6	9.8
1954	1,202	1,990	3,192	7.7	12.5	10.1
1961	1,019	2,362	3,381	5.9	12.4	9.3
1966	969	1,889	2,858	5.4	9.6	7.6
1971	1,145	1,741	2,886	4.7	7.8	6.2
1976	2,351	1,692	4,043	7.0	9.1	7.8
1981	1,911	1,226	3,138	7.6	7.3	7.5
1986	1,697	1,701	3,398	7.6	9.2	8.3
1991	1,916	2,066	3,982	8.1	10.1	9.0
1996	2,317	1,357	3,675	8.8	9.0	8.9
2001	2,835	1,101	3,936	10.2	7.9	9.5
2006	2,746	548	3,294	9.7	4.8	8.3
2011	3,687	496	4,183	12.9	5.4	11.1

ABS（2012bd，2013b），NSW（1972，1981，1993，2004b），
QLD（1972，1988，1994，2004）により推計.

地利用・牧畜に関しては鑽井水の利用よりもはるかに関心が高い。

　第4に，1906〜39年には，羊の頭数は10％以上の全国比を維持し，一時は20％を超えた。20％はかなり高い割合で，重要な羊毛生産地域の一つであったと言えるかもしれないが，オーストラリアの羊毛産業を支える主産地であったと言えるほどではない。

　そして第5に，羊の頭数及び全国比は1960年代以降低下傾向にあり，羊毛産業を支えているとは到底言えない状況である。特に1990年代以降は，全国的な衰退傾向の中で対象地域の羊の頭数は絶対的にも相対的にも減少してきている。

第4章の注

（注1）日本では年降水量が800mm未満の地域はきわめて少なく，1200mm以上が一般的である。降水量が少ないとされている瀬戸内地方でも年降水量は1100mm前後で，オーストラリアならかなり降水量が多いことになる。

（注2）作物生長期間は，日本にあてはめると全域で12か月となるので，日本では特に話題になることはない。しかし日本でも降水量から蒸発散量（全国平均で30％余り）を差し引いた「有効降水量」は重要な指標として使われている。オー

ストラリアではこの有効降水量がゼロの期間が
あるので，作物生長期間としてプラスの期間に
注目していることになる。

（注3）日本の場合には，オーストラリアと比べる
と気候及び土壌による制約はほとんどないと言
えるが，山地が広がっていて平地が限られてい
るので，地形（起伏）による制約はきわめて大
きい。ただしオーストラリアとは違って，日本
の耕地の高い生産性が，水資源の供給と肥沃な
土壌の維持という点で，背後の山地・森林に支
えられていることは重要である。

（注4）renewable の訳語としては「更新可能な」の
ほか「追加可能な」でもよいし，文脈によって
は「枯渇しない」でもよいことがある。これに
対して「再生可能エネルギー」のように「再生
可能な」が renewable の訳語として使われること
があるが，「再生」は「再生紙」のように recycle
（いったん廃棄されたものを溶かし直したりして
再び使えるように作り直すこと）の訳語として
使うのが正しいので，「再生可能な」を renewable
の訳語として使うべきではない。

（注5）本文の記述の趣旨は長期的な変動の主な傾
向と要因を示すことにあるので，表で示されて
いる年次のみについて例示した。毎年のデータ
を用いるとさらに詳細に例示することは可能で
あるが，煩雑になるので省略した。同様に本章
及び次章以降の時系列的データに関する記述も，
表に示されている年次のみに言及するにとどめ
る。

（注6）片平（1995）は，サウスオーストラリアを
事例に，この混合農業の成立とそれによる収量
の上昇について詳細に論じている。

（注7）日本の地理教育では「冷凍船」と「冷蔵船」
のどちらが正しいかが問題になることがあるよ
うであるが，一般的には「冷蔵船」の方がよい
と思われる。1880年の事例（1879年11月シド
ニー出航，1880年2月ロンドン到着）はたしか
に冷凍状態であったので，その意味では「冷凍
船」が使われることが多いようであるが，冷蔵状
態でのバターなどの輸送が酪農にとって重要で
あったこと（Peel 1973），後には冷蔵肉と冷凍肉
が共に輸送されるようになったこと，そして日
常的な日本語でも，冷凍機能があっても「冷蔵庫」
が使われていることなどから，「冷蔵船」で双方
をカバーして使う方が簡単であり無難であろう

と思われる。また，もし1880年の事例で「冷凍」
を強調したいのであれば，「冷凍船の就航」では
なく「冷凍牛肉の輸送の成功」の方が事実に即
していて適切な表現であろう。なおオーストラ
リアの文献では，船や設備に関しては「冷蔵船」
（refrigerated ship）のように「冷蔵」が一般的で
あり，「冷凍」は「冷凍牛肉」（frozen beef）のよ
うに商品に関して使われるにとどまることを付
言しておきたい。

（注8）オーストラリアからの冷蔵牛肉の輸出は
1935年に始まった。これは冷蔵技術の進歩と共
に，オタワ協定（1932年）によってイギリスへ
のアルゼンチンからの輸入が規制され，オース
トラリアからの輸入が優遇されるようになった
ことによる。ただし1935〜39年平均では冷蔵
牛肉の輸出量は冷凍牛肉を含めた牛肉輸出量全
体の18%にすぎなかった（Linge 1975b）。

（注9）羊毛の生産量は刈り取ったままの「脂付羊
毛」（greasy wool）の状態での重量で表示される
のが通例である。これに対して輸出量は，「脂
付羊毛」の状態のままで輸出される場合と，脂
付羊毛に付着している脂分やゴミなどの不要分
を除去した「洗上羊毛」（degreased wool, washed
wool）の状態で輸出される場合とがある。厳密
には洗上羊毛を脂付羊毛ベースに換算すべきで
あるが，年次や原資料により換算したことが明
記されている場合，換算していない場合，換算
したかどうかが不明の場合，そして別個に輸出
量が表示される場合があり，別個に表示される
場合が多い。米の重量がもみ・玄米・精米（白米）
で異なるように，洗上羊毛は脂付羊毛に比べて
かなり目減りしているが，米の場合と違って脂
付羊毛から洗上羊毛への目減り率は必ずしも一
定ではない。このことと，洗上羊毛の輸出量が
脂付羊毛に比べてかなり少ないことにより，こ
こでは両者の単純合計で表示してある。したがっ
て表の輸出率は控え目な数値であり，完全に脂
付羊毛ベースで換算できたとすると輸出率は若
干高くなる。

（注10）この表に示されているデータのほとんどは
FAO（世界食糧農業機関）による共通の定義に
基づくものである。ただしFAOの国際比較デー
タでは牛の頭数は総頭数のみで肉牛・乳牛別の
内訳はないので，肉牛・乳牛別の頭数について
はオーストラリア及び日本の資料により補った。

なお，定義と出所が異なるので，この表の数値
と他の表の同種の数値が必ずしも一致するとは
限らない。

（注11）図 4-3 の北東岸・南東岸・南西岸の空白地
域は，酪農や他の作物と共に肉牛も飼育されて
いる複合的な地域である。原資料には細かく表
示されているが，一般に地図帳では酪農などで
代表されていることが多いので，ここでもかな
りの数の肉牛が飼育されていることはあまり知
られていない。

（注12）スクォター（squatter）は，開拓初期に政府
の認可なしに内陸に進出して羊などの放牧を始
めた人が「不法占拠者」という意味で呼ばれた
ことが起源であるが，その後合法化されてから
も「大牧場主」又は「大牧場」という意味で使
われた。なお，ここでの closer は便宜的に「集約」
と訳したが，「密度が高い」という意味合いがあ
るので「稠密」と訳されることもある。ただし「集
約」あるいは「稠密」といっても，数千〜数万
ha の広大な放牧地を分割して数百 ha 程度の「小
規模な」農場を育成するという相対的なもので
あり（Powell 1988; Roberts 1924），日本語的な語
感での「集約」「稠密」とは異なることに注意す
る必要がある。

（注13）オーストラリアに限らず，日本やアメリ
カなども含めて，肉牛の飼育は繁殖と肥育の二
段階に分かれる。繁殖の段階では，草の量など
の条件が不利な土地でも利用できるのに対して，
肥育の段階では，草が多い豊かな土地や，フィー
ドロットに適した有利な条件を備えた土地が利
用される。同一地域で両方が行われることもあ
るが，多くの場合，他に有利な土地利用の選択
肢がない「奥地」的な地域は繁殖の段階で利用
され，ある程度育ってからは，他にも有利な土
地利用の選択肢があり土地の価値が高い場合も
含めて，有利な条件の土地で肥育されて最終的
に商品となる。

（注14）この地方自治体スケールの小地域区分
（ASGS の SA2）は全国を 2193 地区に分けている
（ABS 2010）。このうち農業活動がある（農場が
1 戸以上存在している）地区は 1352 地区である。
表 4-14 で対象としたのは，生産額が少ない地区
（500 万豪ドル未満）及び生産額のデータが秘匿
されている地区を除いた 614 地区である。この
614 地区の合計は全農場数の 97％，総農地面積

の 97％，総生産額の 98％を占めている。

（注15）このような「罠」による誤った言説は，た
とえば日本の棚田についても容易に作ることが
できる。すなわち「日本では山地が広がってい
て平地に乏しい」「日本では傾斜地に棚田があり，
米を栽培している」「日本では米は伝統的な主食
であり，重要な農産物である」という言説はい
ずれも個別には正しいと言えるが，「日本では棚
田が稲作を支えている」という言説は，棚田の
面積が水田の総面積の 1 割程度にすぎないこと
から，明らかに誤りである。

（注16）この羊について記述した章の末尾にある「次
の文の誤りを見つけて正しい文に直しなさい」
という練習問題での八つの「誤った文」の一つに，
「ニューサウスウェイルズ州の羊の大部分は北西
部にいる」という文がある。ここで言う「北西
部」は第 3 地帯にあたる半乾燥地域で，「大鑽井盆地」
の最南部も含んでいる。この設問は，同州の羊
の大部分が，州内の北西部ではなく南東部の混
合農業地帯（第 2 地帯）にいることを理解して
いるかどうかを問うものである。

第5章　鉱産資源と鉱業

1. 天然資源としての鉱産資源

（1）鉱産資源の現実化

　天然資源としての鉱産資源は自然の一部であるから，石炭が埋蔵されている炭層や鉱石が埋蔵されている鉱床などが本来の意味での鉱産資源である。これらの炭層・鉱床から石炭・鉱石などを採掘する活動が鉱業であり，採掘された石炭・鉱石などは最早天然資源ではなく，鉱業という産業活動によって生産された商品としての鉱産物である。石光（1973）は，石炭を例にして，炭田（さらに厳密には自然が炭層を生成する機能）が天然資源であり，そこから採掘された石炭は天然資源ではなく，天然資源生産物であるとしている。したがって「資源を輸出（輸入）する」というような言い方はあり得ないことになる。本書では，このように「天然資源」と「天然資源生産物」とを区別するという考え方を尊重して，「鉱産資源」は採掘以前の自然的な賦存の段階にのみ用いることとし，採掘後の「天然資源生産物」を「鉱産物」と呼ぶことにする。

　鉱産物は，天然資源としての鉱産資源の賦存だけに単純に結び付けるのではなく，需要との関係から考えることが重要である。小原（1965）は，イギリスの産業革命期において石炭が主役になった過程を「資源の現実化」として論じている。石炭の存在はイギリスで古くから知られていたが，質の悪い燃料として局地的に使われていたにすぎなかった。しかし16世紀後半のイギリスでは国内の森林の減少により木材不足が深刻になって木材を北欧から輸入するようになり，製鉄用の木炭

の価格が上昇した。そこでやむなく木炭の代用品として国内で手に入りやすい安価な石炭を製鉄に利用することを思い付いた。そして1世紀余りにわたる試行錯誤を経て，ようやく18世紀初めにコークス製鉄に成功したことにより，石炭が製鉄用の原料として「現実化」したのである。また蒸気機関は，本来は水を沸騰させればよいのであるから燃料は何でもよいはずであったが，ここでも火力が強いなどの有利な特性を備えた石炭が蒸気機関の燃料として「現実化」した。この歴史的な事例は，天然資源と技術との関係を論ずる上でしばしば引き合いに出されるが，これを拡張して，国内市場・海外市場を含めて「買い手」（需要）の重要性を考える上でも参考になるであろう。

　なお，石油精製や金属製錬は製造業の一部であるから，石油製品や金属地金は本来なら資源どころか鉱産物でもなく，工業製品である。しかし，採掘と精製・製錬とが地理的・経営的に一体となっている場合があることや，貿易では原油・鉱石と石油製品・金属地金とを関連させて取り扱う場合があることなどを踏まえた現実的な判断から，本章及び次章では「鉱産物」の意味を必要に応じてやや拡大し，精製・製錬の過程を経た石油製品や金属地金などの工業製品も含めて扱うことがある。

（2）「ラッキーカントリー」再考

　オーストラリアに関しては，「豊富な資源」と結び付けて「ラッキーカントリー」という表現もしばしば用いられている。この「ラッキーカントリー」という言葉は，本来はオーストラリア

の社会・経済について批判的に論じた本（Horne 1964）のタイトルとして皮肉の意味を込めて用いられたのであるが，一般には著者の意図に反して，オーストラリアが鉱産資源に恵まれた豊かな国であるという単純かつ楽観的な意味で安易に使われている。

しかしオーストラリアの鉱産資源・鉱業を考える際には，鉱産資源が豊かで鉱産物の生産量が多いということを当然の前提とすべきではない。鉱産物の代表格とみなされている石炭・鉄鉱石が大量に採掘され輸出されるようになったのは僅か半世紀前であるし，石炭・鉄鉱石の輸出が急増したのは日本という市場が出現したからである。

またオーストラリアから日本への鉱産物の輸出は，「資源の豊富なオーストラリア」と「資源のない日本」との対比で説明すべきではない。日本は「資源がないのに経済成長した」のではなく，少なくとも「銅や石炭などが十分にあったから経済成長できた」と言えるからである。たとえば「資源がない」はずの日本は，近世には金・銀・銅，明治期には銅・石炭を輸出していたし，近世・明治期以来の銅の採掘・製錬は日本の代表的な企業グループの一部（住友・日立など）の形成・発展の基礎となった。

さらに日本では，19世紀後半から20世紀前半にかけての「石炭の時代」には，原料炭（製鉄用）の一部を輸入したとはいえ，一般炭（燃料用）は国内自給できたし，1960年の日本の石炭生産量は当時のオーストラリアの2倍以上であった。日本の炭鉱が閉山したのはエネルギー革命によって石油が主役となり石炭を使わなくなったからだという説明は誤りであり，日本国内での石炭の消費量は1965年から2010年までに3倍近くへと増加してきている。日本の炭鉱が閉山した理由は石油との競争に敗れたのではなく，オーストラリアからの石炭に敗れたのである。オーストラリアからの石炭の輸入は当初は原料炭が中心であったが，後には政府のエネルギー政策の転換によって，一

般炭についても国内炭の採掘をやめて国内炭よりも安いオーストラリアの石炭を輸入するようになったからである。このような政策の判断についてはさまざまな見方・評価があろうが，少なくとも「資源の豊富なオーストラリア」と「資源のない日本」との単純な対比によって説明することができないことは明らかである。

オーストラリアの鉱産資源に関しては，「オーストラリアは日本にとって重要な資源供給国である」というような「物資調達型地理観」による取り上げ方が多いようである。しかし本章では，鉱産資源は天然資源であるという原点に立ち返って，天然資源としての鉱産資源の賦存がオーストラリアの国民経済・地域経済にとっていかなる意味があるかという観点から，いくつかの事例を取り上げることとする。

2. 鉱業生産

（1）鉱業生産額の構成

鉱業生産額は，農業生産額（第4章2節）と同様に，「物資調達型地理観」に惑わされずに国民経済としての国内的視点から鉱業を考える上で有効である。鉱業生産額の部門別割合の長期的推移（表5-1）からは，次のような特徴が読み取れる。

石炭は開拓初期以来の長い歴史を持ち，19世紀後半以来の「石炭の時代」の重要なエネルギー源としてオーストラリア経済を支えてきた。これに対して石油・天然ガスは歴史が浅く，1962年にようやく商業的生産が始まったが，その後急速に発展して，石炭と並ぶ重要部門となった。石炭と石油・天然ガスの両部門を合わせると，鉄鉱石が急増した2011年を除いて，1981～2006年には鉱業生産額に占める割合は50％以上に達している。20世紀半ばからの「石油の時代」にオーストラリアでも石油の生産が始まったことは，いかにも「ラッキーカントリー」らしいと言えるか

第 5 章　鉱産資源と鉱業　　87

表 5-1　鉱業生産額の部門別割合，1861-2011 年（%）

	石炭 褐炭	石油 天然ガス	鉄鉱石	金鉱	銅鉱	銀・鉛・亜鉛鉱	他の 金属鉱石	非金属 鉱物
1861	2.2			93.5	4.3	0.1		
1866	4.1			85.3	10.1	0.2	0.2	0.2
1871	3.6			86.1	9.0	0.4	0.5	0.4
1876	10.0			71.7	9.8	0.6	7.1	0.8
1881	8.2			66.5	9.1	0.6	15.0	0.6
1886	18.2			57.3	5.0	7.4	10.4	1.7
1891	15.8			43.8	3.0	31.0	5.3	1.1
1896	11.5			63.9	3.7	16.9	2.3	1.6
1901	11.9			64.3	10.2	10.3	2.5	0.8
1906	10.4		0.2	54.9	12.6	13.6	6.3	1.9
1911	16.8		0.3	45.2	11.0	19.0	5.9	1.8
1916	19.2		0.2	30.2	19.8	22.9	5.0	2.7
1921	56.8		3.1	20.7	4.1	9.4	2.8	3.0
1926	49.8		2.9	9.5	2.4	27.6	3.8	4.1
1933	33.9		4.8	36.4	3.0	16.2	3.5	2.2
1939	25.3		5.0	44.9	3.0	16.6	3.0	2.2
1947	31.0		4.6	18.8	3.2	35.6	3.6	3.2
1954	42.9		2.9	11.4	7.2	24.9	5.5	5.2
1961	42.5		3.9	10.5	5.3	23.4	6.9	7.5
1966	31.6	1.7	7.8	4.9	16.1	20.2	11.7	5.9
1971	21.1	15.2	24.1	1.2	9.1	8.8	16.1	4.4
1976	35.2	14.2	18.7	1.2	4.5	7.3	14.8	4.1
1981	32.2	21.3	12.9	2.4	4.2	7.9	15.3	3.9
1986	34.3	24.4	15.3	6.0	2.2	4.5	9.9	3.5
1991	24.7	31.6	10.8	13.1	3.1	4.6	8.4	3.8
1996	25.9	26.4	9.8	14.6	4.6	2.8	11.6	4.2
2001	23.3	35.6	9.7	8.7	5.0	5.7	9.1	2.9
2006	30.4	26.0	14.5	6.2	7.0	6.3	8.0	1.6
2011	25.7	18.8	33.4	6.9	4.7	3.7	6.0	0.7

1939 年以前の非鉄金属鉱石は製錬金属を含む.
付表 27 により作成.

もしれない。しかし地学的な意味での鉱産資源の賦存が現実化するには，探査・採掘を可能にする技術，採算の見込みを裏付ける十分な需要の存在，そして探鉱から採掘に至るまでのさまざまな段階でのリスク（不確実性）を伴う巨額の投資が必要なので，ラッキーだとして単純に片付けることはできない。

　鉄鉱石も 20 世紀初め以来の歴史を持つが，表舞台に出たのは 1960 年代後半以降である。これに対して金には 1850 年代のゴールドラッシュ以来の長い歴史があり，1890 年代のゴールドラッシュを経て 20 世紀前半まで大きな割合を占めていた。銅は金よりも長い歴史があり，金に次いで

熱心に探鉱され採掘されてきてきたので，長い間一定の割合を維持してきている。銀・鉛・亜鉛は銅と並んで非鉄金属鉱石の中での代表的な存在であるが，当初は銀を目当てに採掘されたのに対して鉛・亜鉛はそれほど歓迎されず，副産物として扱われていたにすぎないこともあった。

　このように長い歴史の中では，金は別格としても，初期には銀・銅のように確実に需要が見込まれると共に重量の割に価格の高いものへの関心が高いのに対して，鉄・鉛・亜鉛への関心が低いという傾向があった。また現在は石炭と鉄鉱石の割合がきわめて高いが，1960 年代までは金を含む非鉄金属鉱石が石炭と共に主役であり，「資源が

88

豊富なオーストラリア」といっても，その内容は歴史的にかなり変化してきているのである。

（2）鉱産物の生産量と輸出量

鉱産物の生産量・輸出量の長期的推移（表 5-2）からは，生産量の増加・減少と共に，生産量と輸出量との関係，すなわち国内市場向けか海外市場向けかという観点から，各鉱産物の特徴を見ることができる。

石炭は，1961 年以前は輸出量がきわめて少なく，国内市場向けの生産が中心であったが，1966 年以降は生産量・輸出量が大幅に増加して今日に至っている。このような輸出量の増加は，1960 年代半ばからの日本への原料炭の輸出量の増加と 1980 年代半ばからの日本への一般炭の輸出量の大幅な増加によるものである。したがって，石炭生産の歴史が長いとはいえ，国内市場向けに地道に生産していた 19 世紀以来の長い期間と，輸出主導型で生産量が増加してきている最近数十年間とでは，オーストラリア経済における石炭の位置付けが異なるのである。

鉄鉱石も，石炭と同様に，過去の国内向けの生産とその後の輸出主導型の生産とが対照的である。鉄鉱石の生産の歴史は上述のように石炭より

表 5-2　鉱産物の生産量と輸出量，1861-2011 年

	石炭(百万t)		鉄鉱石(百万t)		金鉱(t)		銅鉱(千t)		鉛鉱(千t)		亜鉛鉱(千t)	
	生産量	輸出量	生産量	輸出量	生産量	輸出量	生産量	輸出量	生産量	輸出量	生産量	輸出量
1861	0.4	0.1			73		5					
1866	0.8	0.3			54		12					
1871	0.9	0.3			54		11					
1876	1.4	0.5			44		11					
1881	1.9	0.5			38		11					
1886	3.1	0.9			32		11					
1891	4.4	1.2			39		8					
1896	4.6	1.2			57		10					
1901	6.9	1.6			103		30					
1906	8.7	2.1	0.1		107		37		167		42	
1911	10.7	1.7	0.1		77		46		225		242	
1916	10.0	0.6	0.3		52		40		150		121	
1921	13.0	1.0	0.7		24		11		82	7	142	20
1926	13.5	0.8	0.8		16		10	1	184	24	151	96
1933	9.2	0.3	0.7		26		15	1	224	65	126	62
1939	13.8	0.3	2.6		51		22	2	285	202	220	150
1947	15.1	0.1	2.2		29		14	2	196	171	185	129
1954	20.1	0.4	3.6		35	27	43	14	290	260	283	184
1961	24.4	2.0	5.5		34	34	97	30	274	109	316	158
1966	33.9	8.2	11.1	2.0	29	23	111	22	371	167	375	130
1971	45.0	19.0	62.1	52.8	21	7	177	96	404	338	453	359
1976	62.3	30.4	93.2	81.2	16	15	219	139	397	359	469	388
1981	87.4	47.3	84.7	71.7	18	7	231	114	388	329	518	406
1986	134.3	90.3	94.0	79.5	75	56	248	125	445	412	712	662
1991	166.6	113.4	117.1	111.6	236	259	320	243	579	425	1,023	915
1996	194.5	138.6	147.2	128.3	277	325	533	363	527	488	1,070	983
2001	258.2	193.5	181.8	156.7	280	304	898	754	759	717	1,517	1,484
2006	306.9	231.3	275.1	247.4	247	349	879	723	668	669	1,189	1,283
2011	348.1	283.8	477.3	437.8	259	308	959	904	531	696	1,515	1,550

非鉄金属鉱石は含有金属量（輸出量は製錬金属を含む）．

ABS（1998, 2012a, 2014c），Australia（2014），Vamplew（1987）により推計．

もはるかに新しく，20世紀初めからである。しかも鉄鉱石の当初の利用目的は鉛製錬の際に不純物を除去するための溶剤用であり，製鉄に利用されるようになったのは，鉛鉱を採掘していた鉱業企業（BHP社）が鉛製錬のために鉄鉱山を開発して鉄鉱石を採掘するようになり，さらにその鉄鉱山からの鉄鉱石を利用して1915年に製鉄業に進出してからであった（Harris 1974; 山中 1993）。それ以来，鉄鉱石は国内市場向けに小規模に生産されるだけであり，日本の企業が1938年にウェスタンオーストラリア州北西部の小さな鉱山での採掘を申請したことに対しても，国内の製鉄原料を確保するために1939年に鉄鉱石の輸出を禁止したほどである。その後1950年代に大規模な鉱床があるという見通しが出てきたが，輸出禁止だったので直ちには進展がなかった。

　ようやく開発の動きが始まったのは1960年に輸出禁止が解除されてからであり，鉱山開発や鉄道建設などへの巨額の投資を経て1960年代後半から輸出向けの生産が急増した（Harris 1974; Heathcote 1994）。皮肉なことに，1939年の輸出禁止も，1960年代からの輸出向けの鉱山開発も，反対の意味ではあるが，共に日本向けの輸出に関わっていた。1960年代以降の鉄鉱石の輸出のほとんどは日本向けであったが，第一次石油危機以降の日本経済の減速と製鉄業の伸び悩みによって日本向け輸出が停滞したことがオーストラリアに深刻な影響を与え，オーストラリアは日本以外の市場を開拓する必要に迫られた。日本には，オーストラリアから鉄鉱石を買わせてもらっているという見方があったかもしれないが，オーストラリアから見ると，日本が買うからこそ巨額の投資によって鉱山を開発したのであり，日本が当初の見込み通りの量を買ってくれなければ困るという事情があったのである。現実には日本以外の輸出市場が拡大し，最近では中国向けの輸出が急増しているが，いずれにせよ海外市場の大規模な需要を前提として鉱山が開発され鉄鉱石が採掘されてい

るのであり，鉄鉱石が余っているから輸出するというような単純なものではないのである。

　金鉱は，1850年代のゴールドラッシュ以来，長年採掘されてきている。他の鉱産物と比べると安定した需要があるとされているが，その生産量は変動してきている（表5-2）。1940年代以前の輸出量については，当時の貿易統計における金の取扱いが特殊であったために他の鉱産物と比較し得るデータの入手は困難であるが，金の国内消費には限りがあるので，生産量の大半が輸出されたと考えてよいであろう。輸出向けであるということは，海外市場での金の需要や価格の動向が影響するということである。特に1986年以降の生産量・輸出量の急増は，1850年代，1890年代に続く「第三のゴールドラッシュ」といわれるほどである。これは明らかに輸出主導型であるが，単純に金の鉱脈が発見されたというよりも，価格が有利になったことによる影響が考えられる。古典的な砂金採掘の時代とは違って，今では金を含む土砂のような「金鉱」を大型機械で土木工事のように大量に採掘し，その中から僅かな量の金を取り出すことが多いので，価格次第では，採算が取れずに廃鉱となったり，反対に過去に廃鉱となった鉱山で採掘が再開されたりする場合が少なくないからである。

　銅鉱・鉛鉱・亜鉛鉱は，鉱業生産額全体に占める割合では1970年代以降低下傾向にあるが（表5-1），生産量・輸出量ではほぼ一貫して増加してきている（表5-2）。銅鉱は1950年代までは主に国内市場向けに生産され，輸出量は少なかったが，1960年代以降は次第に輸出量が増えて輸出主導型になっていった。これに比べると鉛鉱・亜鉛鉱は早くから輸出主導型である。

　石炭や金属鉱石では輸入を考慮する必要がないのに対して，石油・天然ガスでは輸入も考慮する必要があるので，生産量と輸出入量との関係はやや複雑である（表5-3）。原油の輸出量・輸入量は共に生産量に比べてもかなりの量であり，輸入

表 5-3　石油・天然ガスの生産量と輸出入量，1966-2011 年

	原油(百万m^3)			石油製品(百万m^3)			天然ガス(十億m^3)		
	生産量	輸出量	輸入量	生産量	輸出量	輸入量	生産量	輸出量	輸入量
1966	0.5	–	20.1	15.0	1.4	1.4	–	–	–
1971	15.7	0.9	13.9	20.1	1.7	3.3	0.8	–	–
1976	26.1	2.2	9.7	23.1	2.2	4.0	2.2	–	–
1981	26.1	2.7	11.5	25.0	2.0	3.7	3.0	–	–
1986	35.8	8.0	6.2	34.9	2.4	2.8	14.7	–	–
1991	35.8	10.3	13.4	41.6	3.0	1.8	20.8	4.5	–
1996	34.4	12.4	23.7	42.1	4.1	3.5	29.3	9.8	–
2001	44.4	26.8	26.5	43.5	4.6	4.8	31.5	9.9	–
2006	29.0	15.8	24.4	36.3	2.1	14.2	43.2	15.8	1.2
2011	29.7	22.1	32.2	38.2	0.8	18.8	56.7	26.1	6.3

原油は LPG を含む．天然ガスは LNG，エタンなどを含む．LNG は天然ガス換算．
ABS（2012a），Australia（2014），Vamplew（1987）により作成．

表 5-4　原油・石油製品の相手地域別輸出入量，2011 年
（百万 m^3）

	原油		石油製品	
	輸出量	輸入量	輸出量	輸入量
日本	3.5	–	–	–
韓国	4.0	–	–	2.0
中国	3.9	–	–	–
ベトナム	–	2.6	–	–
マレーシア	–	5.9	–	0.3
シンガポール	2.6	0.5	0.4	9.5
インドネシア	–	4.8	–	0.3
パプアニューギニア	–	1.6	–	–
ニュージーランド	0.1	2.6	0.2	–
中東	–	4.9	–	0.9
その他	8.0	9.4	0.1	5.9
合計	22.1	32.2	0.8	18.8

原油は LPG を含む．
Australia（2014）により作成．

量が輸出量を上回っていることが多いので，輸出・輸入の双方を考慮した見かけの自給率は，たとえば 2011 年の場合には 75％ となる．このように原油を輸出しているからといって原油が有り余っているわけではないが，自給率はかなり高いと言える．

　この原油の生産・輸出入は，石油製品の生産・輸出入を考慮に入れると，さらに複雑になる．たとえば 2011 年を例にして原油・石油製品の輸出入を相手地域別に見ると（表 5-4），原油の輸入の大半が産油国からであり，輸出の大半が非産油国向けであることは当然のこととして理解できるが，原油の輸出先である韓国・シンガポールからは石油製品を輸入しており，特にシンガポールからの石油製品の輸入量は同国への原油の輸出量をはるかに上回っている．オーストラリアの石油精製能力は 4700 万 m^3（2011 年）であるが（USGS 2013），石油製品の生産量（3800 万 m^3）がそれをかなり下回っていることは，「石油資源は足りているか」という問題ではなく，工業製品としての国際競争力の問題として原油・石油製品の輸出入を考える必要があることを示している．また，

国内の石油製品の供給地（精製地）と消費地との位置関係（距離）によっては，国内から移入するよりも海外から輸入する方が好都合であるという事例も少なくないので，その点からも「石油資源は足りているか」という単純な見方だけでは不十分である。

原油に比べると天然ガスの輸入量は僅かで，生産量・輸出量が共に増加傾向にあり，生産量に占める輸出量の割合も上昇してきていて，輸出主導型になってきていると言える。しかし僅かとはいえ輸入量も増加してきており，上記の石油製品と同様に，価格や国内での供給地と消費地との位置関係についても考慮する必要があることを示唆している。

3. 鉱業の州別・地帯別比較

（1）鉱業の州別比較

連邦国家であるオーストラリアでは，連邦政府の権限は限定されており，州政府が産業政策を中心に広範囲の分野を担当している。特に鉱業に関しては，外国からの投資や鉱産物の輸出については連邦政府の権限であるが，鉱産資源の開発に不可欠な鉱業権の認可や鉱業企業の設立をはじめとして，州政府が多くの権限を持っているので，州経済の枠組が重要である（次章2節）。

鉱業生産を州の枠組で考えることの重要性は，州による違いがきわめて大きいという地理的な特徴とも関係している。各州の鉱業生産額の部門別割合を見ると（表5-5），ニューサウスウェイルズ州及びクインズランド州の石炭，ヴィクトリア州及びノーザンテリトリーの石油・天然ガス，ウェスタンオーストラリア州の鉄鉱石のように，各州の鉱業生産額の部門別割合ではそれぞれ特定の部門の割合がきわめて高い。

各部門の鉱業生産額の州別割合を見ると（表5-6），ウェスタンオーストラリア州が石油・天然ガス，鉄鉱石，金鉱などで全国比がきわめて高く，クインズランド州が石炭及び非鉄金属鉱石で全国比がきわめて高い。生産量の州別割合でも同様で（表5-7），多くの鉱産物では一つ又は二つの州だけで大半を占めている。しかもそれぞれの州の中で一つ又はごく少数の採掘地で生産されていることが少なくない。たとえ全国合計で「オーストラリアは鉱産資源に恵まれている」と言えるとしても，各州が満遍なくさまざまな鉱産物を生産しているのではなく，「恵まれている」のは特定の鉱産物のみ，あるいは一部の州のみということになる。

表5-5のような特定の部門への依存と表5-6及び表5-7のような特定の州への集中は，何らかの要因で特定の鉱産物の生産が急激に変動すると，その影響が一部の州に集中的に影響することにな

表 5-5　州別鉱業生産額の部門別割合，2011 年（％）

	NSW	VIC	QLD	SA	WA	TAS	NT	全国
石炭・褐炭	82.9	20.3	73.7	1.2	0.3	2.8	–	25.7
石油・天然ガス	–	68.2	1.8	15.2	23.4	31.6	58.3	18.8
鉄鉱石	–	–	–	16.1	58.1	1.4	3.0	33.4
金鉱	6.9	4.3	2.0	10.9	8.5	13.2	6.7	6.9
銅鉱	7.2	–	7.1	44.1	1.4	14.8	–	4.7
銀・鉛・亜鉛鉱	2.4	–	13.0	1.8	0.4	24.5	6.3	3.7
他の金属鉱石	–	6.2	1.8	8.4	7.3	9.8	25.6	6.0
非金属鉱物	0.5	1.0	0.6	2.4	0.7	1.9	0.1	0.7

　ACT は鉱業生産活動なし．
　付表 28 により作成．

表 5-6　部門別鉱業生産額の州別割合，2011 年（%）

	NSW	VIC	QLD	SA	WA	TAS	NT
石炭・褐炭	35.9	2.7	60.4	0.2	0.7	0.1	–
石油・天然ガス	–	12.6	2.0	2.8	70.2	1.5	11.0
鉄鉱石	–	–	–	1.6	98.0	–	0.3
金鉱	11.2	2.2	6.1	5.4	69.9	1.7	3.4
銅鉱	17.0	–	31.8	32.1	16.3	2.7	–
銀・鉛・亜鉛鉱	7.3	–	73.9	1.7	5.4	5.8	6.0
他の金属鉱石	–	3.6	6.4	4.8	68.7	1.4	15.1
非金属鉱物	8.6	4.8	19.2	11.4	53.3	2.3	0.4
合計	11.1	3.5	21.1	3.4	56.4	0.9	3.5

付表 28 により作成.

表 5-7　鉱産物生産量の州別割合，2011 年（%）

	NSW	VIC	QLD	SA	WA	TAS	NT
石炭	45.1	–	51.7	1.0	2.1	0.1	–
褐炭	–	100	–	–	–	–	–
原油	–	14.8	1.8	2.9	70.2	1.1	9.2
天然ガス	0.3	16.4	14.4	3.0	53.9	3.3	8.8
鉄鉱石	–	–	–	1.9	97.2	0.4	0.4
金鉱	11.2	2.2	6.1	5.4	69.9	1.7	3.4
銅鉱	17.0	–	31.8	32.1	16.2	2.8	–
銀鉱	4.4	–	83.3	2.7	4.6	5.0	0.1
鉛鉱	11.7	–	70.4	1.4	6.8	4.9	4.8
亜鉛鉱	7.1	–	72.6	1.3	5.2	6.9	6.9
ボーキサイト	–	–	28.4	–	61.6	–	10.1
ニッケル鉱	–	–	–	–	100	–	–
ダイヤモンド	–	–	–	–	100	–	–
塩	–	–	0.7	4.5	94.8	–	–
石灰石	27.2	9.1	17.7	11.3	23.4	11.1	0.2

付表 29 により作成.

る。また連邦政府と州政府，あるいは各州間で，鉱業政策をめぐって対立が生ずることもある。たとえばよく知られているように，「資源ブーム」と呼ばれた 1970 年代半ばには，連邦政府は「資源ナショナリズム」的な考え方から鉱産物の輸出や鉱業開発への外国からの投資を規制しようとしたが，鉱産物の輸出や鉱業開発を積極的に進めたい州政府と対立した。

（2）鉱業の地帯別比較

　鉱業生産額の地帯別割合を見ると（表 5-8），農業とは対照的に，石炭を除く各部門で第 3 地帯の割合がきわめて高い。しかし鉱産資源の賦存は土地の広さとは無関係であるし，鉱業にとって特に第 3 地帯が有利であるというわけではないので，第 3 地帯での鉱業生産を「広大な国土」に関連付けることはできない。また，関連部門として参考のために加えた石油精製・製鉄・非鉄金属製錬は，鉱業ではなく製造業の一部であり，製造業としての立地条件に左右されるので，第 1 地帯の割合が高い。したがって第 3 地帯にある採掘地から第 1 地帯にある精製地・製錬地への長距離輸送の場合のように距離の克服が大きな負担となるので，「広大な国土」は，鉱産資源の開発，採掘・製錬，輸

第 5 章　鉱産資源と鉱業　　93

表 5-8　鉱業生産額の地帯別割合，2011 年（%）

	第 1 地帯	第 2 地帯	第 3 地帯
石炭・褐炭	30.4	69.4	0.2
石油・天然ガス	12.7	3.8	83.5
鉄鉱石	–	–	100.0
金鉱	–	26.4	73.6
銅鉱	–	24.2	75.8
銀・鉛・亜鉛鉱	0.9	5.8	93.3
他の金属鉱石	8.6	20.7	70.7
非金属鉱物	24.4	13.3	62.3
鉱業計	10.9	23.1	66.0
石油精製	100.0	–	–
製鉄	67.6	32.4	–
非鉄金属製錬	75.9	3.9	20.1
関連部門計	82.6	7.7	9.7

付表 30 により作成.

表 5-9　生産量に占める輸出量の割合，2011 年（%）

	鉱石で輸出	製錬後に輸出		輸出計
		一次	二次	
鉄鉱石	95.0	–	0.7	95.6
銅鉱	45.7	–	39.4	85.1
鉛鉱	52.1	13.3	30.6	96.0
亜鉛鉱	67.9	–	27.7	95.6
ボーキサイト	14.1	73.3	11.0	98.4

含有金属量による.
Australia（2014）により推計.

出などにおいてはむしろ不利な条件となる場合が少なくないのである。

　金属鉱石の製錬には一般に一次製錬と二次製錬との二段階があり，各段階における重量の減少やエネルギーの必要量などの条件によって，一次製錬地と二次製錬地が異なることが多い（注1）。たとえば銅の場合，銅鉱から粗銅への一次製錬のように重量の減少が著しい場合には，古典的な立地論通りに採掘地又はその近くに立地することが多いが，粗銅から純銅への二次製錬では，重量の減少が僅かであると共に，純銅が電気銅とも呼ばれるように大量の電力が必要なので，電力を得やすい第1地帯に立地することが多い。またアルミニウムの場合も，ボーキサイトからアルミナへの一次製錬に比べると，アルミナからアルミニウムへの二次製錬では，銅の二次製錬と同様に大量の電力が必要なので，一次製錬地から遠くても電力を得やすい第1地帯に立地することが多い。さらに第1地帯の製錬地には港湾があるので，製錬の原料となる金属鉱石や発電用の石炭などの調達や，製錬後の鉱産物の輸出に好都合であるという利点もある。なお表5-8で製鉄の32%を占めるワイアラ（Whyalla）と非鉄金属製錬の4%を占めるポートピリーは第2地帯にあるが，いずれも

海に面していて港湾があるので，立地条件としては第1地帯と共通であると言える。

　鉱産物が国内市場向けの場合に国内で精製・製錬されるのは当然であるが，非鉄金属鉱石では輸出する場合にも国内で製錬してから輸出することが多い。表5-9に示されているように，金属鉱石のうち，鉄鉱石はそのほとんどが未加工の鉱石（精鉱）のままで輸出されるが，非鉄金属鉱石の一部は製錬後に輸出されている。このように製錬まで視野に入れて考えることは，採掘地と製錬地との地理的関係と共に，鉱産資源と国民経済との関係の観点からも重要である（次章3節）。ただし，国内での製錬による経済的な波及効果が期待される一方で，かなりの割合の鉱石が製錬されずに「生のままで」輸出されていることは，製錬の立地条件やコストなどの面での国際競争力の点で国内での製錬を経済的に正当化しにくい場合があることを反映している。

（3）石炭と鉄鉱石

　石炭の主な生産地は大陸の東部に位置している（図5-1）。このうちニューサウスウェイルズ州の炭田はシドニーに近いニューカースル及びウロンゴン（第1地帯），そしてリスゴウ（Lithgow）（第2地帯）に位置していて，開拓初期以来の歴史があり，長年国内の石炭需要を支えてきた。これに対してクインズランド州の炭田には，ブリズベン近郊のイプスウィチ（Ipswich）（第1地帯）のように歴史の古い炭田もあるが，現在の同州の石

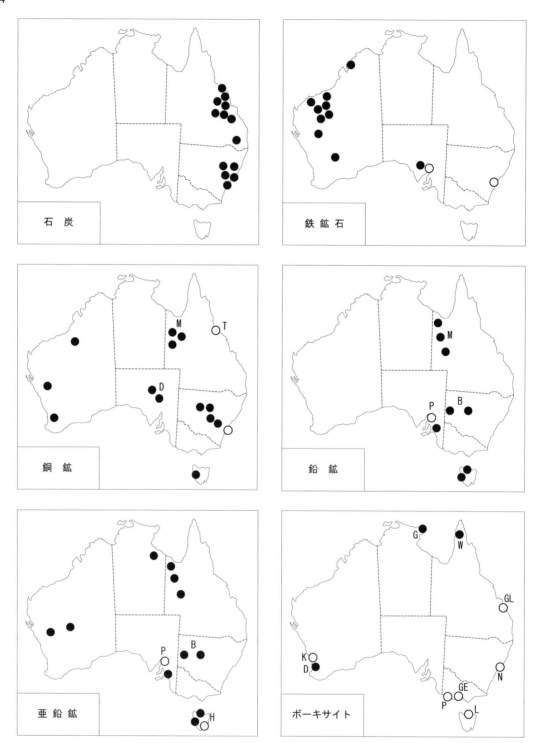

図 5-1 石炭・金属鉱石の採掘と製錬,2011 年
● 主な採掘地(近接する複数の採掘地はまとめて表示).
○ 主な製錬地(採掘地と重複する場合は表示を省略).
ABS(2012a, 2014c), USGS(2013)により作成.

炭生産の中心であるボウエン（Bowen）地方（第2地帯）の炭田の大半は，日本向け輸出のために1960年代以降に開発されたものである。

石炭とは対照的に，鉄鉱石のほとんどはウェスタンオーストラリア州北西部のピルバラ（Pilbara）地方（第3地帯）で採掘されている（図5-1）。製鉄所（高炉があり鉄鉱石から銑鉄を経て鋼まで製錬する製鉄所）は，ニューサウスウェイルズ州のウロンゴン（第1地帯）とサウスオーストラリア州のワイアラ（第2地帯）にあり，共にワイアラ西方のミドルバック山地（Middleback Ranges）にあるアイアンノブ（Iron Knob）などの鉱山（第3地帯）が鉄鉱石の主な供給地である。オーストラリアの最初の本格的な製鉄所は，前節で触れたように，鉛製錬のためにミドルバック山地の鉄鉱山を開発して鉄鉱石を採掘していた鉱業企業（BHP社）が製鉄に進出することになり，ニューサウスウェイルズ州のニューカースルで1915年に操業を開始したものであったが，この製鉄所は1999年に閉鎖されて84年の歴史を閉じた。この最初のニューカースルの製鉄所と2番目のウロンゴンの製鉄所（1928年操業開始）は共に石炭産地に立地しており，製銑の際には鉄鉱石よりも多くの石炭（コークス）が必要であったので古典的な立地論通りに石炭産地に立地したという事例である。その後ワイアラに建設された第3の製鉄所（1941年操業開始）は，石炭（コークス）の必要量が減少して石炭産地立地と鉄鉱石産地立地との差が小さくなったことと，サウスオーストラリア州政府の積極的な誘致政策によるものである。ミドルバック山地の鉄鉱山はこのように長い歴史があり，現在でも国内向けの鉄鉱石の主要な供給地であるが，生産量の全国比は僅か2%にすぎない（表5-7）。

これに対して鉄鉱石生産量のほとんどを占めるピルバラ地方の鉱山は，前節で触れたように，当初は日本への輸出を前提として開発されたものである。ピルバラ地方から日本への海上距離は長大

であるが，実はオーストラリア大陸を半周するシドニー方面への海上距離も，日本への海上距離よりも多少短いだけでやはり長大であるから，日本が遠すぎるということにはならない。ピルバラ地方からは国内（南東部）へも鉄鉱石が多少は輸送されているが，国内の主要な製鉄所のうちの一つが閉鎖されたことに示されているように，国際競争力の問題もあって国内市場（国内での製鉄のための鉄鉱石の需要）の拡大は望めない。また，日本への鉄鉱石供給のライバルであるブラジルからの輸送に比べると，オーストラリアからの方が距離の上で相対的に近くて有利であること，そして欧米の市場は逆にあまりにも遠いことなどの諸事情により，日本への輸出や最近のような中国への輸出の方が経済的に合理的であるということになる。

（4）非鉄金属鉱石

非鉄金属鉱石は，一般に複数の金属成分が混在した状態で採掘されると共に含有率が低いので，生産量は含有金属量（metal content）で表すのが通例である。これに対して鉄鉱石は含有率が高いので粗鉱量で表されることが多いが，含有金属量で表されることもあるので注意が必要である。

銅鉱は各地で採掘されているが，第3地帯での生産額が全国の4分の3を占めている（表5-8）。代表的な鉱山はクインズランド州のマウントアイザ（1931年採掘開始）とサウスオーストラリア州のオリンピックダム（1988年採掘開始）で，いずれも第3地帯に位置している（図5-1）。マウントアイザの銅鉱は銅・銀・鉛・亜鉛鉱のうちの銅成分であり，オリンピックダムの銅鉱は銅・銀・金・ウラン鉱のうちの銅成分である。

マウントアイザは製錬の立地の典型的な事例で，鉱山地区で一次製錬して重量を大幅に減らしてから，大量の電力が得られるタウンズヴィル（第1地帯）で二次製錬している。これとは対照的に，オリンピックダムでは鉱山地区で二次製錬まで一

表 5-10　非鉄金属鉱石の採掘地・製錬地の事例，2011 年

	採掘・精鉱	一次製錬	二次製錬
銅鉱	Mount Isa [M]	Mount Isa	Townsville [T]
	Olympic Dam [D]	Olympic Dam	Olympic Dam
鉛鉱	Mount Isa [M]	Mount Isa	
	Broken Hill [B]	Port Pirie [P]	Port Pirie
亜鉛鉱	Broken Hill [B]	Port Pirie [P]	Port Pirie
		Hobart (Risdon) [H]	Hobart (Risdon)
ボーキサイト	Darling Ranges [D] (1)	Kwinana [K] など (2)	Portland [P]
			Geelong (Point Henry) [GE]
	Gove (Nhulunbuy) [G]	Gove (Nhulunbuy)	Gladstone (Boyne Island) [GL]
			Newcastle (Tomago) [N]
			Launceston (Bell Bay) [L]
	Weipa [W]	Gladstone (Yarwun)	Gladstone (Boyne Island)
			Newcastle (Tomago)
			Launceston (Bell Bay)

位置は図 5-1 参照.
(1) Huntly, Boddington, Willowdale. (2) Kwinana, Pinjarra, Wagerup, Collie.
Australia (1988), USGS (2013) により作成.

貫して行っている（表 5-10）。その理由は，企業（BHP Billiton 社）としては可能な限り二次製錬まで一貫して行うことが効率的であると考えていること，そして第 3 地帯に位置しているとはいえ最も近い既存の海港都市であるポートオーガスタ（Port Augusta）への距離（270km）が短く，州内の送電網に接続することができたので，電力の調達には特に問題がないことである（BHP Billiton 2009）。

鉛・亜鉛は，銀・鉛・亜鉛鉱として採掘されることが多いので，鉛鉱・亜鉛鉱の採掘地と製錬地の分布はよく似ている（図 5-1）。規模の大きな鉱山の大半が第 3 地帯に位置しており，生産額のほとんどを占めているが（表 5-8），製錬については次のようにさまざまな事例が見られる（表 5-10）。

マウントアイザで採掘された鉛鉱（銅・銀・鉛・亜鉛鉱のうちの鉛成分）は鉱山地区で一次製錬されるが，その段階で輸出され，輸出先で二次製錬されている。またマウントアイザで採掘された亜鉛鉱（銅・銀・鉛・亜鉛鉱のうちの亜鉛成分）は，製錬されずに精鉱のままで輸出されている（注 2）。

ブロウクンヒルで採掘された鉛鉱・亜鉛鉱（銀・鉛・亜鉛鉱のうちの鉛成分及び亜鉛成分）は，鉱山地区では製錬されずに，鉛鉱はサウスオーストラリア州のポートピリー，亜鉛鉱はポートピリー及びタズマニア州のホバートで製錬されている。ただし亜鉛製錬の主役は水力発電による電力に恵まれたホバートであり，ポートピリーでの亜鉛製錬はホバートに対する補完的役割を担っている程度である。なお，ブロウクンヒルで採掘された鉛鉱・亜鉛鉱はニューサウスウェイルズ州のニューカースルでも長年製錬されてきたが，2003 年に操業を停止した。このように，資源の賦存状況とは別に，経済的効率が原因で鉱山や製錬所が閉鎖されることは珍しくない。

ボーキサイトからアルミナへの一次製錬は，オーストラリアでは一般に，一次製錬の過程での重量の減少だけではなく地元の州政府の政策の影響も加わって，採掘地又は州内に立地する傾向がある（Fagan 1971）。これに対してアルミナからアルミニウムへの二次製錬には大量の電力が必要なので，製錬所はすべて電力の得られる第 1 地帯に立地している。

国内最大のボーキサイト採掘地であるウェスタ

ンオーストラリア州南西部のダーリン山地は第1地帯に位置しており，採掘されたボーキサイトは，パース南郊のクイナナ地区（第1地帯）や炭鉱のあるコリー（第2地帯）などにある製錬所で一次製錬されている。一次製錬後のアルミナの多くはその段階で輸出され，一部がヴィクトリア州のポートランドとジェロング（いずれも第1地帯）で二次製錬されている。製錬のための電力は伝統的に石炭火力発電に依存しており，ヴィクトリア州では褐炭による火力発電が盛んであることがその背景にある。また，採掘・一次製錬には二つの系列（BHP Billiton系及びAlcoa系）の企業が関わっているが，BHP Billiton系は一次製錬までであり，二次製錬企業はいずれもAlcoa系である。このように採掘地から離れた位置での製錬地の立地を考える際には，エネルギーの条件と共に企業の系列関係も無視できない。

ノーザンテリトリー北東部のゴウヴ（第3地帯）では，採掘されたボーキサイトの大半が一次製錬されてアルミナとなる。アルミナはそのまま輸出されると共に一部はクインズランド州のグラッドストン，ニューサウスウェイルズ州のニューカースル，タズマニア州のロンセストン（いずれも第1地帯）で二次製錬されてアルミニウムとなる。製錬企業はいずれも採掘企業と同じ系列（Rio Tinto系）である。

クインズランド州北部のウェイパ（第3地帯）はダーリン山地に次ぐボーキサイトの採掘地で，ここで採掘されたボーキサイトは同州のグラッドストンで一次製錬されてアルミナとなり，その多くが輸出されると共に，一部はゴウヴからのアルミナと同様にグラッドストン，ニューカースル，ロンセストンで二次製錬されてアルミニウムとなる。グラッドストンでは，当初は一次製錬のみであったが，州内での製錬を推進するクインズランド州政府の積極的な政策により，二次製錬も行うようになった。グラッドストン及びニューカースルは背後の炭田地帯からの石炭の輸出港であり，製錬のための電力も石炭火力によるものである。これに対してロンセストンは，亜鉛の場合と同様に水力発電が立地の決め手になっている。ゴウヴからのアルミナが一部とはいえタズマニア州まで輸送されて二次製錬されているのと同様に，ウェイパからのボーキサイトがグラッドストンでの一次製錬を経てその一部がタズマニア州まで輸送されるという，オーストラリアの北端から南端までの長旅の末に二次製錬されていることは，二次製錬の立地条件としての電力の重要性を示している。ゴウヴの場合と同様に製錬企業はいずれも採掘企業と同じ系列（Rio Tinto系）であり，このことも，このような「長旅」を支えている背景の一つと言えよう。

(5) 石油・天然ガス

石油・天然ガスも，金属鉱石と同様に第3地帯が生産額の大半を占めているが（表5-8），金属鉱石とは違って海岸から遠く離れた内陸部でも採掘されている（図5-2）。石炭や金属鉱石のような固体の鉱産物は，内陸部からは鉄道などで輸送しなければならないので，鉱産資源の地学的な賦

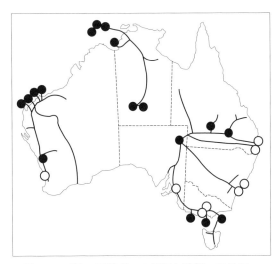

図5-2 石油・天然ガスの採掘と精製，2011年
●主な採掘地，○主な精製地．
実線はパイプライン．
ABS（2012a），USGS（2013）により作成．

存状況とは別に，輸送には経済的・技術的な制約・負担を伴う。これに対して石油・天然ガスのような流体（液体・気体）の鉱産物は，地学的な賦存状況だけではなく，パイプラインによって採掘地から精製地・市場・港湾へ効率的に輸送できるという条件も加わって，内陸部でも採掘されているのである。

4. 鉱産資源開発とインフラストラクチャー

（1）奥地のインフラストラクチャー投資

オーストラリアでは 1960 年代から 70 年代前半にかけて鉱産資源開発が急速に進展し，「資源ブーム」と呼ばれるほどであった。これに伴って，特に奥地では多くの鉱産資源都市が出現あるいは急成長し，鉄道，港湾，発電所，住宅，学校，病院などのいわゆるインフラストラクチャーの多くが鉱業企業によって建設された。そしてこのような鉱業企業によるインフラストラクチャー投資は，オーストラリアの鉱業政策に関する研究や，政府と鉱業企業との関係をめぐる論争における主要なテーマの一つとなった（注 3）。

インフラストラクチャーは，しばしば社会的間接資本（社会資本）と同義語として用いられるが，その定義は一様ではなく，論理的一貫性を備えた明確な定義は確立していない。ここではインフラストラクチャーの定義に関する理論的問題には立ち入らず，上に例示したように，オーストラリアの鉱業関係の文献の多くにおける用法に準拠した。すなわち，鉱業企業が建設した諸施設のうち，鉱山の採掘施設や製錬施設のような直接的な鉱業関係施設以外の諸施設を指す。あるいは，奥地ではなく既開発地域に立地した場合には鉱業企業が建設しなくてもすんだ可能性が強い施設のことである。

インフラストラクチャーの本来の属性の一つと

して，複数又は不特定多数の利用者を想定するという点を重視すれば，当初は鉱産資源開発に伴って建設された鉱業企業専用のインフラストラクチャーが，鉱業企業以外の経済活動に対しても次第に波及効果・外部効果を及ぼしてゆく可能性が考えられる。したがって，政府と鉱業企業との関係をめぐる産業政策論的な接近だけではなく，オーストラリア奥地の地域開発において，鉱産資源開発がインフラストラクチャーを通じてどのように寄与するかという，地域発展論的な視点からの接近も重要であろう。

奥地における鉱産資源開発（1960 年代〜 70 年代）に伴うインフラストラクチャー投資の全国的な重要性は，表 5-11 に示されている。全国を「奥地」と「既開発地域」に分けて，主要プロジェクトの投資額を地域別に比較すると，人口では 4%にすぎない奥地が投資額では 18% を占めている（注 4）。特に鉄道（52%）及び港湾（33%）では奥地の割合がきわめて高い。また，各地域での総投資額を政府投資と企業投資に分けてそれぞれが占める割合を比べると，既開発地域では大部分（99%）が政府投資であるのに対して，奥地では企業投資の割合が鉄道（74%），港湾（61%），電力（41%）においてきわめて高く，水資源（20%）もかなり高い。

このような特徴はウェスタンオーストラリア州でも見られる。州を北部・南東部（奥地）と南西部（既開発地域）に分けて比較すると，州全体の投資額に占める北部の割合は，鉄道（63%），港湾（53%）をはじめ，すべての部門において人口での割合（6%）に比べてきわめて高い。また北部での企業投資の割合も，特に鉄道（100%），港湾（93%），電力（98%）できわめて高く，次いで水資源（49%）においても高い。これに対して南東部は，州全体に占める割合においては，鉄道（24%）と水資源（13%）が人口（7%）よりも高く，企業投資の割合も電力（84%）がきわめて高いが，全体としては北部と南西部との中間的な特

表 5-11　主要開発プロジェクト（%）

		全国 (1)		WA (2)		
		奥地	その他	北部	南東部	南西部
全国・全州の投資額に占める割合	鉄道	52	48	63	24	14
	港湾	33	67	53	2	45
	電力	11	89	31	3	66
	水資源	10	90	28	13	58
	通信・空港	18	82	31	2	67
	道路	14	86	44	10	46
	合計	18	82	55	11	34
企業投資が占める割合	鉄道(3)	74	–	100	–	–
	港湾	61	19	93	–	70
	電力	41	–	98	84	–
	水資源	20	–	49	20	–
	通信・空港	5	5	12	–	1
	道路	5	–	6	19	–
	合計	48	1	57	8	14

（1）1965 ～ 1972 年に完成または着工したプロジェクトで，1 件当り
50 万豪ドルまたは 100 万豪ドル以上のもの（年度・項目により異なる）.
「その他」は東部・南東部・南西部を中心とする既開発地域.
（2）1961 ～ 1976 年に完成したプロジェクトで，1 件当り 20 万豪ドル
以上のもの.「北部」「南東部」が奥地,「南西部」が既開発地域.
（3）全国の割合には QLD の実質的企業投資を含む.
谷内（1982）により作成.

徴を示している．

　これらの特徴が鉱産資源開発を主たる要因としていることは明らかである．奥地における鉄道プロジェクトは，大陸横断鉄道の標準軌間化工事を除くと，すべて鉱産資源開発に伴うものであり，港湾プロジェクトも，そのほとんどが鉱産資源開発に伴うものである．またクインズランド州東岸の港湾プロジェクト（ヘイポイント及びグラッドストン）は「既開発地域」に位置しているが，奥地の鉱産資源開発（石炭）に伴うものである．電力においても，奥地のプロジェクトのほとんどは鉱産資源開発に伴うものであり，「既開発地域」に位置しているクインズランド州東岸の大規模な石炭火力発電所プロジェクトも，グラッドストンでのアルミナ製錬（同州北部のウェイパで採掘されたボーキサイトを製錬）に伴うものである．

　このように奥地において鉱産資源開発に伴うインフラストラクチャー投資が多く，しかも企業投資プロジェクトが多いという事実は，インフラストラクチャーの開発方式（政府投資か企業投資か）に見られる地域差を，奥地対既開発地域との地域差に対応させて，地域の発展段階的差異の観点から考察する意義を示唆している．すなわち，最も奥地的な段階にある地域では，鉱産資源開発に関わるすべてのインフラストラクチャーが鉱業企業によって建設されるであろう．この場合には，技術的形態としてはインフラストラクチャーであっても，その機能に公共的側面は見出しにくく，第三者による利用が想定されない自家用の専用施設とみなされる．次に，複数の鉱業企業の活動や，鉱業以外の活動がある程度見られる地域では，インフラストラクチャーの建設・運営において，ある程度の公共的性格が見られるであろう．そして最後に，既開発地域では，原則として公共的に，おそらく多くの場合政府によって，建設され運営されるであろう．

（2）事例地域

　本節では事例地域としてウェスタンオーストラリア州北西部のピルバラ地方，同州南東部のカルグーリー地方，クインズランド州中東部のボウエン地方，同州北西部のマウントアイザを取り上げる。このうち，ピルバラ地方，カルグーリー地方，ボウエン地方については同一時期におけるインフラストラクチャーの整備過程の比較を試み，マウントアイザ地区については歴史的発展過程の事例として取り上げる。

　ピルバラ地方，カルグーリー地方，ボウエン地方の自然条件を比較すると，ピルバラ地方・カルグーリー地方とボウエン地方との間に相違が見られる。すなわち，ピルバラ地方・カルグーリー地方は第3地帯に位置しており，降水量が少なく作物生長期間（前章1節）も短いので，作物栽培は不可能である。これに対してボウエン地方は第2地帯に位置していて，降水量と作物生長期間で見る限り，潜在的に作物栽培が可能である。またこれらの地域の主たる農業土地利用である畜産について，肉牛・羊の飼育密度や，単位面積当りの労働力投入・収益性などを比較すると，自然条件の差を反映して，ボウエン地方の方がピルバラ地方・カルグーリー地方よりも生産性が高い。さらに1961年当時には，ピルバラ地方には鉄道はまったくなかったし，人口密度もきわめて低かっ

たが，カルグーリー地方・ボウエン地方には鉄道が既に存在しており，人口密度もピルバラ地方より高かった。以上のように，自然条件，土地利用，交通条件，人口密度を比較すると，ピルバラ地方が最も奥地的性格が強く，ボウエン地方が最も弱かったと言える。

（3）鉄道

　ピルバラ地方及びボウエン地方では，鉄鉱石・石炭を港へ輸送するために新規に鉱産物専用の鉄道が建設された（表5-12）。またカルグーリー地方及びボウエン地方では，既存の鉄道路線の一部も，鉱産物の大量輸送のために大幅に改良された。これらの鉄道は，その建設・運営・利用における鉱業企業の関与の程度によって，ピルバラ型，カルグーリー型，クインズランド型に分けることができる。

　ピルバラ地方の鉄道は，すべて各鉱業企業が建設・所有・運営している鉄鉱石専用鉄道で，鉱山と専用積出港とを結んでいる。これらの鉄道は既存の州営鉄道網からは独立しており，軌間も州営鉄道の多くの路線が狭軌（1067mm）であるのに対して標準軌（1435mm）である。これらの専用鉄道の制度的根拠は，州政府と各鉱業企業との間の協定にある。州政府が鉱業権を認可する条件の一つとして，鉄道をはじめとするインフラストラ

表5-12　新設鉱業鉄道の比較，1974年

	鉄道区間	開通年	距離 (km)	軌間 (mm)	投資 主体	運営 主体	鉱業企業
ピル バラ	Port Hedland - Goldsworthy	1966	114	1435	企業	企業	Goldsworthy Mining
	Goldsworthy - Shay Gap	1973	66				
	Port Hedland - Newman	1969	421				Mount Newman Mining
	Dampier - Tom Price	1966	283				Hamersley Iron
	Tom Price - Paraburdoo	1972	100				
	Cape Lambert - Pannawonica	1972	167				Cliffs WA Mining
ボウ エン	Gladstone - Moura	1968	177	1067	政府 （企業）	政府	Thiess Peabody Mitsui
	Haypoint - Goonyella	1971	197				Central QLD Coal Associates
	Haypoint - Peak Downs	1972	56				
	Peak Downs - Saraji	1974	22				

谷内（1982）により作成.

クチャーを鉱業企業が建設し運営することを定め
た協定を，各鉱業企業と結んでいるのである。こ
の事例は，当該鉱業企業以外に利用者が考えられ
ないという状況に対応しており，最も「奥地的」
な型であると言える。

　カルグーリー地方では，大陸横断鉄道がカル
グーリーを通って東西に走っており，カルグー
リーから南北に向かうローカルな鉄道も既に存在
していた。カルグーリーの南東50kmにあるカン
バルダでのニッケル開発に伴う輸送需要の増大に
応ずるために，カルグーリーからカンバルダの
西方を南下して南岸のエスペランス（Esperance）
に至る既存の州営鉄道路線が改良された。この改
良によって経路がやや東寄りのカンバルダ経由に
変更され，軌間も狭軌から標準軌へ変更された。
この改良工事は州政府の公共事業として行われた
が，鉱業企業が工事費の約2分の1を負担した。
また，ニッケル開発に先立って，カルグーリーの
西180kmにあるクリヤノビング（Koolyanobbing）
で鉄鉱石開発が進み，大陸横断鉄道の標準軌間化
工事を兼ねて，クリヤノビング経由への経路変更
を含む改良工事が州政府により行われていた。し
たがってニッケル開発に関しては，西方のパース
への鉄道輸送については問題がなく，南北方向の
鉄道の改良だけですんだ。このように鉱業企業の
関与が相対的に小さく，既存の鉄道が鉱産物輸送
だけでなく一般的に利用されているという点では
ピルバラ地方に比べて「非奥地的」である。同じ
州の中でもピルバラ地方とカルグーリー地方とで
このような違いが見られるのは，州政府の政策と
いうよりも，それぞれの地域の「奥地性」の違い
を反映していると言える。

　ボウエン地方では，石炭輸送のために改良され
た既存の鉄道は無論のこと，新設された鉄道も含
めて，ほとんどすべてを州営鉄道網の一部として
州政府が所有し運営している。この根拠も，州政
府と各鉱業企業との間の協定にある。たとえば鉄
道の新規建設の場合には，各鉱業企業が州政府に

当該鉄道の建設費用相当額を保証金の名目で預託
し，鉄道開業後に州政府が鉱業企業に長期分割返
済することが協定で定められている。ただし，そ
の鉄道での石炭輸送量が協定で義務付けられた
年々の契約輸送量に達しない場合には，輸送量の
不足の程度に応じて，州政府から鉱業企業へのそ
の年の返済額を減額する。さらに輸送量が予め
定められた最低基準を下回った場合には，その年
の返済予定額相当分を州政府が返済せずに没収す
る。なお年々の輸送量に応じて鉱業企業が所定の
運賃を州営鉄道に支払うことは言うまでもない。
結局，石炭の鉄道輸送による州政府の利益が，輸
送量の多寡にかかわらず，州政府から鉱業企業へ
の返済額を確実に上回る仕組みになっており，ク
インズランド州営鉄道の資料によれば，石炭1ト
ンにつき約1豪ドルが，一種のロイヤルティとし
て，州政府の収入となっている（注5）。

　新設鉄道路線に関する協定では，石炭輸送を最
優先させる原則を明記すると同時に，石炭輸送を
妨げない範囲での，農産物輸送などのような第三
者による利用の可能性にも言及している。しかし
事実上は，ピルバラ地方の鉄鉱石専用鉄道と同じ
ように，石炭専用鉄道である。この専用鉄道とし
ての利用という点と，鉱業企業が事実上建設費
用を負担して投資リスクを負う点を考えると，ピ
ルバラ型と実質的には違いはない。ただし，ボウ
エン地方の石炭鉄道は州営鉄道網の一部として建
設・改良されたので，軌間が既存の州営鉄道と同
じ狭軌になっており，鉱業企業にとっては，輸送
効率の点でピルバラ型よりも不利である。

　以上の比較から，三つの事例地域を「奥地性」
の強い順に並べると，ピルバラ地方，ボウエン地
方，カルグーリー地方の順になる。鉄道における
この順序は，前述のような自然条件や人口密度な
どに基づく一般的な奥地性の順序とは一致せず，
ボウエン地方とカルグーリー地方とが逆転してい
る。一般的にはボウエン地方よりも奥地的である
はずのカルグーリー地方で鉄道の方式が非奥地的

となったことの背景には，既存の鉄道の存在だけではなく，関係する鉱業企業の国内出資率が高いことや，州内で製錬することなどが，州政府が政策的に鉱業企業を支援することを促す動機となっているという事情がある。

（4）住宅建設

住宅建設は，鉱業企業による建設戸数の割合が高い順に，A型，B型，C型の三つの型に分けることができる（表 5-13）。

A型の都市では，鉱業企業が住宅のほとんど全部を建設して社宅として賃貸しており，住民のほとんどが鉱業企業関係者である。この型が該当する都市は，ピルバラ地方の鉱山地区の6都市，同地方の港湾地区のダンピア，そしてカルグーリー地方の2都市である。これらのうち，カルグーリーに近いカンバルダは，計画段階では関係者がカルグーリーに居住する案も検討されたほどであり，孤立した鉱山都市というよりもカルグーリー郊外

のニュータウン的な住宅地区という性格の方が強い。これに対してラヴァトンはカルグーリーの北北東270kmに位置し，最も近い鉄道路線からも110km離れているので，カルグーリー地方がマクロ的にはピルバラ地方よりも非奥地的であるとはいえ，ラヴァトンはミクロ的には奥地的であり，ピルバラ地方の鉱山地区の都市と共通の状況であると言える。

B型の都市では，住宅の大部分を鉱業企業が社宅として建設した点ではA型と似ているが，一部の住宅（10%程度）は州政府が建設した。ピルバラ地方（港湾地区）のウィッカムとカラーサが該当するが，これら両都市の実態はやや異なる。ウィッカムは，基本的には鉱業企業主導型であるが，州政府も一部の公有地に住宅を建設した。これに対してカラーサでは，州政府による都市建設計画の枠内で，実質的には鉱業企業が住宅の大半を建設した。

C型の都市では，鉱業企業による建設戸数と州

表 5-13　鉱業都市の比較，1976 年

| | 都　市 | 人口（千人）(1) | | | | 住宅建設 (2) | 都市運営 (3) | 鉱業企業 |
		1961	1966	1971	1976			
ピルバラ（鉱山地区）	Goldsworthy	−	0.4	1.0	1.0	A	X	Goldsworthy Mining
	Shay Gap	−	−	−	0.9			
	Newman	−	−	3.9	4.7			Mount Newman Mining
	Tom Price	−	0.5	3.4	3.2			Hamersley Iron
	Paraburdoo	−	−	3.0	2.4			
	Pannawonica	−	−	−	1.2			Cliffs WA Mining
ピルバラ（港湾地区）	Dampier	−	1.1	3.6	2.7	A	Y	Hamersley Iron
	Wickham	−	−	−	2.3	B		Cliffs WA Mining
	Karratha	−	−	1.8	4.2		Z	Hamersley Iron
	Port Hedland	1.0	1.9	7.2	11.1	C		Goldsworthy, Mount Newman
カルグーリー	Kambalda	−	−	4.2	4.8	A	Y	Western Minig
	Laverton	−	−	−	0.8			Poseidon
ボウエン	Moura	0.3	1.1	1.9	2.7	C	Z	Thiess Peabody Mitsui
	Blackwater	−	−	−	4.6			Utah, Thiess Peabody Mitsui
	Moranbah	−	−	−	4.1			Central QLD Coal Associates
	Dysart	−	−	−	1.6			

（1）「−」はゼロまたは 200 人未満.
（2）A：ほとんど全部を企業が建設. B：大部分を企業，一部を州政府が建設. C：企業と州政府がおおむね折半.
（3）X：カンパニータウン. Y：準カンパニータウン. Z：オープンタウン.
谷内（1982）により作成.

政府による建設戸数とがおおむね1対1である。ピルバラ地方（港湾地区）のポートヘドランドと，ボウエン地方の4都市が該当する。

ポートヘドランドでは，当初は二つの鉱業企業が既存の市街地の近くに別々にA型の専用住宅を建設した。しかしその後の人口急増に伴い，南郊のサウスヘドランド（South Hedland）地区での州政府主導型のニュータウン開発計画のもとで，州政府及び両鉱業企業が住宅を建設した。このような州政府主導型の開発には，ポートヘドランドが鉄鉱石開発以前から既に存在していた都市（集落）であり，地方自治体（Port Hedland Shire）の行政中心地であること，そして複数の鉱業企業が関与していることが関係している。

同じくC型のボウエン地方の炭鉱都市のうち，モウラは既存の都市（集落）が急成長した事例であり，ブラックウォーターは複数の鉱業企業が関与している。また両都市には既存の鉄道路線が通っていた。これに対してモランバー及びダイサートは，一つの鉱業企業による三つの炭鉱（グニエラ，ピークダウンズ，サラジ）の開発に伴って建設されたことや，孤立した地理的条件の点では，ピルバラ地方の鉱山地区の都市（A型）に類似している。しかし，モランバー及びダイサートを含めて4都市とも州政府が積極的に住宅建設に関与した。これは州政府と鉱業企業との協定に基づくものであり，州政府の鉱業助成策の一環として位置付けることができる。

以上の比較を総合すると，カルグーリー地方のカンバルダ（A型）を別にすれば，A型，B型，C型の順に鉱業企業の関与の度合が小さくなり，一般的な奥地性の順序にほぼ対応していると言える。

（5）都市運営

住宅建設方式の比較を基礎に，電力・水道施設及びコミュニティ施設（学校や病院など）の建設・運営方式の比較を加えて整理すると，カンパニー

タウン型（X），準カンパニータウン型（Y），オープンタウン型（Z）の三つの類型に分けることができる（表5-13）。

第1のカンパニータウン型の都市はピルバラ地方の鉱山地区の6都市が該当し，事実上，都市施設の全部を鉱業企業が直接建設し運営していて，鉄道におけるピルバラ型及び住宅建設におけるA型にほぼ相当する。これらの都市はすべて単一企業都市で，州政府と鉱業企業との協定によって，産業用と民生用とを兼ねる電力・水道は言うまでもなく，学校・病院・警察施設などの建設から，ごみ収集・テレビ放送などの各種コミュニティサービスに至るまで，ほとんどすべてが企業側の責任であることが取り決められている。ただし，特定分野の人的サービス（教員・警察官の派遣など）だけは州政府の責任である。なお，このようなカンパニータウン型の都市でも「公共化」への動きが若干見られる。たとえばトムプライス及びパラバドゥーでは，行政サービスの一部（ごみ収集など）を地方自治体（West Pilbara Shire）に委託している。鉱業企業が費用を負担する点では実質的に企業直営と変わらないが，このような行政サービスに対する不満が労使紛争の原因になることを防止できる利点があるからである。また，既に建設された鉱業都市の近くに新規に鉱山が開かれる場合には，既存の都市施設を共同で利用する可能性がある。

第2の準カンパニータウン型は，基本的にはカンパニータウン的であるが，カンパニータウン型ほど地理的に孤立していないことにより，多少オープンタウン的な面も見られる過渡的な型である。この型にはピルバラ地方（港湾地区）のダンピア及びウィッカムと，カルグーリー地方の2都市が該当する。

ダンピア及びウィッカムは，近接するカラーサ及び既存の都市ロウボン（Roebourne）と，都市運営では相互依存関係にある。たとえばダンピアの水道の水源はカラーサと共通の公共水源であ

り，水源施設及び送水管の建設には鉱業企業が応分に負担した。また両都市は，行政サービスの一部（ごみ収集など）を，カラーサを行政中心地とする地方自治体（Roebourne Shire）に委託している。これに対して，カラーサの電力供給は，ダンピアの鉱業企業敷地内にある自家用発電所に依存している。さらに，鉱業企業がダンピアに建設した病院は，カラーサ，ロウボン，ウィッカムを含むこの地域での唯一の総合病院として事実上公共的に機能しており，病院の拡張に際しては州政府も工事費用の一部を負担した。

カルグーリー地方のカンバルダは，当初はカンパニータウン型の都市として鉱業企業によって建設された。特にパースからカルグーリーへの既存の長距離送水管（注6）によって送られてくる水を本管から分水してカンバルダに供給するための送水管の建設は，鉄道改良費用の負担と並んで，企業にとって大きな投資であった。しかしこれを除くと，小学校や商業施設などの都市施設は最小限のもので十分であり，高次の機能はカルグーリーに依存している。たとえば1974年に州政府がカンバルダに中学校を建設するまでは，カンバルダの中学生はカルグーリーの中学校に通っていた。

第3のオープンタウン型の都市では，鉱業企業の資金負担をある程度伴いながらも，基本的には政府（州政府・地方自治体）主導で都市施設が建設・運営されている。この型には，ピルバラ地方（港湾地区）のカラーサ及びポートヘドランドと，ボウエン地方の4都市が該当する。

カラーサは，地方自治体の新たな中心地（以前の中心地であったロウボンから移転）として建設されたニュータウン的なオープンタウンで，ウィッカム及びダンピアと補完関係にあり，その意味では複数の鉱業企業が関与している都市であるとみなすことができる。またポートヘドランドも，複数の鉱業企業の資金負担を伴いながらも，既存の地方自治体の中心地として，オープンタウ

ンの枠組の中で電力・水道施設やコミュニティ施設が建設されてきた。

ボウエン地方の炭鉱都市がオープンタウン型であることの背景は，住宅建設の場合と同様である。すなわち，モウラは既存の都市，ブラックウォーターは複数企業都市であり，モランバー及びダイサートは，カンパニータウン的な背景を持ちながらも，政府（州政府・地方自治体）主導型の都市運営が見られる。

以上を総合すると，ピルバラ地方での都市の比較では，鉱山地区の都市（カンパニータウン型）よりも港湾地区の都市（準カンパニータウン型・オープンタウン型）の方が鉱業企業の関与の程度が小さい。また鉱山地区の都市の比較では，ピルバラ地方（カンパニータウン型），カルグーリー地方（準カンパニータウン型），ボウエン地方（オープンタウン型）の順に鉱業企業の関与の程度が小さくなっている。これらの類型的な差異は，各地域の発展段階的諸条件の差異にほぼ対応していると言える。

（6）マウントアイザの事例

マウントアイザは，オーストラリア奥地の代表的な鉱山都市の一つである。鉱業企業はマウントアイザ社（Mount Isa Mines）のみで，銅・銀・鉛・亜鉛鉱を採掘して精鉱処理すると共に，銅の一次製錬も行っている（前節）。マウントアイザは鉱山の開鉱に伴ってカンパニータウンとして建設されたが，単なる鉱山都市にとどまらず，クインズランド州北西部の地方中心都市としても発展してきている。

ここでは，マウントアイザの歴史的発展過程におけるインフラストラクチャー開発方式の変化を四つの発展段階に基づいて検討する。すなわち，これまでに触れてきたような鉄道の二つの型，住宅建設のA型～C型，都市運営のカンパニータウン型～オープンタウン型を三つの発展段階（1～3）に対応させ，さらに鉱業企業の関与が最早

第5章　鉱産資源と鉱業　　105

表5-14　インフラストラクチャー整備の諸段階（マウントアイザの事例）

		鉄道	発電所	貯水池	住宅
1	企業のみ		鉱山敷地内 (1929年)	Rifle Creek (1929年)	1920年代
2	主に企業	Duchess · Mount Isa 新規建設(1929年)	郊外(1968年)	Lake Moondarra (1968年)	1930年代 〜40年代
3	企業·州政府			Lake Julius (1976年)	1950年代 〜60年代
4	主に州政府	Townsville · Mount Isa 全線改良(1965年)			1970年代

谷内（1982）により作成.

ほとんど見られない段階（4）を追加する。事例としては鉄道・電力・水道・住宅建設を取り上げる（表5-14）。

　マウントアイザ鉱山が1931年に鉛・亜鉛鉱の採掘を開始するよりも前に，東岸の港湾都市タウンズヴィルからの州営鉄道がマウントアイザの南東80kmのダッチスまで達していたので，マウントアイザ鉱山のためにダッチスからマウントアイザまでが1929年に延長されて，マウントアイザとタウンズヴィルが鉄道で結ばれた。しかし，この鉄道は州営鉄道として運営されていたものの，延長区間の営業によって生ずる損失についてはマウントアイザ社が負担する約束であった。結局，州営鉄道の経理処理の結果は常に赤字であり，損失分はマウントアイザ社が負担した（注7）。形式的には州営でも実質的には鉱業企業が建設費用を負担したという点では，既述の類型区分におけるクインズランド型と似ており，第2段階とみることができる。

　その後，第二次世界大戦後の銅鉱採掘の進展に伴う輸送力増強のために，1965年にマウントアイザ〜タウンズヴィル間の全線が改良された。このときにはマウントアイザ社が資金提供を拒否したので，州政府は連邦政府からの借入れによって資金を調達した。この事例は，州政府及び連邦政府がマウントアイザ鉱山からの鉱産物の輸出の国民経済的意義を重視していたことの表れであると共に，単なる鉱山都市としてではなく地方中心都市としてのマウントアイザの発展も反映している。もはや企業負担がないのであるから，第4段階に達したと言える。

　電力は産業用と民生用を兼ねるが，産業用の需要がきわめて大きいので，鉱山都市では鉱業企業が発電所を直接建設し運営することが多い。マウントアイザでも，最初の発電所（石炭火力）は鉱山施設の一部として鉱山敷地内に建設され，1000km以上離れた東海岸のコリンズヴィル（Collinsville）にある自社所有の炭鉱からマウントアイザまで石炭を輸送した。1968年に郊外に建設された新発電所（石炭火力）もマウントアイザ社が自社の施設として運営しているが，新旧両発電所による総発電量の10％を州政府の北西地方電力局に売電して，マウントアイザの民生用と共に近隣の都市の一般的な民生需要にも応じている。したがって電力に関しては，第1段階から第2段階に移行したと言える。

　水道も電力と同様に産業用と民生用を兼ねる。マウントアイザの三つの貯水池のうち，最初に建設されたライフルクリーク貯水池（マウントアイザの南南東30km）と2番目のムンダラ貯水池（マウントアイザの北20km）はマウントアイザ社が建設し運営している。ただしムンダラ貯水池の水のうち，マウントアイザ社が直接消費するのは産業用だけであり，マウントアイザ社関係も含む民生用の水は地方自治体（Mount Isa City）を通じて供給されているので，第2段階とみなすことが

できる。さらに3番目のジュリアス貯水池（マウントアイザの北北西70km）は，マウントアイザ社や地方自治体などによって組織された水利組合が運営しており，マウントアイザ社は建設費用の51%を提供した。これは第3段階の事例と言える。

初期のマウントアイザは，孤立した奥地の鉱山町としての典型的なカンパニータウンであり，初期の住宅のほとんどは鉱山敷地内に企業が建設した社宅であった（第1段階）。その後1930年代からは次第に鉱山敷地外に一般住宅が増え，カンパニータウン的な色彩が薄らいでいった（第2段階）。1950年代からは従業員の持ち家促進制度が始まったし，50年代末には鉱山敷地外での一般商店の充実に伴って社内売店が閉鎖され，学校や病院などのコミュニティ施設も企業直営から公共的運営へと移行していった（第3段階）。1970年代には一部の独身者用を除いて社宅はほとんど姿を消し，従業員は地方自治体（1962年に町として郡から分離独立，68年に市制）の都市計画に沿って区画された一般住宅地に持ち家を取得するようになった。マウントアイザ社はコミュニティ施設のために地方自治体などに一定の寄付をしているし，住宅建設についてもデベロッパーとして活動している。この点を重視すれば第3段階と言えるかもしれないが，他の鉱山都市と比べて，持ち家の普及に見られるような地域社会としての定着性を重視すれば，第4段階とみることができる。

（7）税制とインフラストラクチャー

鉱業企業にとって，奥地での鉱産資源開発に伴うインフラストラクチャー投資は，鉱業施設を含む総投資額のおよそ3分の2を占めている（表5-15）。すなわち既存のインフラストラクチャーを利用できる既開発地域に立地した場合に比べて，投資額及びそれに伴う投資リスクが3倍になる。投資額の大きさがそのまま鉱業企業の不利な負担あるいは損失を示すわけではない。もしこれらの投資が十分な需要の存在のもとに適正な収益によって順調に回収されるのであれば，長期的かつ原理的には，鉱業企業，政府，第三者（鉄道会社や電力会社など）のいずれが投資した場合にも，鉱業企業の負担に変わりはない。したがって，鉱業企業が投資した場合には，鉱業企業の負担は当初の資金調達の必要及び投資リスクに帰着する。

しかし，技術的に料金徴収が困難なもの（道路，公園，警察，消防など）や，技術的には可能でも現実には十分に回収しにくいもの（学校など）については，投資額の大半がそのまま投資主体の負担になる。地理的に孤立した立地条件にある鉱山町で，受益者が鉱山関係者に限られているならば，投資主体と受益者が一致するので，自家用専用施設とみなすことが可能である。これに対して，複数の企業の関与や，不特定多数による利用がある場合には，投資者たる鉱業企業がその投資による便益を有形にせよ無形にせよ回収しきれず，損失を生ずる。このような事情が，一般的にはインフラストラクチャーに政府が投資することの根拠となる。

鉱業企業側の主張では，必ずしも鉄道や電力などを含めたすべてのインフラストラクチャーについて政府による投資あるいは援助を求めているわけではない。鉄道におけるクインズランド州の事

表5-15　鉱業開発投資の構成（百万豪ドル）

	鉱業施設	鉄道	港湾	電力水道	その他	合計
主要11事業(1960年代)	285	200	125	73	117	800
Hamersley社(1965〜74年)	259	209	89	74	103	734

「その他」は住宅・道路・公園・学校・病院・空港など.
谷内（1982）により作成.

例のように，政府による投資・運営の方が企業直営よりも割高となる場合もあるので，資金調達能力さえあれば，ピルバラ地方の鉄道のように企業自身で直接建設する方が，当該の鉱産資源開発に最も適した方式での建設が可能であるという利点があるからである。

鉱業企業側が主張するのは，少なくとも電力・水道の民生用相当分と，学校・病院などのコミュニティ施設は，政府（州政府・地方自治体）が本来用意すべきなのに鉱業企業が肩代りしているのであるから，投資負担に対して税制上の十分な見返り措置が講じられるべきであるという点である。

現実には，鉱山施設に対しては即時償却が認められ，鉱山地区のインフラストラクチャーに対しても特別償却（償却期間の短縮）が認められている。これに対して，州政府側からは，通常の長期間の償却による税額との差額が税の減免すなわち補助金に相当し，むしろ過保護であるとの批判がある。しかし即時償却及び特別償却は税の減免ではなく単なる繰延べとみる鉱業企業側の考え方の方が理論的に筋が通っており，長期的な税負担に変わりはないはずである。ただし，償却期間の短縮によって資金フローの点では鉱業企業に有利であると言えるので，税制上の優遇効果は多少あることになる。鉱山地区で即時償却や特別償却が認められている根拠は，鉱山施設及びインフラストラクチャーが鉱山の稼働期間しか利用できず，閉山後には残存価値がないとの判断にある。ただし，残存価値がないという根拠によって償却期間を短縮するとしても，鉱山の寿命より短くする必要はない。鉱山の寿命より短い期間での償却は，優遇効果の問題となる。

鉱山地区とは違って，港湾地区のインフラストラクチャーについては，これらの優遇措置は認められていない。港湾地区の諸施設は，閉山しても残存価値があるとみなされているからである。このような，鉱山地区と港湾地区との間の残存価値に関する評価の差異は，鉱山地区が地理的に孤立した奥地的立地条件のもとにあるのに対して，港湾地区が非奥地的立地条件のもとにあるという，一般的な想定に基づくものであろう。すなわち，残存価値がないので特別償却などの税制上の優遇措置を認めるという論理は，その対象（鉱山地区のインフラストラクチャーなど）が，鉱山の寿命がある間のみ，そして鉱業企業のみによって利用される専用施設であるという認識を前提としている。同様に，港湾地区の諸施設について，鉱山が閉山しても残存価値があるので税制上の優遇措置を認めないという論理は，鉱業企業以外にも利用者が存在するという認識に基づいている。しかし，奥地の港湾の中には，残存価値をほとんど期待できない孤立的・奥地的な立地条件のものも少なくない。したがって，鉱山地区と港湾地区とを単純・一律に区別する根拠は薄弱である。

これに対して，上述の鉱業企業側の主張に見られるように，政府が本来投資すべきインフラストラクチャーを鉱業企業が肩代りしているので税制上の見返りが必要であるという論理は，対象となるインフラストラクチャーが当該鉱業企業以外の第三者や不特定多数による利用という「公共的」性格を持っているという認識に基づいている。これは，残存価値の評価に基づく論理とは反対である。すなわち，残存価値の論理では，奥地ほど税制上では優遇されるのに対して，インフラストラクチャーの公共性の論理では，非奥地的であるほど見返りが必要であることになる。このように，インフラストラクチャーの公共性は現行税制には反映されていない。したがって現行税制は，残存価値の評価における鉱業の特殊性を考慮した産業政策の一環ととらえるべきであろう。

（8）インフラストラクチャーの役割

奥地の鉱産資源開発において，インフラストラクチャー投資の必要額がいかに大きくても，もし鉱業企業に十分な資金調達能力があり，インフラ

ストラクチャーの負担を償うに足るだけの優良な資源条件と市場条件が揃っていれば，政府の援助がなくても鉱産資源開発は可能であろう。しかし，もしインフラストラクチャーの負担が過大であることや，資金調達能力の不足，投資リスクに対する不安などによって鉱産資源開発が停滞するのであれば，政府がインフラストラクチャー投資に関与することによって鉱産資源開発を促進する可能性もある。この場合も，インフラストラクチャーの公共性の論理によるのではなく，政府の産業政策の一環であり，本質的には補助金と同じである。オーストラリア奥地での大規模な鉱産資源開発は，一般に資金調達能力の大きい外資系企業を中心に進められており，資金調達能力の小さい国内資本の参加は容易ではない。また，連邦政府・州政府には，国内・州内での製錬・加工によって付加価値を高めたいとの政策的意図がある（Bambrick 1979）。したがって，国内出資率が高い場合や，製錬・加工を伴う場合には，政府がインフラストラクチャー投資に積極的に関与することがある。たとえば，上述のようなマウントアイザ・タウンズヴィル間の鉄道の改良や，グラッドストンへのアルミナ製錬所の誘致に伴う発電所（石炭火力）の建設がクインズランド州政府によって進められたことが，その例である。

オーストラリア奥地の地域開発においては，鉱産資源開発の役割がきわめて重要である。そして奥地の鉱産資源開発の特色は，鉱業企業がインフラストラクチャー投資に大きく関与していることである。本節では，地域開発と鉱産資源開発とを結び付ける中間項としてインフラストラクチャー投資に着目し，インフラストラクチャーの建設・運営の事例を比較することによって，鉱業企業の関与の度合及び方式における類型的差異が，地域の発展段階的差異にほぼ対応していることが見出された。すなわち，最も奥地的な地域では鉱業企業が全面的に関与するのに対して，非奥地的な地域ほど鉱業企業の関与の度合が小さくなり，イン

フラストラクチャーの公共的機能が増してゆく。ただしこのような対応関係は，政府の鉱業政策によって修正されることがある。政府はインフラストラクチャーを，その公共的機能の有無とは無関係に，鉱業政策における課税あるいは助成の手段として用いることがある。

オーストラリア奥地での鉱産資源開発は，インフラストラクチャーを通じて他の経済活動に波及効果を及ぼすことによって，地域開発に寄与できるであろう。地域開発におけるこのような役割を論ずるにあたっては，インフラストラクチャーを，単に技術的形態や投資・運営の形式的主体によって機械的にとらえるのではなく，実質的な公共的機能の有無及びその程度に即して，機能的に評価してゆくべきであろう。

また，オーストラリア奥地での鉱産資源開発におけるインフラストラクチャー投資の事例は，投資主体が企業・政府のいずれであるかという問題とは別に，このような巨額のインフラストラクチャー投資が必要であることを厭わずに奥地で鉱産資源開発が進められたのは，日本という輸出市場があったからだということを無視することはできない。オーストラリアで新たな鉱産資源開発が進んで採掘量が増加したから日本にも輸出するようになったというのではなく，日本という大きな市場へ輸出する見込みが確実になったからこそ巨額のインフラストラクチャー投資が正当化され，鉱産資源開発が進められたのである。日本への輸出が当時の鉱産資源開発に及ぼした影響を振り返って理解しておくことは，最近及び将来の鉱産資源開発を考える上で意味があると思われる。

第 5 章の注

（注 1）「製錬」は「精錬」と表記されることがあるし，二次製錬に「精錬」を用いて一次製錬と区別することもあるが，本書では一次製錬・二次製錬の双方を含む包括的な表記として一律に「製錬」を用いる。

（注 2）図 5-1 及び表 5-10 には表示されていないが，

タウンズヴィルにはマウントアイザで亜鉛鉱を採掘している企業（Glencore 社，以前は Mount Isa Mines 社）とは別の企業（Sun Metals 社）が亜鉛の製錬所を 1996 年から操業している。この企業は採掘をせずに北米・南米や国内の鉱山（マウントアイザとは別）からの亜鉛鉱を製錬しており，東南アジア市場を前提とした港湾立地である（SMC 2011）。マウントアイザでは銅鉱・鉛鉱・亜鉛鉱を採掘しており，タウンズヴィルには銅と亜鉛の製錬所があるとはいえ，マウントアイザで銅鉱・亜鉛鉱を採掘している企業はタウンズヴィルでは銅を製錬しているが亜鉛は製錬しておらず，タウンズヴィルでは別の企業がマウントアイザ以外の国内・海外の鉱山からの亜鉛鉱により亜鉛を製錬しているという，見かけの位置だけでは分りにくい状況になっている。このように，採掘とは違って製錬は製造業の一つであるから，天然資源としての鉱床の位置とは別に，コスト・市場などのさまざまな条件を勘案した企業の経営判断によって，どこで製錬するのかが決まるのである。

（注 3）本節は谷内（1982）をリライトしたものである。本節の目的は当時の鉱産資源開発による影響を歴史的資料として提示することにあるので，統計データなどは更新せず，事実関係は原論文通り 1970 年代前半までにとどめると共に，企業名・地方自治体名なども当時のままとした。また原論文での出所は聞取りや政府・企業の非公刊資料を含めて多岐にわたるが，ここでは出所のほとんどは表示を省略し，原論文に委ねることとした。なお，最近の中国への鉄鉱石輸出の急増を含む現在及び今後の問題を考える際にも，本節は歴史的な先行事例として参考になることが期待される。

（注 4）ここでの「奥地」には，地帯区分（第 2 章）における第 3 地帯だけではなく，クインズランドの第 2 地帯も含む。

（注 5）この方式は新設鉄道だけではなく，ブラックウォーター・グラッドストン間の既設鉄道路線の改良にも適用されている。ただし，この場合には関与する鉱業企業が複数なので，「ブラックウォーター・グラッドストン鉄道基金」が設立され，これを通じて鉱業企業からの資金が利用されている。

（注 6）1890 年代のゴールドラッシュにより急成長

したカルグーリーに水を供給するために，パース近郊に貯水池を建設し，そこからカルグーリーまでの長距離送水管（550km）を敷設して 1903 年に開通した。その後は送水網が大幅に拡充され，カルグーリーやカンバルダなどの奥地の都市だけではなく，第 2 地帯の各地の農業用水・生活用水としても利用されている。

（注 7）マウントアイザからの鉱産物輸送は実際には州営鉄道に利益をもたらしたが，延長区間（ダッチス・マウントアイザ間）の収支計算では，鉱産物輸送による収益が，延長区間の距離を分子，タウンズヴィルまでの全線の長大な距離を分母とする係数をかけて他の区間にも配分されてしまったので，延長区間の名目上の収益はきわめて僅かしか計上されなかった。しかも，延長工事の費用はすべて延長区間のみに計上されたので，名目的に大きな損失となった（Blainey 1965）。

第6章　天然資源と国民経済

1. 農産物・鉱産物の輸出

（1）輸出額の品目別構成

　天然資源と国民経済との関係を考える上で最も分りやすい事象は，農産物・鉱産物の輸出による国際収支への寄与であろう。オーストラリアが「羊の背に乗る国」「ラッキーカントリー」と言われてきたように，19世紀以来の羊毛や金の輸出によって農産物・鉱産物の輸出国というイメージが生れ，特に日本では「物資調達型地理観」によって増幅され，長年にわたって維持されてきた。

　輸出額の品目別割合の長期的推移（表6-1，表6-2）に示されているように，羊毛は1870年代から1960年代までの1世紀近くの長きにわたって輸出の主役であり，さらに羊毛をはじめとする農産物が総輸出額の大きな割合を占めてきた。羊毛の割合が高かったことは，干ばつなどによる生産量の変動だけではなく，生産量に占める輸出量の割合が高いことにより（表4-7），海外での羊毛の需要・価格の動向が国内の羊毛部門に直接的に影響すると共に，輸出・国際収支を通じて国民経済に影響するという，いわゆるモノカルチャー的な問題の要因になった。しかし総輸出額に占める羊毛の割合は1954年の50％から2011年の1％へと急速に低下した。また羊毛を除く他の農産物

についても，総輸出額に占める割合は1954年の36％から2011年の12％へと低下してきている。

　総輸出額に占める農産物の割合が低下してきたのは，鉱産物輸出額が増加してきたという外生的要因によるものである。そこで鉱産物の輸出額の増加による影響を除くために農産物輸出額に占める割合に限っても，農産物の中での羊毛の割合は1954年の58％から2011年の8％へと低下した。既に第4章で触れたように，小麦や牛肉の輸出量が増加傾向にあるのに対して，羊毛の輸出量は，世界的な需要の減少と価格の低下により1971年以降は減少傾向にある（表4-6，表4-7）。

　鉱産物の中で総輸出額に占める割合が高かったのは金であった。1850年代のゴールドラッシュの延長上にあった1860年代には金の割合は羊毛よりも高く（表6-1），その後も1910年代までは羊毛に次いで高かった。非鉄金属（鉱石＋製錬金属）の割合も1910年代まではかなり高かったが，その後金及び非鉄金属は1960年代まで低迷した。1970年代以降は石炭・鉄鉱石及び非鉄金属（鉱石＋製錬金属）を中心に総輸出額に占める鉱産物の割合が上昇し，1980年代には農産物を上回って輸出の主役となった。

　このように19世紀のゴールドラッシュ以来，時期によって盛衰はあるものの，鉱産物の輸出が

表 6-1　輸出額の品目別割合，1861-96 年（％）

	1861	1866	1871	1876	1881	1886	1891	1896
羊毛	27.0	35.8	41.5	52.3	48.0	58.1	56.1	46.7
金	48.9	45.3	32.7	21.7	23.3	13.8	15.8	19.4
その他	24.1	18.9	25.8	26.0	28.7	28.1	28.1	33.9

付表 31 により作成.

表 6-2 輸出額の品目別割合，1901-2011 年（%）

	小麦	他の穀物	野菜果実	牛肉	他の肉類	羊毛	酪製品	他の農産物	農産物計
1901	7.1		0.6	2.5	2.9	31.8	2.9	7.0	55.0
1906	9.2		0.5	0.6	2.9	34.1	4.8	6.6	58.7
1911	14.3		0.6	1.4	4.0	33.8	6.2	8.5	68.9
1916	13.5		1.0	3.1	3.2	37.2	1.5	6.0	65.4
1921	31.2		1.3	3.0	2.3	26.7	11.3	7.4	83.2
1926	16.5		2.4	2.3	2.7	43.4	6.3	11.1	84.7
1933	18.5		4.6	1.6	3.3	30.7	9.7	7.1	75.6
1939	9.8		4.7	3.2	4.7	31.5	12.2	9.1	75.2
1947	9.5	0.5	2.0	1.5	5.4	41.4	6.4	14.1	80.9
1954	7.4	1.8	4.1	2.7	4.3	50.0	3.8	11.5	85.6
1961	12.9	3.1	3.2	4.9	2.5	35.5	3.5	11.8	77.4
1966	10.9	1.9	4.2	7.8	2.9	29.8	3.4	10.6	71.5
1971	10.3	3.9	2.5	7.5	2.7	12.9	2.2	9.6	51.7
1976	10.3	4.5	1.1	5.2	1.9	10.3	2.0	11.4	46.6
1981	9.2	3.1	1.2	5.8	2.6	9.4	1.3	12.9	45.5
1986	9.1	2.9	1.1	4.0	1.2	8.5	1.3	9.4	37.6
1991	3.4	1.5	1.2	5.0	1.1	5.2	1.4	9.0	27.9
1996	4.5	2.0	1.3	3.2	1.1	3.6	2.2	10.4	28.4
2001	3.5	1.0	1.3	3.4	1.4	2.5	2.5	9.9	25.5
2006	2.2	1.0	0.9	3.0	1.4	1.5	1.6	7.1	18.8
2011	2.3	0.7	0.6	1.9	1.0	1.1	0.9	5.0	13.5

	石炭	石油天然ガス	鉄鉱石	他の鉱石	金	他の金属	他の鉱産物	鉱産物計	その他
1901	2.1			8.2	28.3		1.0	39.6	5.4
1906	1.4			10.1	22.3		2.6	36.3	5.0
1911	1.1			10.3	15.5		0.3	27.2	3.9
1916	0.7			12.4	14.4		1.5	29.0	5.6
1921	1.8			3.5	4.3		1.2	10.8	6.0
1926	0.6			6.6	3.0		0.4	10.5	4.8
1933	0.2			3.7	18.2		0.7	22.9	1.5
1939	0.3			6.2	11.0		1.7	19.2	5.6
1947	–			1.0	–	5.7	3.5	10.3	8.8
1954	0.2			1.6	1.7	4.8	2.5	10.7	3.7
1961	0.8			3.0	4.2	4.0	6.3	18.3	4.3
1966	2.4	0.7	0.1	4.2	0.9	8.8	0.8	17.9	10.6
1971	4.9	1.0	8.9	6.0	0.4	8.9	1.1	31.3	17.0
1976	11.5	1.5	8.3	6.2	0.4	8.1	0.8	36.8	16.5
1981	10.5	1.9	5.9	11.6	0.3	8.0	3.3	41.4	13.0
1986	16.0	2.1	5.9	8.9	2.6	7.7	4.6	47.8	14.6
1991	12.4	6.1	4.9	10.0	7.1	9.0	3.3	52.7	19.4
1996	10.3	4.2	3.8	7.6	7.4	8.9	3.6	45.9	25.8
2001	9.1	9.1	4.1	8.2	4.3	8.5	4.2	47.4	27.1
2006	16.1	6.0	8.2	9.9	4.8	7.4	4.4	56.8	24.4
2011	17.7	5.6	23.7	8.4	5.6	5.2	5.1	71.3	15.2

農産物は林産物・水産物を含む．農産物・鉱産物は加工品を含む．
1939 年以前の「他の鉱石」は「他の金属」を含む．
付表 32 により作成．

国際収支に寄与してきたことから，オーストラリアが「資源に恵まれたラッキーカントリー」と思われてしまいがちである。しかし国民経済が鉱産物の輸出に依存していることは，国際収支は別として，必ずしも経済発展にプラスに働くとは限らず，マイナスに働くことがある（小林 2007）。たとえば，鉱産物の多くが製造業を経ずに単なるエネルギー源・原料として未加工で輸出されていると，鉱業における直接的な雇用は生じても他産業には波及しないので，雇用効果は小さい。また「資源ブーム」によって好景気となった鉱業部門での賃金の上昇が経済全体に波及したり，鉱産物輸出の増加により外国為替相場が不利な方向に変動したりすると，製造業の国際競争力が低下することがある。

(2) 輸出額の相手地域別構成

輸出額の相手地域別割合の長期的推移では，三

つの大きな変化があった（表6-3）。

第1の変化は，よく知られているように，伝統的に主たる輸出先であったイギリスの割合が1950年代以降低下に向かい，特にイギリスが1973年にEC（現EU）に加盟してからは著しく低下したことである。またイギリスと並んで主たる輸出先であった他のヨーロッパの割合も，1970年代以来低下してきている。

第2の変化は，1960年代以降に石炭・鉄鉱石をはじめとする鉱産物輸出が増加したことに伴って総輸出額に占める日本の割合が上昇し，特に1970年代以降はそれまでのイギリスに代わって日本が最大の輸出先になったことである。

第3の変化は，1980年代以降に東アジア・東南アジアの割合が上昇してきたことである。東アジア（日本を除く）と東南アジアを合計すると，1986年には20%を超え，1991年には日本と並ぶ28%となり，1996年には38%となって日本をは

表6-3　輸出額の相手地域別割合，1901-2011年（%）

	イギリス	他の欧州	北米	NZ	日本	韓国	中国	香港	台湾	東南アジア	その他
1901	48.3	13.1	7.6	3.6	1.4		0.3	0.8		1.3	23.6
1906	47.1	21.2	7.3	3.4	1.7		0.3	1.0		1.6	16.3
1911	44.4	27.3	2.0	3.3	1.0		0.2	0.9		2.8	18.0
1916	44.8	8.4	24.6	4.9	4.6		0.2	0.5		1.6	10.4
1921	50.9	14.5	7.7	5.9	2.4		0.2	0.7		3.9	13.8
1926	41.4	25.0	9.3	3.3	7.4		0.5	0.5		3.3	9.3
1933	47.7	19.6	2.6	2.8	11.7		6.4	0.8		2.7	5.8
1939	54.5	16.7	4.6	5.5	4.0		2.5	0.4		3.1	8.8
1947	29.0	21.8	17.1	4.2	1.8		2.0	2.1		7.0	14.9
1954	36.5	29.3	8.0	4.0	6.7	0.3	0.3	0.9	0.1	3.9	10.1
1961	23.9	20.2	9.2	6.4	16.7	0.2	4.1	1.9	0.2	3.8	13.4
1966	17.4	19.3	14.0	6.3	17.3	0.2	3.9	2.2	0.6	5.1	13.7
1971	11.3	12.3	14.3	5.3	27.2	0.2	1.4	2.1	0.9	6.8	18.1
1976	4.2	14.6	12.6	4.7	33.1	1.2	2.3	1.5	1.2	6.8	17.7
1981	3.7	11.2	13.5	4.8	27.3	2.8	3.5	1.6	2.1	8.4	21.2
1986	3.5	12.3	11.3	4.6	28.4	4.0	4.6	2.2	3.2	6.5	19.3
1991	3.4	12.0	12.6	4.9	27.5	6.2	2.5	3.0	3.7	12.2	12.0
1996	3.7	8.7	7.7	7.4	21.6	8.7	5.0	4.0	4.5	15.6	13.1
2001	3.9	8.4	11.2	5.7	19.6	7.7	5.7	3.3	4.9	13.3	16.2
2006	5.1	7.4	7.6	5.7	20.4	7.7	11.8	1.9	3.9	11.1	17.3
2011	2.7	4.7	4.2	3.1	19.1	9.2	26.4	1.3	3.7	10.1	15.3

「他の欧州」は旧ソ連諸国を含まない（ただし1996年以降はバルト三国を含む）．NZ：ニュージーランド．
付表33により作成．

るかに上回るようになった。東アジア・東南アジアの中では，総輸出額に占める中国の割合は長い間低かったが，鉄鉱石輸出の急増などによって2006年から著しく上昇し，2011年には日本に代わって最大の輸出先となった（注1）。

このような変化は，いずれも相手地域の需要や政策の変化という外生的な要因によるものである。天然資源としての鉱産資源の賦存が鉱産物の輸出を通じて経済的に現実化される際には，相手地域の需要や政策の動向に左右されることが多い。たとえば1960年代から日本への鉄鉱石輸出が急増したこと，そして第一次石油危機以降の日本経済の不振に伴う鉄鉱石輸出の伸び悩みによって採掘量が減少・停滞すると共に新規鉱山開発が中止・延期されたことは，相手地域の需要の変動に左右された例である。最近の中国への鉄鉱石輸出の急増についても，このような先行事例を理解しておくことが必要であろう。

（3）輸出額の産業別構成

貿易統計で一般的に使われる品目別分類は標準国際貿易分類（SITC）である。上記の表6-2の「農産物」「鉱産物」もこの分類に基づく慣用的かつ便宜的なもので，未加工品だけではなく加工品も含んでいる（注2）。これに対して表6-4の産業別割合の「産業」とは，最終段階による区分である。付加価値による数値ではないのでGDPとは異なるが，少なくとも形の上ではGDPで使われる産業分類に準じている。

たとえばこの表6-4の分類における「農林水産業」部門の輸出とは，加工されずに輸出されたもののみであり，小麦・牛肉・羊毛などは「農林水産業」部門の輸出に含まれるのに対して，小麦粉・酪製品などは，表6-2の品目別分類では「農産物」に含まれるが，製造業のうちの食品加工部門の製品なので，表6-4の産業別分類では「農林水産業」部門ではなく「製造業」部門に含まれる。同様に石炭・鉄鉱石などは「鉱業」部門の輸出に含まれ

表6-4 輸出額の産業別割合，
1961-2011年（%）

	農林水産業	鉱業	製造業
1961	57.1	3.7	39.2
1966	55.0	5.7	39.3
1971	39.9	18.5	41.6
1976	33.7	25.4	40.8
1981	21.6	21.8	56.5
1986	20.7	31.1	48.2
1991	10.3	27.5	62.2
1996	12.2	22.2	65.5
2001	10.8	28.2	60.9
2006	6.8	39.2	53.9
2011	5.7	55.6	38.7

ABS（2012a），谷内（2007）により作成.

るのに対して，精製された石油製品や製錬された金属は，表6-2の品目別分類では「鉱産物」に含まれるが，製造業のうちの石油精製部門・金属製錬部門の製品なので，表6-4の産業別分類では「鉱業」部門ではなく「製造業」部門に含まれる。

表6-2と表6-4とを比べると，表6-2の「農産物」「鉱産物」の割合よりも表6-4の「農林水産業」「鉱業」の割合の方が低く，表6-2の「その他」の割合よりも表6-4の「製造業」の割合の方が高いことは言うまでもない。したがって表6-2のような品目別分類では「輸出の大半は農産物・鉱産物である」と言えるが，表6-4のような産業別分類では，鉄鉱石輸出の急増による影響が大きい2011年を除いて，1991～2006年については，「工業製品が輸出の半分以上を占める」と言っても誤りではないことになる。

輸出額の構成におけるこのような二通りの見方については，いずれが正しいかということではなく，どちらもそれなりに意味があるが，表6-4のような産業別の見方は，天然資源の賦存に依存しているとされている農産物・鉱産物の輸出が，製造業の一部としての加工・精製・製錬を通じて国民経済に寄与していることを示す上で，一定の意味があると言える。

2. 天然資源と州経済

（1）産業構造

　オーストラリアの経済・産業に関しては，州経済の枠組が重要である。本来はすべての権限が州政府にあるというのが出発点であり，それらの権限のうち，連邦憲法によって明示的・限定的に規定された一部の権限（外交・国防・貿易・外国投資など）のみが連邦政府に移されている，というのが州政府と連邦政府との関係に関する基本原則である。したがって経済政策，特に産業政策の主役は州政府であると言ってよい。

　オーストラリアを州別に見ると，州内総生産（州GDP）の産業別構成（表 6-5）の特徴によって，中心州（工業州），中間州，周辺州（資源州）に分けることができる（谷内 1976, 1995）。中心州はニューサウスウェイルズ州及びヴィクトリア州で，「その他」（建設業＋第三次産業）の割合が相対的に高く，鉱業の割合が相対的に低い。これに対して周辺州はクインズランド州及びウェスタンオーストラリア州で，鉱業の割合が相対的に高く，

「その他」の割合が相対的に低い（注 3）。そして中間州はサウスオーストラリア州及びタズマニア州で，農林水産業と製造業の割合が相対的に高く，鉱業の割合が相対的に低い。全体的に見ると，天然資源の賦存に左右されやすい農林水産業・鉱業の地域差に比べると，製造業及び「その他」における地域差は比較的小さくなり，農林水産業・鉱業における地域差を伴いながらも，「その他」の割合がきわめて大きいという特徴を各州が共有して，それぞれ自立した州経済の枠組を維持している。

　国内総生産（GDP）の州別割合（表 6-6）を見ると，当然のことながら上記のような州別の特徴を別の形で表していると共に，全国における中心州の重要性が読み取れる。すなわち全産業の合計で全国の 53％を占める中心州が，製造業で 59％，「その他」で 57％と相対的に高い割合を占めており，農林水産業でも 48％とかなり高い割合を占めている。これに対して全産業の合計で全国の 36％を占める周辺州は，鉱業では 79％ときわめて高い割合を占めているが，農林水産業は 29％にす

表 6-5　州 GDP の産業別割合，2011 年（％）

	中心州		中間州		周辺州		全国
	NSW	VIC	SA	TAS	QLD	WA	
農林水産業	1.8	2.9	6.4	8.1	2.7	1.2	2.5
鉱業	3.3	2.3	5.2	1.6	11.1	36.4	10.2
製造業	8.5	9.4	9.8	9.6	8.0	5.3	8.0
その他	86.4	85.4	78.6	80.8	78.2	57.1	79.3

　　全国は NT，ACT を含む．合計は調整前の「産業計」．
　　付表 34 により作成．

表 6-6　産業別 GDP の州別割合，2011 年（％）

	中心州		中間州		周辺州	
	NSW	VIC	SA	TAS	QLD	WA
農林水産業	22.5	25.4	16.3	5.6	20.8	7.8
鉱業	10.0	4.8	3.2	0.3	20.8	58.3
製造業	33.1	25.5	7.7	2.1	19.1	10.9
その他	33.9	23.3	6.3	1.8	18.9	11.8
合計	31.1	21.7	6.3	1.7	19.2	16.4

　　合計は調整前の「産業計」．
　　付表 34 により作成．

ぎない。これはウェスタンオーストラリア州の割合（8％）が低いことによるものであるが，クインズランド州の割合（21％）も特に高いわけではない。このように，GDP の州別割合で見る限り，鉱業では中心州と周辺州との違いが大きいが，農林水産業では中心州も重要な役割を果たしているのである。

（2）製造業

オーストラリアの製造業は，農産物・鉱産物の加工を通じて天然資源と強く結び付いている。生産額の部門別割合（表6-7）において，仮に「食品」から「非金属鉱物製品」に至る4部門を天然資源に関連する部門とみなすと，全国合計でのこれらの部門の割合は49％に達していて，ヴィクトリア州以外のすべての州では全国平均よりも高い割合を示している。

生産額の州別割合を比べると（表6-8），周辺

州は，製造業全体では全国の34％を占めているのに対して，「石油精製」では41％，「金属製錬」では49％を占めている。これに対して中心州は，製造業全体では全国の56％を占めているのに対して，「機械類」では62％，「その他」では60％と高いことは当然であろうが，それと共に「食品」及び「石油精製」でもそれぞれ63％，59％と高い割合を示している。さらに中心州は，製造業全体の生産額と比べた場合には特に金属製錬に特化しているわけではなく，鉱業生産額（表5-6）及び鉱業部門GDP（表6-6）での全国比がいずれも15％にすぎないのに対して，この表の「金属製錬」では全国の30％と高い割合を占めており，さらに「非金属鉱物製品」では52％に達している。このように，周辺州だけではなく中心州も，製造業における製錬などを通じて天然資源と結び付いているのである。

表6-7 州別製造業生産額の部門別割合，2011年（％）

| | 中心州 | | 中間州 | | 周辺州 | | |
	NSW	VIC	SA	TAS	QLD	WA	全国
食品	24.1	28.3	27.4	29.9	25.4	10.1	23.5
石油精製	10.3	4.3	0.4	0.3	8.6	8.9	7.2
金属製錬	12.2	2.3	31.4	21.2	12.9	29.2	13.9
非金属鉱物製品	4.0	4.0	5.4	5.2	5.2	3.9	4.3
機械類	17.1	20.5	27.7	14.1	14.6	10.1	17.1
その他	32.3	40.6	7.7	29.2	33.2	37.9	34.1

全国はNT，ACT を含む.
付表35 により作成.

表6-8 部門別製造業生産額の州別割合，2011年（％）

| | 中心州 | | 中間州 | | 周辺州 | |
	NSW	VIC	SA	TAS	QLD	WA
食品	30.4	32.3	8.1	2.2	20.1	6.5
石油精製	42.5	16.1	0.3	0.1	22.3	18.6
金属製錬	26.0	4.5	15.7	2.7	17.3	31.6
非金属鉱物製品	27.2	24.6	8.6	2.1	22.5	13.5
機械類	29.6	32.2	11.2	1.5	15.9	8.9
その他	28.0	31.9	1.6	1.5	18.1	16.7
合計	29.6	26.8	6.9	1.8	18.6	15.0

付表35 により作成.

表 6-9 州別輸出入額，2011 年（十億豪ドル）

	中心州		中間州		周辺州			全国
	NSW	VIC	SA	TAS	QLD	WA	NT	
輸出	36.4	19.6	11.2	3.2	49.4	112.2	5.3	237.2
輸入	81.5	56.8	6.5	0.6	33.0	25.7	3.7	207.9

不明・再輸出は含まない.
ABS（2011）による.

（3）貿易

　各州の輸出額と輸入額を比較すると（表6-9），中心州が輸入超過，周辺州が輸出超過であり，輸入額では中心州が全国の67％を占めるのに対して，輸出額では周辺州が全国の70％を占めている。州際貿易に関してはクインズランド州による推計しかないが（表6-10），これによると同州の州際貿易は移入超過であり，海外貿易での輸出超過を相殺していて，海外・州際の合計では輸移出入がほぼ均衡している。仮にウェスタンオーストラリア州も同様の状況であると仮定すれば（注4），鉱産物輸出による周辺州での輸出超過が，州際貿易による移入超過，すなわち国内の中心州からの移入によって相殺され，鉱産物の輸出による収入の一部が州際貿易を通じて中心州に循環するという，州経済の相互依存関係が見られると言える。

　海外貿易での周辺州の輸出超過が鉱産物の輸出によるものであることは，表6-11からも明らかである。この表の「バラ積み貨物」（bulk cargo）とは，石炭・石油・鉱石・穀物などであり，全国の海上輸出量の95％を占めていると共に，バラ積み貨物の輸出量の80％を周辺州が占めている。

表 6-10　QLD の貿易，2011 年（十億豪ドル）

	海外	州際	合計
輸移出	49.4	18.8	68.2
輸移入	33.0	35.5	68.5

ABS（2011），QLD（2014）による.

　たとえばニューサウスウェイルズ州及びクインズランド州では石炭が各州のバラ積み貨物輸出量のそれぞれ96％，79％を占め，ウェスタンオーストラリア州では鉄鉱石が同州のバラ積み貨物輸出量の85％を占めている（Port Australia 2012）（注5）。これに対してコンテナ貨物などの「一般貨物」（general cargo）では，バラ積み貨物とは対照的に，輸出・輸入のいずれにおいても中心州が72％を占めている。

　このように，天然資源の賦存における地域差が各州の産業構造と貿易における地域差の一因となっているが，州際貿易を通じた州経済の相互依存によって，オーストラリアの国民経済の枠組が形成され維持されているのである。

表 6-11　州別海上輸出入量，2011 年（百万容積 t）

		中心州		中間州		周辺州			全国
		NSW	VIC	SA	TAS	QLD	WA	NT	
バラ積み	輸出	127.3	4.9	13.7	5.7	205.5	406.0	2.2	765.4
	輸入	24.2	9.5	5.1	2.8	36.9	14.5	－	93.0
一般	輸出	13.0	17.5	2.3	2.7	5.7	1.0	0.5	42.6
	輸入	11.0	18.6	1.4	2.3	5.6	1.2	1.0	41.1
合計	輸出	140.3	22.4	16.1	8.5	211.2	407.0	2.7	808.1
	輸入	35.2	28.1	6.5	5.1	42.5	15.6	1.0	134.0

Port Australia（2012）により作成.

3. 天然資源と産業構造

(1) GDP の産業別構成

　一般に経済発展の過程では，中心となる部門が第一次産業から第二次産業へ，そして第三次産業へと移ってゆくと言われている。オーストラリアでも，GDP の産業別割合の長期的推移（表6-12，表6-13）を見る限り，おおむね同様の傾向が見られるが，以下のようにオーストラリア固有の特徴も無視できない。

　第1は，アジアやヨーロッパのような「旧世界」とは違って，オーストラリアは近代以前からの伝統的な農業社会の遺産を直接的には引き継がなかったことである。農林水産業は最初から存在していたのではなく，いわばゼロの状態から出発して徐々に作り出されていったので，農林水産業の割合は18世紀末から19世紀初めにかけてはそれほど高くはなかった。

　第2は，鉱業の盛衰による影響が大きいことである。多くの国ではGDP に占める鉱業の割合は高くないが，オーストラリアでは1850年代〜60年代にはゴールドラッシュによって一時的に鉱業の割合が高くなり，農林水産業の割合は低くなった。鉱業の一時的なブームによるこのような影響は，その後も第二のゴールドラッシュ（1890年代〜1900年代），石炭・鉄鉱石を中心とする「資源ブーム」（1960年代〜70年代），そして第三のゴールドラッシュ（1980年代以降）でも，ある程度見られた。

　第3は，多くの先進工業国や最近の新興国とは違って，オーストラリアでは製造業が経済発展の主役にはならなかったことである。製造業の割合は1960年代まではおおむね上昇傾向にあり，特に1950年代〜60年代には28%という高い水準に達していて，工業化が進んだように見える。しかしこの工業化は，第一次世界大戦でイギリスからの工業製品の輸入が途絶えたという経験に端を発した輸入代替型の工業化であり，雇用の増加・

表 6-12　GDP の産業別割合，1796-1861 年 (%)

	農林水産業	鉱業	製造業	その他
1796	32.4	–	0.2	67.3
1801	45.6	–	0.8	53.6
1806	52.1	–	0.1	47.8
1811	58.0	–	0.6	41.4
1816	48.0	–	1.7	50.3
1821	56.1	–	1.3	42.6
1826	48.7	–	1.5	49.8
1831	42.0	–	1.9	56.0
1836	54.5	–	1.5	43.9
1841	42.6	–	2.4	54.9
1846	35.6	1.6	2.2	60.6
1851	33.5	5.0	3.2	58.3
1856	22.6	23.3	2.5	51.7
1861	20.5	15.7	3.9	60.0

名目値（暦年）による.
Vamplew（1987）により推計.

維持と各種工業製品の供給という点では国民経済に寄与したが，手厚い保護政策によって守られてきたので国際競争力はなかった。1970年代以降の経済改革（保護政策の廃止や規制緩和など）によって，輸入代替部門だけではなく，本来なら鉱産資源の賦存の点から国際競争力があるはずの製鉄・非鉄金属製錬も含めて（第5章3節），不採算部門が縮小又は廃止されるようになったので，GDP に占める製造業の割合は大幅に低下してきている。一般に製造業の割合が高い水準に達した先進工業国で，その後製造業の割合が低下して第三次産業の割合が上昇してゆくことは「脱工業化」と呼ばれるが，オーストラリアの場合には製造業が十分に発達しないままでその割合が低下したので，「未熟な脱工業化」と呼ばれている（小林2007）。

　第4は，第三次産業の割合が既に18世紀末からかなり高く，その後も高い割合が続いてきたことである（注6）。第三次産業は，観光などを除いて一般に輸出には無縁であるが，雇用・流通・サービスをはじめとして国内の生活・産業を支えるきわめて重要な部門である。特にオーストラリ

表6-13　GDPの産業別割合，1861-2011年（%）

	農林水産業	鉱業	製造業	その他
1861	19.1	15.2	4.7	61.0
1866	18.6	11.6	8.4	61.4
1871	21.8	10.7	10.1	57.5
1876	23.8	6.5	11.3	58.4
1881	25.4	4.5	11.6	58.5
1886	20.6	3.7	12.2	63.4
1891	25.6	5.6	11.5	57.3
1896	22.9	6.6	14.7	55.8
1901	18.6	9.7	12.4	59.3
1906	24.5	9.7	12.5	53.2
1911	26.5	5.7	13.2	54.5
1916	23.7	5.4	13.7	57.3
1921	27.1	2.8	11.7	58.4
1926	20.7	3.0	14.0	62.2
1933	14.1	1.6	13.4	70.9
1939	22.6	2.4	16.3	58.7
1949	21.3	2.5	26.2	50.0
1956	15.9	2.3	28.0	53.8
1961	13.0	1.9	28.5	56.6
1966	10.5	1.9	28.5	59.1
1971	6.3	3.3	24.7	65.7
1976	5.2	4.3	20.6	69.9
1976	3.6	5.7	14.6	76.1
1981	2.8	5.3	14.1	77.7
1986	3.0	6.4	12.3	78.3
1991	2.9	7.2	11.6	78.3
1996	2.7	7.8	10.7	78.8
2001	3.0	7.6	9.8	79.6
2006	2.7	6.8	8.8	81.7
2011	2.6	7.5	7.7	82.2

合計は調整前の「産業計」．実質値なので1861年，2011年はそれぞれ前表及び表6-5（名目値）とは一致しない．
付表36により作成．

アでは，広い国土に起因する運輸部門の需要や，高い所得水準・福祉水準に起因する対人サービスの需要が大きいので，第三次産業の割合が高いと言われている．

（2）農業・鉱業と産業連関

　オーストラリアの農業・鉱業は，「ステイプル説」（staple theory）における「ステイプル」（主産物と訳されることがある）を輸出する産業として扱われることがある．ステイプル説とは，19世紀前半のオーストラリアのような新興開拓地からイギリスのような工業国の市場へのステイプル（羊毛や金などの農産物・鉱産物）の輸出が，輸出による直接的な収入だけではなく，前方連関効果及び後方連関効果による他部門への波及によって経済成長に寄与するというものである（Boehm 1993）．

　オーストラリアの場合には羊毛が代表的なステイプルとして扱われることが多い．たとえばPomfret（1981）は，初期のステイプルの事例としてカナダの毛皮とオーストラリアの羊毛を取り上げて比較し，オーストラリアの羊毛の方が波及効果が大きかったとしている．ただし社会・経済がある程度発展した19世紀後半のカナダやオーストラリアにステイプル説を適用することには慎重である．羊毛を「初代」のステイプルとすれば金が「二代目」のステイプルとなるが，金については多くの研究があるものの，特にステイプル説の立場から取り上げたものは少ない．そして「三代目」のステイプルとしては小麦がある．たとえばFogarty（1966）は，19世紀後半以降の小麦をステイプルとして取り上げているが，小麦栽培の進展と鉄道建設などの政策をはじめとする社会経済的な影響との関係を論ずることが主眼であり，ステイプル説を単純に適用するのではなく，さまざまな着眼点の一つとして参考になるというスタンスである．小麦が重要な輸出品となったのは20世紀に入ってからなので（第4章2節），19世紀後半の小麦についてはステイプル説の適用に慎重になることは当然であろう．このように，ステイプル説はある歴史的段階での経済発展の過程を特定の輸出向け商品で説明するので分かりやすいという利点があるが，一般的な適用可能性を持つ「理論」というわけではない．もし取り上げるのなら，Boehm（1993）の言うように連関効果・波及効果まで含めて考察すべきであろう．

　経済基盤説（economic base theory）も，ステイプル説と似た考え方である．経済基盤説は都市経

済・地域経済の成長に関するモデルの一つで，当該の都市・地域の産業を，域外から所得を得る基盤産業（basic industry）と，域内での所得循環に依存する非基盤産業（nonbasic industry）とに分け，基盤産業から非基盤産業への連関による地域乗数効果によって都市・地域が成長するという考え方である（松原 2006）。この経済基盤説をそのまま国民経済に適用できるかどうかについては議論の余地があるが，農業・鉱業による国民経済への寄与について考える際には参考になると思われる。

　これらの考え方に共通するのは，「ステイプル」や「基盤産業」，すなわち国際競争力のある輸出部門を軸にして，輸出部門からの連関効果・波及効果によって国民経済・地域経済の成長を論じていることである。すなわち天然資源は，農業・鉱業を通じて農産物・鉱産物を輸出することによって国際収支に直接的に寄与するだけではなく，製造業・第三次産業への連関効果・波及効果によって雇用や付加価値の増加に間接的に寄与することが期待されるのである。

　農業・鉱業の前方連関効果の最も分りやすい例は，農業・鉱業から製造業の農産加工部門・金属製錬部門への原料の供給である。これに対して農業・鉱業の後方連関効果とは，農業生産・鉱業生産のための機械・肥料・燃料の調達や，農産物・鉱産物の輸送・取引などである。また毎年の経常的な活動ではないが，鉱山などの新規開設に伴う投資（第5章4節）も後方連関効果である。

　表 6-14 及び表 6-15 は，産業連関表（投入産出表）から農業・鉱業に関わる部分を抜き出したものである（注7）。なお，農業・鉱業からの二次的な連関を示す関連部門として，製造業の中から食品・石油製品・非鉄金属を加えた。これらの表から，天然資源に関連するこれらの産業・部門と他の産業・部門とのさまざまな連関が読み取れる。

　農産物の輸出においては，小麦・牛肉・羊毛のほとんどが国内での加工過程を経由せずに直接輸出されるのに対して，一部は製造業での食品加工過程を経て小麦粉や酪製品などとなって輸出されている。農業の前方連関を見ると（表 6-14），農業部門からの総供給 568 億豪ドルのうち，245 億豪ドル（43%）が製造業の食品部門に向かい，農業・商業やその他のサービス業などへの投入を加えると中間投入の合計は 391 億豪ドル（69%）に達する。これに対して直接的な国内最終消費は 81 億豪ドル（14%），輸出は 96 億豪ドル（17%）にすぎない。さらに，製造業の食品部門からの総供給 857 億豪ドルのうち，中間投入は 347 億豪ドル（41%），国内最終消費は 322 億豪ドル（38%），輸出は 187 億豪ドル（22%）であり，これらは農業から製造業を経由して他の産業・部門へ向かう二次的連関を反映していると共に，さらにこれらの中間投入先からの三次的連関も示唆している。

　鉱業のうち，石油・天然ガス部門は多くの産業に連関している。石油・天然ガスの総供給 347 億豪ドルのうち 69 億豪ドル（20%）が製造業の石油製品部門（主に石油精製）へ向かうと共に，鉱業，化学をはじめとする多くの産業・部門へ向かっているので，中間投入の合計は 153 億豪ドル（44%）に達している。さらに輸出が 171 億豪ドル（49%）もあるので，直接的な国内最終消費は 24 億豪ドル（7%）にすぎない。また，製造業の石油製品部門の総供給 286 億豪ドルのうち中間投入が 178 億豪ドル（62%）であるのに対して直接的な国内最終消費は 78 億豪ドル（27%），輸出は 30 億豪ドル（10%）にすぎない。このように鉱業の石油・天然ガス部門は，製造業の石油製品部門を経由して各産業・部門に二次的・三次的に連関しているのである。

　石炭・鉄鉱石は，そのほとんどが採掘後に輸出港に直接運ばれて輸出されるので，前方連関は大きくはない。石炭では，総供給 620 億豪ドルのうち 516 億豪ドル（83%）が直接輸出されているので，中間投入は 79 億豪ドル（13%），国内最終消費は 24 億豪ドル（4%）にすぎない。国内の鉱業・鉄鋼・電力などへの中間投入がそれなりに重要で

表 6-14　農業・鉱業の前方連関，2009 年（十億豪ドル）

	農林水産業	鉱業	製造業						
			食品	木材	石油製品	化学製品	鉄鋼	非鉄金属	その他
農業	7.9	0.1	24.5	–	–	0.1	–	–	0.9
林業・水産業	0.2	–	0.8	1.4	–	0.1	–	–	0.6
農業サービス	4.7	0.1	–	–	–	–	–	–	–
石炭	–	2.9	–	–	–	–	1.3	0.2	0.1
石油・天然ガス	–	2.6	0.2	–	6.9	1.5	0.1	0.6	0.4
鉄鉱石	–	0.2	–	–	–	–	1.9	0.2	0.1
非鉄金属鉱石	–	0.3	–	–	–	0.3	–	16.6	0.1
非金属鉱物	–	0.2	0.2	–	–	0.1	0.4	0.2	0.9
鉱業サービス	–	10.5	–	–	–	–	–	–	–
食品	1.5	0.3	10.0	–	–	0.2	–	–	1.0
石油製品	1.4	2.6	0.3	0.1	0.1	0.6	0.2	0.3	0.7
非鉄金属	–	0.6	–	0.1	–	0.1	–	8.5	8.4

	電力	建設	運輸	商業	他の産業	中間投入計	最終需要		合計
							国内	輸出	
農業	–	0.3	0.2	2.3	3.0	39.1	8.1	9.6	56.8
林業・水産業	–	0.1	–	0.2	0.5	3.9	1.9	0.8	6.5
農業サービス	–	–	–	–	0.1	4.9	0.6	0.4	6.0
石炭	2.9	–	–	0.1	0.3	7.9	2.4	51.6	62.0
石油・天然ガス	1.1	0.1	0.2	1.0	0.5	15.3	2.4	17.1	34.7
鉄鉱石	–	0.1	–	0.1	0.3	2.9	1.0	32.2	36.0
非鉄金属鉱石	0.1	–	–	0.1	0.2	17.8	1.8	9.4	29.0
非金属鉱物	–	0.4	–	–	0.4	2.9	0.1	0.5	3.6
鉱業サービス	–	–	–	–	–	10.6	6.3	–	16.9
食品	0.1	0.3	0.5	4.1	16.7	34.7	32.2	18.7	85.7
石油製品	0.3	2.7	5.8	1.1	1.5	17.8	7.8	3.0	28.6
非鉄金属	0.1	0.5	0.1	0.4	0.6	19.9	0.9	34.5	55.3

付表 37 により作成.

あり評価されるべきであることは言うまでもないが，生産量・輸出量がきわめて多いのに比べると国内経済への前方連関効果は限られている。

　鉄鉱石も同様で，総供給 360 億豪ドルのうち 322 億豪ドル（89%）が直接輸出されるので，国内経済への前方連関効果は石炭よりもさらに限られている。日本への鉄鉱石の輸出は，日本での製鉄のためであり，日本側から見れば，オーストラリアから「生のまま」の鉄鉱石を輸入して日本で製鉄することによって，製鉄による付加価値・雇用・所得が日本側に帰属するのである。最近の中国への輸出についても同様である。鉄鉱石の採掘は天然資源の賦存状態に依存するのでどこでも採掘できるというわけではないが，製鉄は製造業であるから，立地条件次第でどこにでも立地し得る

ので，結局は天然資源の賦存とは無関係に，比較優位や国際競争力の問題になる。したがって鉄鉱石の採掘量が多いから鉄鋼業が発達するというわけではないのは当然のことであり，オーストラリアでは鉄鉱石の採掘量の増加とは対照的に，鉄鋼生産量は減少傾向にある（Australia 2014）。

　鉄鉱石に比べると，非鉄金属鉱石の方が，採掘された鉱石のかなりの割合が国内での製錬を経て輸出されるので（表 5-9），国内経済に寄与していると言える。表 6-14 に示されているように，非鉄金属鉱石部門からの総供給 290 億豪ドルのうち，製造業の非鉄金属部門向けを中心に中間投入が 178 億豪ドル（61%），輸出が 94 億豪ドル（32%）である。さらに，製造業の非鉄金属部門からの総供給 553 億豪ドルのうち，輸出が 345 億

表 6-15　農業・鉱業の後方連関，2009 年（十億豪ドル）

	農林水産業	石炭	石油天然ガス	鉄鉱石	非鉄金属鉱石	非金属鉱物	鉱業サービス	製造業 食品	石油製品	非鉄金属
農林水産業	12.7	–	–	–	0.1	–	–	25.2		
鉱業	0.1	4.4	2.2	4.8	5.0	0.1	0.2	0.4	6.9	17.8
食品	1.5	–	–	–	–	–	0.2	10.0	–	–
石油製品	1.4	0.8	0.1	0.7	0.5	0.2	0.3	0.3	0.1	0.3
化学製品	1.3	0.4	–	0.2	0.3	0.1	0.1	1.6	0.2	0.1
鉄鋼	–	0.1	–	0.1	–	–	0.1	–	–	0.2
非鉄金属	–	0.2	–	0.1	0.1	–	0.3	–	–	8.5
他の製造業	1.5	1.3	0.2	0.7	1.0	0.1	0.8	2.8	0.1	0.4
電力	1.0	0.4	0.7	0.3	0.7	–	0.1	0.6	0.1	2.0
建設	1.5	1.5	0.3	2.2	1.4	0.5	0.5	0.5	0.6	0.4
運輸	3.0	2.0	0.7	0.5	0.5	0.2	0.3	5.2	0.4	1.8
商業	4.0	0.9	0.3	0.6	0.6	0.2	0.4	3.7	0.4	1.1
他の産業	7.0	4.5	1.5	2.4	3.6	0.5	6.0	7.2	1.2	1.6
中間投入計	34.9	16.7	6.2	12.7	13.8	1.9	9.3	57.7	10.1	34.2

付表 38 により作成.

豪ドル（62%），中間投入が 199 億豪ドル（36%）である。このような製錬後の非鉄金属の輸出や中間投入も，鉱業から製造業を経由する二次的・三次的な連関効果・波及効果を反映している。

　以上のような前方連関に比べると，農業・鉱業の後方連関（表 6-15）ではさらに多くの産業・部門と関わっている。特に，前方連関では国内への連関効果・波及効果があまり見られなかった石炭・鉄鉱石でも，後方連関によって国内の経済活動と結び付いていることは，ステイプル説や経済基盤説との関連からも重要である。このような後方連関によって，農業・鉱業とは直接関係がないように見える第三次産業などにも農業・鉱業からの連関効果・波及効果が及んでいるのである。

　以上のように，天然資源を考える際には，農産物・鉱産物の生産・輸出を単純に「物資調達型地理観」から取り上げるのではなく，製造業や第三次産業などへの直接的・間接的な連関効果・波及効果を通じた国民経済への寄与という視点から取り上げるべきである。

第 6 章の注
（注 1）中国への輸出額（2011 年）のうち，鉄鉱石が 62% を占め，非鉄金属鉱石（7%），石炭（6%），原油（4%）が続く。未加工の農産物・鉱産物の合計は輸出額の 88%，加工後も含めた広義の農産物・鉱産物の合計は輸出額の 95% に達する（Australia 2012）。

（注 2）標準国際貿易分類（SITC）に基づく慣用的・便宜的な「農産物」「鉱産物」の分類は，大分類（1桁分類）をベースにして中分類（2桁分類）による区分を若干加味したものである。しかし大分類（1桁分類）は無論のこと中分類（2桁分類）でも未加工・加工の区別ができない場合があるので，未加工・加工を区別するには小分類（3桁分類）やさらに細かな分類によるデータに基づいて再構成しなければならないことが多い。たとえば小麦と小麦粉は，共に大分類（1桁分類）では 0（食品），中分類（2桁分類）では 04（穀物及び加工品）に含まれており，小分類（3桁分類）でようやく小麦（041）と小麦粉（046）を区別できる。

（注 3）ノーザンテリトリーも鉱業の割合が高く（付表 34），周辺州の特徴を示している。

（注 4）ウェスタンオーストラリア州の貿易に関する過去の推計（1991 年）によれば，海外貿易における輸出超過を州際貿易における移入超過が一部相殺しており，海外・州際の合計では輸移出超過であるとはいえ，その差を縮小していた（谷内 1995）。

（注5）国内のバラ積み貨物の海上輸送に関する過去の推計（1987年）によれば、石炭・鉱石では周辺州から中心州への輸送が多いのに対して、石油製品では中心州から周辺州への輸送がかなりあり、中心州・周辺州間の相互依存関係が見られた（谷内1995）。

（注6）表6-12及び表6-13の「その他」には第三次産業だけではなく建設業も含まれている。建設業は本章での文脈では第三次産業とほぼ共通の特徴を持っているとみなすことができるので、本文の記述では建設業を含めて便宜的に「第三次産業」と表記する。なお2011年の場合、建設業を除くと、GDPに占める第三次産業の割合は71.4%となる。

（注7）産業連関表のデータは輸入の扱い方によって異なる。表6-14及び表6-15は、輸入を含まずに国内での生産に基づく連関を対象としている。農業・鉱業のほとんどの部門では輸入がきわめて僅かなのでいずれのデータを用いても大きな違いはないが、石油・天然ガス部門では原油の輸入がかなりあるので、石油・天然ガス部門の総供給額（国内消費＋輸出）は、表6-14では347億豪ドルであるのに対して、輸入を加えた場合には493億豪ドルとなる（ABS 2012f）。

付表

付表 1　州・全国の人口，1788-2011 年（千人）

	NSW	VIC	QLD	SA	WA	TAS	NT	ACT	全国
1788	0.9								0.9
1791	2.9								2.9
1796	4.1								4.1
1801	5.9								5.9
1806	7.2					0.7			7.9
1811	10.3					1.6			11.9
1816	15.5					2.0			17.6
1821	29.7					5.8			35.5
1826	38.9					15.0			53.9
1831	48.0				1.3	26.6			76.0
1836	78.9			0.5	2.0	43.7			125.1
1841	124.9	20.4		15.5	2.8	57.4			221.0
1846	154.9	37.4	4.4	25.9	4.5	66.1			293.2
1851	187.8	97.5	9.4	66.5	7.2	69.2			437.7
1856	270.7	390.4	17.7	107.9	13.2	76.9			876.7
1861	357.4	539.8	34.4	130.8	15.9	89.9			1,168.1
1861	350.9	538.6	30.1	126.8	15.5	90.0			1,151.8
1866	412.4	620.2	88.7	163.5	21.6	97.2			1,403.6
1871	503.0	730.2	116.9	185.4	25.2	101.1	0.2		1,662.1
1876	598.3	797.6	172.4	212.5	27.2	104.2	0.7		1,912.9
1881	749.8	861.6	213.5	276.4	29.7	115.7	3.5		2,250.2
1886	953.8	968.3	322.9	304.5	37.1	129.4	4.2		2,720.2
1891	1,127.1	1,140.1	393.7	315.5	49.8	146.7	4.9		3,177.8
1896	1,259.7	1,184.2	445.5	347.5	109.6	156.0	4.5		3,506.9
1901	1,354.8	1,201.1	498.1	358.3	184.1	172.5	4.8		3,773.8
1906	1,496.1	1,211.4	534.4	362.8	252.7	184.7	4.0		4,046.0
1911	1,646.7	1,315.6	605.8	408.6	282.1	191.2	3.3	1.7	4,455.0
1916	1,891.7	1,418.7	685.3	443.3	314.9	195.6	4.6	2.3	4,956.3
1921	2,100.4	1,531.3	756.0	495.2	332.7	213.8	3.9	2.6	5,435.7
1926	2,343.7	1,694.6	861.2	553.4	381.1	212.0	4.0	6.6	6,056.4
1933	2,600.8	1,820.3	947.5	580.9	438.9	227.6	4.9	8.9	6,629.8
1939	2,748.4	1,878.5	1,018.0	596.6	470.0	237.4	6.3	12.6	6,967.8
1947	2,984.8	2,054.7	1,106.4	646.1	502.5	257.1	10.9	16.9	7,579.4
1954	3,423.5	2,452.3	1,318.3	797.1	639.8	308.8	16.5	30.3	8,986.5
1961	3,917.0	2,930.1	1,518.8	969.3	736.6	350.3	27.1	58.8	10,508.2
1961	3,918.5	2,930.4	1,527.5	971.5	746.8	350.3	44.5	58.8	10,548.3
1966	4,237.9	3,220.2	1,674.3	1,095.0	848.1	371.4	56.5	96.0	11,599.5
1971	4,601.2	3,502.4	1,827.1	1,173.7	1,030.5	390.4	86.4	144.1	12,755.6
1971	4,725.5	3,601.4	1,851.5	1,200.1	1,053.8	398.1	85.7	151.2	13,067.3
1976	4,959.6	3,810.4	2,092.4	1,274.1	1,178.3	412.3	98.2	207.8	14,033.1
1981	5,234.9	3,946.9	2,345.2	1,318.8	1,300.1	427.2	122.6	227.6	14,923.3
1986	5,531.5	4,160.9	2,624.6	1,382.6	1,459.0	446.4	154.4	258.9	16,018.2
1991	5,898.7	4,420.4	2,961.0	1,446.3	1,636.1	466.8	165.5	289.3	17,284.0
1996	6,176.5	4,535.0	3,303.2	1,469.1	1,768.2	475.6	184.5	310.3	18,222.4
2001	6,530.3	4,763.6	3,571.5	1,503.5	1,906.3	473.7	201.7	322.0	19,272.7
2006	6,742.7	5,061.3	4,008.0	1,552.5	2,050.6	489.3	209.1	335.6	20,449.0
2011	7,218.5	5,537.8	4,476.8	1,639.6	2,353.4	511.5	231.3	368.4	22,337.3

可能な限り現在の境界に組替．1961 年以前は「先住民」を含まない（以下同じ）．

1971 年以降は推定常住人口ベース（以下原則として同じ）．

1788-1861 年は年末，1861-1926 年は 3 月末前後，1933 年以降は 6 月末（以下同じ）．

空欄は不明又は該当する数値なし（以下同じ）．

ABS（2014a），NSW（1904），SA（1901），VIC（1986），谷内（2015）により推計．

付表 2　先住民の人口，1788-2011 年（千人）

		NSW	VIC	QLD	SA	WA	TAS	NT	ACT	全国	センサス
A	1788	48.0	15.0	120.0	15.0	62.0	4.5	50.0		314.5	
	1861	16.0	2.4	60.0	9.0	44.5	–	48.5		180.4	
	1871	12.0	1.7	50.0	7.5	40.0	0.1	44.0		155.3	
	1881	10.0	1.2	40.0	6.3	35.5	0.1	38.5		131.7	
	1891	8.3	0.9	32.0	5.6	31.0	0.1	33.0		110.9	
	1901	7.4	0.9	27.5	4.9	26.5	0.2	27.2		94.6	
	1911	8.7	1.0	24.5	4.7	22.5	0.2	22.0	–	83.6	
	1921	9.4	1.4	22.5	4.6	19.5	0.4	17.8	–	75.6	
	1933	11.0	2.0	22.5	4.7	17.5	0.7	15.4	0.1	73.8	
	1947	14.5	3.0	27.5	5.6	18.3	1.2	16.9	0.1	87.0	
	1954	17.5	3.8	32.0	6.3	20.0	1.5	18.8	0.2	100.0	
	1961	21.5	4.7	37.5	7.2	22.5	2.0	22.0	0.1	117.5	
	1966	24.5	5.5	41.5	8.1	25.0	2.5	25.0	0.2	132.2	
	1971	28.5	6.4	46.0	9.5	28.0	3.0	28.5	0.3	150.1	
B	1971	55.3	11.9	71.2	13.0	35.8	5.8	31.2	0.6	225.0	*116.0*
	1976	73.5	15.8	79.7	15.4	40.0	8.1	32.9	1.2	266.6	*160.9*
	1981	93.8	19.6	88.6	17.6	44.0	10.5	37.5	1.8	313.3	*159.9*
	1986	116.2	24.2	98.2	20.2	49.2	13.1	42.7	2.5	366.3	*227.6*
	1991	132.0	27.4	110.5	22.7	55.8	15.1	48.1	2.9	414.5	*265.4*
	1996	149.5	31.4	125.2	25.8	63.6	17.0	53.6	3.7	469.9	*353.0*
C	2001	170.8	35.8	143.5	29.1	72.0	19.3	59.7	4.3	534.5	*410.0*
	2006	188.6	40.7	166.3	33.2	80.2	21.6	65.6	5.1	601.2	*455.0*
	2011	208.5	47.3	189.0	37.4	88.3	24.2	68.9	6.2	669.6	*548.4*
D	1971	29.3	6.6	46.6	9.7	28.6	3.1	28.3	0.3	152.4	
	1976	38.9	8.7	52.2	11.4	31.9	4.2	29.8	0.5	177.6	
	1981	49.6	10.8	58.0	13.1	35.1	5.5	34.0	0.8	206.8	
	1986	61.5	13.3	64.3	15.0	39.3	6.9	38.7	1.1	240.0	
E	1986	66.0	15.8	65.9	15.3	39.0	8.2	38.9	1.4	250.6	
	1991	75.0	17.9	74.2	17.2	44.2	9.5	43.8	1.6	283.4	
	1996	83.7	20.5	84.1	19.6	50.4	10.7	48.8	2.1	319.8	
F	1991	97.8	20.3	93.2	19.8	50.9	13.8	46.9	2.6	345.2	
	1996	109.9	22.6	104.8	22.1	56.2	15.3	51.9	3.1	385.9	
G	1991	107.3	22.3	100.2	20.6	52.9	13.9	46.7	2.9	366.8	
	1996	121.6	25.2	113.6	23.2	59.6	15.7	52.0	3.4	414.2	
	2001	134.9	27.8	125.9	25.5	65.9	17.4	56.9	3.9	458.3	
H	1996	119.3	26.3	112.2	22.6	56.8	14.6	52.1	3.3	407.1	
	2001	136.3	30.0	128.6	25.4	64.3	16.5	58.0	3.8	462.9	
	2006	152.7	33.5	144.9	28.1	71.0	18.4	64.0	4.3	516.8	

「―」はゼロ又は僅少（以下同じ）．斜体はセンサス集計値．

A：「スミス推計」　B：筆者推計（2011 年基準）　C：統計局推計（2011 年基準）

D：筆者推計（1986 年基準）　E：統計局推計（1991 年基準）　F：統計局推計（1996 年基準）

G：統計局推計（2001 年基準）　H：統計局推計（2006 年基準）．

ABS（2014a）により推計．

付表3　州都・準州都・連邦首都の人口，1861-2011 年（千人）

	シドニー	メルボン	ブリズベン	アデレイド	パース	ホバート	ダーウィン	キャンベラ	合計
1861	110.4	131.0	8.0	40.4	8.0	26.3			324.1
1871	153.3	199.4	26.8	56.3	11.0	27.1			473.9
1881	245.6	280.3	46.6	93.3	11.9	28.7			706.3
1891	430.4	447.1	98.1	117.7	20.1	35.3			1,148.7
1891	452.6	506.3	98.1	127.3	20.1	35.3			1,239.8
1901	568.7	514.2	127.6	161.6	74.9	36.8			1,483.7
1911	726.1	616.7	150.8	197.4	117.1	40.5			1,848.7
1911	751.7	652.3	170.2	197.4	120.4	40.5	1.1		1,933.7
1921	1,105.3	862.6	252.2	264.2	173.2	53.5	1.6	1.2	2,713.8
1933	1,403.3	1,100.7	342.7	328.5	231.5	61.4	1.6	7.3	3,477.0
1947	1,756.0	1,348.4	457.0	407.5	304.0	76.6	2.5	15.2	4,367.1
1947	1,774.2	1,355.9	468.1	411.1	304.8	87.5	5.2	20.5	4,427.3
1954	2,012.9	1,614.5	584.9	519.0	396.4	108.5	8.1	36.0	5,280.3
1961	2,397.0	2,006.8	702.2	661.8	477.3	130.5	14.4	67.0	6,457.0
1961	2,401.9	2,007.0	709.5	662.2	477.7	130.5	15.2	67.0	6,471.0
1966	2,649.8	2,252.2	788.9	772.7	559.3	141.8	21.5	107.1	7,293.3
1971	2,939.7	2,525.2	880.1	844.1	703.2	153.4	37.1	159.0	8,241.8
1971	3,015.9	2,606.9	957.9	883.9	744.6	157.1	37.9	166.9	8,571.1
1976	3,143.8	2,764.1	1,058.1	940.1	845.7	166.9	44.2	226.6	9,189.5
1981	3,279.5	2,857.9	1,154.7	979.9	941.5	174.1	56.4	246.5	9,690.5
1986	3,471.6	2,996.7	1,265.1	1,035.0	1,076.0	182.8	75.4	280.8	10,383.4
1991	3,672.9	3,194.7	1,411.8	1,093.5	1,226.1	191.6	76.7	313.4	11,180.7
1991	3,672.9	3,194.7	1,411.8	1,093.5	1,226.1	191.6	84.5	313.4	11,188.5
1996	3,856.6	3,304.9	1,560.3	1,116.2	1,343.4	197.1	95.1	338.6	11,812.2
2001	4,102.6	3,500.2	1,693.6	1,148.0	1,455.4	197.4	105.8	354.7	12,557.7
2006	4,256.2	3,760.8	1,908.3	1,189.2	1,576.9	204.8	110.7	372.3	13,379.0
2011	4,608.9	4,169.4	2,147.4	1,264.1	1,833.6	216.3	129.1	407.4	14,776.3

ABS（2014a, 2015bc），SA（1901），谷内（2015）により作成.

付表4　州別・地帯別人口，2011 年（千人）

	総人口					先住民				
	州都	第1地帯	第2地帯	第3地帯	計	州都	第1地帯	第2地帯	第3地帯	計
NSW	4,648.9	1,660.2	877.7	31.7	7,218.5	68.7	69.3	64.9	5.5	208.5
VIC	4,169.4	643.5	725.0	–	5,537.8	23.0	9.1	15.2	–	47.3
QLD	2,147.4	1,822.2	408.6	98.6	4,476.8	51.2	81.5	25.3	31.0	189.0
SA	1,264.1	134.5	225.4	15.6	1,639.6	19.4	2.2	12.3	3.5	37.4
WA	1,833.6	137.4	226.6	155.9	2,353.4	34.9	3.4	13.7	36.3	88.3
TAS	216.3	261.2	33.9	–	511.5	8.5	13.2	2.5	–	24.2
NT	129.1	–	–	102.2	231.3	14.0	–	–	54.9	68.9
ACT	367.4	0.4	0.4	–	368.4	6.2	–	–	–	6.2
全国	14,776.3	4,659.4	2,497.6	403.9	22,337.3	225.7	178.8	133.9	131.2	669.6

州都は準州都・連邦首都を含む（以下同じ）.
ABS（2013a, 2015bc）により推計.

付表 5　人口 1 万以上の中小都市, 2011 年（千人）

州	区分	都市	人口	州	区分	都市	人口
NSW	1G	Nowra-Bomaderry	34.6	(VIC)	(2G)	Mildura	48.0
		Lismore	29.3			Shepparton-M (4)	47.6
		Taree	20.8			Wodonga (2)	36.0
		Grafton	19.1			Wangaratta	18.0
		Casino	12.2			Horsham	16.1
		Kempsey	10.4			Echuca	14.4
	1M	Newcastle	548.6			Swan Hill	10.6
		Wollongong	289.0			Benalla	10.5
		Singleton	16.7			Hamilton	10.2
		Muswellbrook	12.2	QLD	1G	Townsville	169.9
	1R	Gold Coast (part) (1)	67.0			Cairns	147.5
		Port Macquarie	43.3			Mackay	79.7
		Coffs Harbour	27.2			Bundaberg	69.1
		Forster-Tuncurry	20.3			Maryborough	26.9
		Sawtell	19.7			Gympie	20.0
		Ballina	16.8			Nambour	16.3
		Batemans Bay	16.4		1M	Gladstone	43.2
		Ulladulla	14.8		1R	Gold Coast (part) (1)	511.1
		Bowral	12.7			Sunshine Coast	210.7
		Yamba	10.3			Hervey Bay	54.1
		Merimbula	10.2			Yeppoon	15.1
	2G	Wagga Wagga	54.1		2G	Toowoomba	91.6
		Albury (2)	48.2			Warwick	15.0
		Tamworth	40.1			Emerald	13.6
		Orange	37.8			Dalby	11.1
		Dubbo	35.3			Kingaroy	10.1
		Bathurst	33.8		3M	Mount Isa	21.4
		Armidale	23.5	SA	1G	Mount Gambier	28.3
		Goulburn	22.2		1R	Victor Harbour	13.8
		Griffith	18.7			Goolwa	10.0
		Inverell	11.8		2G	Murray Bridge	17.1
		Parkes	11.3			Port Lincoln	15.6
		Mudgee	10.8			Port Augusta	14.1
	2M	Lithgow	12.7		2M	Whyalla	22.5
	3M	Broken Hill	19.2			Port Pirie	14.3
VIC	1G	Geelong	177.6	WA	1G	Bunbury	67.9
		Warrnambool	33.0		1R	Busselton	22.6
		Traralgon	26.3		2G	Geraldton	36.9
		Sale	14.4			Albany	31.8
		Warragul	13.7			Esperance	11.8
		Bairnsdale	13.5		3G	Broome	13.3
		Colac	12.0		3M	Kalgoorlie	31.9
		Portland	10.9			Karratha	17.0
	1M	Moe-Yallourn	17.0			Port Hedland	14.4
		Morwell	14.3	TAS	1G	Launceston	91.6
	1R	Ocean Grove-BH (3)	18.8			Devonport	29.1
		Torquay	13.3			Burnie-Somerset	21.8
		Clifton Springs	10.9			Ulverstone	11.6
	2G	Ballarat	97.3	NT	3G	Alice Springs	28.5
		Bendigo	87.3			Katherine	10.5

区分の 1-3 は地帯，G：一般都市，M：鉱産資源都市，R：リゾート都市.

(1) 単一の都市（Gold Coast）として扱われることが多い.

(2) 単一の都市（Albury-Wodonga）として扱われることが多い.

(3) Ocean Grove-Barwon Heads.　(4) Shepparton-Mooroopna.

ABS（2015b）により作成.

付表 6　中小都市・他地域の地帯別人口，1861-2011 年（千人）

	中小都市				他地域			
	第1地帯	第2地帯	第3地帯	計	第1地帯	第2地帯	第3地帯	計
1861	75.1	107.4	–	182.5	296.2	344.4	4.6	645.3
1871	*88.8*	*152.8*	–	*241.6*	*420.0*	*509.3*	*17.3*	*946.5*
1871	117.4	195.5	–	312.9	391.4	466.6	17.3	875.2
1881	*153.5*	*214.5*	–	*368.0*	*453.2*	*667.3*	*55.3*	*1,175.8*
1881	166.7	256.2	6.4	429.3	440.0	625.6	48.9	1,114.6
1891	*228.9*	*270.5*	*10.2*	*509.7*	*663.7*	*740.3*	*115.4*	*1,519.4*
1891	255.0	322.2	52.5	629.6	637.6	688.7	73.2	1,399.5
1891	270.2	321.8	52.5	644.5	531.1	688.1	74.5	1,293.6
1901	*307.5*	*371.7*	*69.5*	*748.7*	*615.1*	*787.7*	*138.7*	*1,541.5*
1901	326.2	402.6	110.9	839.7	596.5	756.7	97.3	1,450.5
1911	*391.4*	*431.3*	*99.0*	*921.7*	*681.9*	*893.0*	*109.7*	*1,684.6*
1911	441.9	502.6	103.2	1,047.7	631.4	821.8	105.5	1,558.7
1911	446.8	538.1	109.9	1,094.8	560.4	766.0	100.2	1,426.6
1921	*554.1*	*553.3*	*83.9*	*1,191.4*	*629.2*	*807.3*	*94.1*	*1,530.6*
1921	562.6	564.1	80.8	1,207.6	620.7	796.6	97.1	1,514.4
1933	*681.4*	*611.6*	*83.1*	*1,376.1*	*692.2*	*990.2*	*94.3*	*1,776.7*
1933	700.2	617.7	85.5	1,403.4	673.3	984.1	92.0	1,749.4
1947	*846.2*	*693.3*	*85.2*	*1,624.7*	*648.3*	*844.8*	*94.5*	*1,587.6*
1947	859.0	711.0	86.2	1,656.2	635.5	827.1	93.5	1,556.0
1947	890.2	712.0	90.3	1,692.4	552.2	826.8	80.6	1,459.7
1954	*1,116.6*	*835.1*	*98.8*	*2,050.4*	*611.3*	*953.5*	*91.0*	*1,655.9*
1954	1,138.8	862.7	106.3	2,107.8	589.1	925.9	83.4	1,598.5
1961	*1,357.2*	*965.1*	*119.5*	*2,441.8*	*593.7*	*920.6*	*95.1*	*1,609.4*
1961	1,371.3	979.0	124.1	2,474.3	579.6	906.8	90.5	1,576.9
1961	1,357.7	975.2	124.7	2,457.6	585.4	912.3	122.0	1,619.7
1966	*1,509.3*	*1,040.4*	*129.2*	*2,678.9*	*592.5*	*908.2*	*126.6*	*1,627.3*
1966	1,510.4	1,043.4	134.7	2,688.5	591.4	905.2	121.1	1,617.6
1971	*1,676.4*	*1,107.4*	*157.6*	*2,941.4*	*570.3*	*854.8*	*147.3*	*1,572.4*
1971	1,676.4	1,103.4	156.7	2,936.5	570.3	858.8	148.2	1,577.3
1971	1,708.6	1,112.5	186.7	3,007.9	477.9	899.4	110.9	1,488.2
1976	*1,886.5*	*1,202.4*	*192.1*	*3,281.0*	*564.0*	*887.5*	*111.1*	*1,562.6*
1976	1,907.4	1,207.3	194.4	3,309.1	543.1	882.6	108.8	1,534.5
1981	*2,100.5*	*1,260.1*	*204.9*	*3,565.5*	*632.7*	*907.3*	*127.2*	*1,667.2*
1981	2,133.8	1,271.5	213.4	3,618.6	599.4	895.9	118.7	1,614.1
1986	*2,303.6*	*1,316.0*	*225.0*	*3,844.6*	*729.1*	*935.0*	*126.1*	*1,790.2*
1986	2,336.0	1,329.8	233.6	3,899.4	696.7	921.2	117.5	1,735.4
1991	*2,593.9*	*1,374.5*	*244.4*	*4,212.8*	*821.1*	*946.8*	*122.6*	*1,890.6*
1991	2,593.9	1,372.2	242.7	4,208.9	821.1	949.1	124.3	1,894.4
1991	2,758.4	1,483.2	240.2	4,481.8	656.6	838.1	119.0	1,613.8
1996	*3,014.2*	*1,498.3*	*243.5*	*4,756.0*	*713.8*	*824.2*	*116.1*	*1,654.2*
1996	3,032.5	1,503.8	248.4	4,784.8	695.5	818.7	111.2	1,625.4
2001	*3,257.7*	*1,543.0*	*247.8*	*5,048.5*	*717.1*	*826.7*	*122.7*	*1,666.5*
2001	3,269.1	1,546.0	245.7	5,060.9	705.7	823.7	124.8	1,654.1
2006	*3,558.2*	*1,586.2*	*245.6*	*5,390.0*	*731.5*	*820.9*	*127.6*	*1,679.9*
2006	3,571.2	1,591.7	240.9	5,403.8	718.5	815.4	132.4	1,666.2
2011	*3,907.6*	*1,669.9*	*256.4*	*5,833.9*	*751.7*	*827.7*	*151.5*	*1,730.9*
2011	3,905.6	1,666.1	255.5	5,827.1	753.8	831.5	148.5	1,733.8

斜体は期首基準による組替値.
ABS（2014a, 2015bc），NSW（1904），QLD（1902），SA（1901），TAS（1903），VIC（1904），
WA（1904），谷内（2015）により推計.

130

付表 7　中小都市の機能類型別・地帯別人口，1861-2011 年（千人）

	一般都市				鉱産資源都市				リゾート都市	中小都市計
	第1地帯	第2地帯	第3地帯	計	第1地帯	第2地帯	第3地帯	計		
1861	47.0	17.1	–	64.1	28.1	90.2	–	118.4		182.5
1871	*48.9*	*27.1*	*–*	*76.0*	*39.9*	*125.7*	*–*	*165.6*		*241.6*
1871	70.2	44.3	–	114.5	47.2	151.2	–	198.4		312.9
1881	*83.2*	*67.8*	*–*	*150.8*	*70.4*	*146.8*	*–*	*217.2*		*368.0*
1881	94.8	97.0	2.8	194.6	71.9	159.3	3.6	234.7		429.3
1891	*127.2*	*120.8*	*4.4*	*252.4*	*101.7*	*149.8*	*5.8*	*257.3*		*509.7*
1891	153.3	162.6	11.1	326.9	101.7	159.6	41.4	302.7		629.6
1891	153.1	165.0	11.1	329.2	117.1	156.8	41.4	315.3		644.5
1901	*172.5*	*189.8*	*9.2*	*371.6*	*135.0*	*181.9*	*60.3*	*377.1*		*748.7*
1901	191.2	207.4	13.7	412.3	135.0	195.2	97.3	427.4		839.7
1911	*221.0*	*245.4*	*14.4*	*480.9*	*170.4*	*185.9*	*84.6*	*440.8*		*921.7*
1911	270.1	311.4	17.0	598.5	171.8	191.2	86.2	449.1		1,047.7
1911	279.0	341.0	15.9	636.0	167.8	197.1	94.0	458.8		1,094.8
1921	*334.5*	*376.4*	*17.1*	*728.0*	*219.6*	*177.0*	*66.8*	*463.3*		*1,191.4*
1921	343.2	393.3	18.5	755.0	219.4	170.9	62.3	452.5		1,207.6
1933	*405.4*	*452.8*	*21.4*	*879.5*	*276.0*	*158.8*	*61.7*	*496.6*		*1,376.1*
1933	421.6	461.3	21.4	904.3	278.6	156.4	64.1	499.1		1,403.4
1947	*516.3*	*530.9*	*20.4*	*1,067.6*	*329.9*	*162.4*	*64.8*	*557.0*		*1,624.7*
1947	529.2	539.7	19.5	1,088.3	329.9	171.3	66.8	568.0		1,656.2
1947	498.8	658.9	29.4	1,187.1	329.2	53.1	60.9	443.2	62.2	1,692.4
1954	*614.2*	*774.4*	*32.4*	*1,421.0*	*423.1*	*60.7*	*66.4*	*550.2*	*79.2*	*2,050.4*
1954	627.6	800.2	39.9	1,467.6	424.9	62.6	66.4	553.8	86.4	2,107.8
1961	*728.4*	*897.8*	*48.9*	*1,675.1*	*517.8*	*67.2*	*70.7*	*655.7*	*111.0*	*2,441.8*
1961	740.4	910.6	51.3	1,702.3	517.8	68.3	72.8	658.9	113.2	2,474.3
1961	725.4	905.8	52.4	1,683.7	519.0	69.4	72.3	660.7	113.2	2,457.6
1966	*792.4*	*966.4*	*55.0*	*1,813.9*	*574.9*	*73.9*	*74.2*	*723.0*	*142.0*	*2,678.9*
1966	790.9	967.9	58.4	1,817.2	574.9	75.4	76.3	726.7	144.6	2,688.5
1971	*859.9*	*1,020.5*	*62.3*	*1,942.8*	*624.5*	*86.8*	*95.3*	*806.6*	*192.0*	*2,941.4*
1971	859.9	1,016.6	62.3	1,938.8	624.5	86.8	94.3	805.7	192.0	2,936.5
1971	873.1	1,020.4	65.3	1,958.8	643.8	92.1	121.5	857.4	191.7	3,007.9
1976	*943.5*	*1,103.5*	*68.7*	*2,115.7*	*684.5*	*98.9*	*123.4*	*906.8*	*258.5*	*3,281.0*
1976	949.5	1,106.8	68.7	2,125.1	684.5	100.5	125.7	910.7	273.4	3,309.1
1981	*997.4*	*1,156.1*	*71.9*	*2,225.4*	*723.0*	*104.0*	*133.1*	*960.0*	*380.0*	*3,565.5*
1981	1,000.7	1,164.3	74.2	2,239.2	723.0	107.1	139.2	969.3	410.1	3,618.6
1986	*1,050.8*	*1,212.8*	*85.5*	*2,349.0*	*739.7*	*103.3*	*139.5*	*982.6*	*513.1*	*3,844.6*
1986	1,063.4	1,223.6	89.9	2,377.0	741.9	106.2	143.7	991.8	530.6	3,899.4
1991	*1,118.9*	*1,275.1*	*98.5*	*2,492.6*	*784.9*	*99.4*	*145.9*	*1,030.2*	*690.1*	*4,212.8*
1991	1,118.9	1,274.1	97.7	2,490.7	784.9	98.1	145.0	1,028.1	690.1	4,208.9
1991	1,244.2	1,381.6	93.7	2,719.5	795.5	101.6	146.4	1,043.6	718.7	4,481.8
1996	*1,307.1*	*1,403.7*	*100.7*	*2,811.5*	*824.1*	*94.6*	*142.8*	*1,061.4*	*883.1*	*4,756.0*
1996	1,317.3	1,409.2	104.2	2,830.8	825.3	94.6	144.2	1,064.1	889.9	4,784.8
2001	*1,357.3*	*1,453.3*	*110.9*	*2,921.5*	*864.9*	*89.7*	*136.9*	*1,091.5*	*1,035.5*	*5,048.5*
2001	1,361.6	1,456.0	111.4	2,929.0	864.9	90.0	134.3	1,089.2	1,042.6	5,060.9
2006	*1,466.5*	*1,498.4*	*106.0*	*3,070.9*	*895.8*	*87.8*	*139.6*	*1,123.2*	*1,195.9*	*5,390.0*
2006	1,472.7	1,503.9	104.0	3,080.7	895.8	87.8	136.8	1,120.4	1,202.7	5,403.8
2011	*1,606.6*	*1,577.6*	*111.7*	*3,296.0*	*953.1*	*92.3*	*144.6*	*1,190.1*	*1,347.8*	*5,833.9*
2011	1,606.6	1,574.7	110.8	3,292.1	953.1	91.4	144.6	1,189.2	1,345.8	5,827.1

　斜体は期首基準による組替値．リゾート都市は 1947 年以降の第 1 地帯のみに設定.
　出所は付表 6 に同じ.

付表8　出生地別人口，1861-2011年（千人）

	国内	イギリス(1)	他の英語圏				他のヨーロッパ			
			NZ (2)	北米	南アフリカ	計	北西欧	南欧	東欧(3)	計
1861	428.6	630.1	1.4	6.8	0.9	9.1	37.8	2.4	0.7	40.9
1871	888.8	679.6	2.9	6.8	1.0	10.7	43.6	2.4	0.8	46.8
1881	1,422.7	696.7	6.9	9.8	0.9	17.7	55.7	3.7	1.4	60.8
1891	2,169.7	829.5	24.0	12.9	1.4	38.2	71.7	6.2	3.1	81.0
1901	2,914.0	685.8	25.9	11.9	1.5	39.3	63.3	8.2	3.5	74.9
1911	3,692.8	601.8	32.1	10.6	3.9	46.7	56.7	10.0	4.7	71.4
1921	4,593.9	681.7	38.8	11.1	5.4	55.3	44.4	14.6	9.3	68.3
1933	5,726.5	716.8	46.0	10.6	6.2	62.7	35.4	40.7	17.0	93.1
1947	6,835.2	542.0	43.7	10.3	5.9	59.8	34.4	51.2	24.8	110.5
1954	7,700.0	664.6	43.4	12.8	6.0	62.1	148.3	168.7	174.1	491.1
1961	8,729.4	755.6	47.0	16.9	7.9	71.7	267.2	352.6	221.3	841.0
1961	8,769.5	755.6	47.0	16.9	7.9	71.7	267.2	352.6	221.3	841.0
1966	9,468.6	908.8	52.5	26.0	9.7	88.1	264.9	478.6	241.6	985.0
1971	10,176.3	1,088.8	80.5	42.9	12.7	136.1	283.1	527.3	298.5	1,108.9
1976	10,829.6	1,117.7	89.8	45.0	15.6	150.4	271.5	519.0	303.0	1,093.5
1981	11,535.4	1,146.7	178.9	50.9	27.3	257.1	283.6	513.4	316.7	1,113.8
1981	11,812.4	1,175.7	175.7	47.9	28.0	251.6	291.8	526.5	327.6	1,145.9
1986	12,623.4	1,179.3	218.0	60.8	39.1	317.9	299.0	514.4	338.5	1,151.9
1991	13,318.8	1,244.3	286.4	75.5	55.8	417.7	299.6	504.9	344.1	1,148.6
1996	13,963.8	1,220.1	315.1	81.7	61.7	458.5	300.7	489.7	381.1	1,171.5
2001	14,790.6	1,182.8	394.1	89.5	86.9	570.6	298.3	454.4	379.7	1,132.4
2006	15,417.2	1,190.3	437.9	112.9	119.5	670.3	313.5	431.4	392.4	1,137.4
2011	16,319.0	1,274.6	544.0	136.3	161.6	841.9	320.0	405.2	384.8	1,110.0

	アジア					その他				海外計
	中東(4)	南アジア	東南アジア	東アジア	計	中南米	太平洋諸島	他のアフリカ	計	
1861	0.1	2.8	0.4	38.7	42.0	0.3	0.1	0.7	1.1	723.2
1871	0.1	2.9	0.4	28.7	32.1	0.4	3.1	0.8	4.2	773.3
1881	0.3	4.1	0.6	38.5	43.5	0.5	7.4	1.0	8.9	827.5
1891	0.8	6.1	2.7	36.8	46.4	0.8	10.8	1.5	13.1	1,008.1
1901	2.4	8.4	2.9	33.8	47.5	0.7	10.4	1.2	12.3	859.8
1911	2.2	7.6	2.4	24.8	37.1	0.8	3.6	0.9	5.3	762.2
1921	2.7	7.8	1.9	18.4	30.8	1.0	3.8	1.0	5.8	841.8
1933	3.4	7.9	2.5	11.1	24.9	1.0	3.7	1.0	5.7	903.3
1947	5.5	8.5	3.1	7.8	24.9	1.3	4.7	0.9	6.9	744.2
1954	22.7	15.8	7.7	13.6	59.8	1.7	5.5	1.7	8.9	1,286.5
1961	37.9	19.3	17.3	20.9	95.4	2.2	8.5	4.4	15.1	1,778.8
1961	37.9	19.3	17.3	20.9	95.4	2.2	8.5	4.4	15.1	1,778.8
1966	51.6	23.0	24.1	25.4	124.1	3.7	11.8	9.3	24.7	2,130.9
1971	87.5	40.6	38.7	29.1	195.9	12.9	16.7	20.1	49.6	2,579.3
1976	120.3	55.7	57.3	37.6	270.8	35.7	26.0	24.8	86.6	2,719.0
1981	148.2	64.2	139.0	55.7	407.2	46.5	36.6	33.0	116.1	3,040.9
1981	142.0	61.6	157.7	56.8	418.1	47.7	38.0	34.0	119.7	3,110.9
1986	175.4	80.1	250.2	90.0	595.7	56.8	54.8	38.4	150.0	3,394.8
1991	218.1	118.8	398.9	202.6	938.4	81.2	84.6	50.4	216.2	3,965.2
1996	240.7	155.0	497.8	280.0	1,173.6	83.3	94.8	56.7	234.8	4,258.6
2001	271.9	190.5	541.7	329.1	1,333.2	86.6	109.2	67.3	263.1	4,482.1
2006	314.2	285.2	632.8	453.3	1,685.5	99.4	122.5	126.5	348.4	5,031.8
2011	376.7	533.6	798.5	637.8	2,346.5	123.9	144.2	177.2	445.3	6,018.3

1981年以前はセンサス集計ベース，1981年以降は推定常住人口ベース．
(1) アイルランドを含む．(2) ニュージーランド．(3) 旧ソ連諸国を含む．(4) エジプトを含む．
ABS（2007, 2012a, 2014a, 2015c），Australia（1997），Vamplew（1987），谷内（2007）により推計．

132

付表9　出生地別純移民流入数，1947-2011年（千人）

	英語圏		他のヨーロッパ			アジア					その他	合計
	イギリス	その他	北西欧	南欧東欧	計	中東	南アジア	東南アジア	東アジア	計		
1947-54	162.9	5.9	116.1	272.1	388.2	17.8	7.6	4.8	6.0	36.2	2.1	595.2
1954-61	137.4	13.3	129.6	251.9	381.6	16.3	3.7	10.3	7.8	38.2	6.4	576.9
1961-66	205.8	19.0	61.5	209.8	271.2	14.7	6.6	4.8	3.5	29.6	7.9	533.5
1966-71	243.2	35.8	45.7	208.0	253.8	38.1	18.6	11.7	4.1	72.5	24.9	630.2
1971-76	103.2	28.8	18.0	87.3	105.3	34.2	15.6	16.3	4.7	70.8	30.2	338.2
1976-81	103.2	63.5	14.8	51.3	66.2	33.6	8.1	76.9	14.3	132.9	26.0	391.8
1981-86	75.3	73.2	17.4	32.7	50.1	36.6	21.0	94.3	34.9	186.7	32.2	417.4
1986-91	136.7	107.8	12.8	36.5	49.3	46.6	41.5	151.6	114.8	354.6	68.4	716.9
1991-96	51.0	50.5	15.6	67.6	83.2	28.2	39.8	103.2	81.3	252.4	21.6	458.7
1996-01	37.8	122.4	13.6	13.8	27.4	37.6	39.4	49.4	53.8	180.2	32.7	400.5
2001-06	102.6	135.1	12.6	27.7	40.3	76.5	80.2	100.6	68.3	325.6	60.5	664.1
2006-11	159.6	185.8	25.5	20.5	46.0	71.1	255.4	173.6	192.1	692.2	102.8	1,186.4

注・出所は付表8に同じ.

付表10　エスニックグループ別人口，1947-2011年（千人）

	英語圏系 (1)	他のヨーロッパ系(2)			アジア系					その他 (3)	合計
		北西欧系	南欧系東欧系	計	中東系	南アジア系	東南アジア系	東アジア系	計		
1947	6,896.9	521.1	130.8	651.8	5.5	8.5	3.1	7.8	24.9	5.7	7,579.4
1954	7,835.3	610.1	472.0	1,082.1	23.2	16.1	8.5	13.9	61.7	7.4	8,986.5
1961	8,805.3	812.7	814.3	1,627.0	40.6	20.1	20.2	21.7	102.6	13.4	10,548.3
1966	9,478.8	876.3	1,084.5	1,960.8	56.7	24.3	30.1	26.8	138.0	21.9	11,599.5
1971	10,189.5	960.6	1,349.0	2,309.6	96.0	42.3	48.8	31.1	218.1	38.2	12,755.6
1976	10,655.3	1,009.4	1,525.2	2,534.5	133.5	58.3	73.4	40.2	305.5	53.2	13,548.4
1981	11,521.8	1,112.4	1,743.9	2,856.3	161.8	65.3	182.2	60.4	469.7	75.4	14,923.3
1986	12,230.6	1,201.3	1,832.1	3,033.4	202.9	85.1	274.6	93.5	656.1	98.2	16,018.2
1991	12,740.0	1,265.7	1,964.2	3,229.9	260.3	249.6	443.7	213.2	1,166.8	147.4	17,284.0
1996	13,113.3	1,340.0	2,111.4	3,451.4	301.2	301.5	574.3	306.1	1,483.1	174.5	18,222.4
2001	13,680.9	1,422.9	2,215.3	3,638.2	352.7	356.7	657.0	376.0	1,742.3	211.3	19,272.7
2006	14,218.8	1,490.5	2,317.0	3,807.5	443.2	452.4	791.3	463.3	2,150.2	272.5	20,449.0
2011	15,061.7	1,565.0	2,403.1	3,968.1	492.8	734.2	979.0	723.7	2,929.7	377.7	22,337.3

1981年以前はセンサス集計ベース，1981年以降は推定常住人口ベース.
（1）イギリス系＋先住民系＋ニュージーランド系＋北米系＋南アフリカ系.　（2）南欧系は中南米系を含む.
（3）太平洋諸島系＋他のアフリカ系.
付表8の原資料及び Kasper *et al.*（1980），Khoo and Price（1996）により推計.

付表 11　大都市の出生地別人口，2011 年（千人）

		五大都市						他地域	全国
		シドニー	メルボン	ブリズベン	アデレイド	パース	計		
国内		2,736.6	2,624.3	1,513.2	890.2	1,079.4	8,843.7	6,870.0	15,713.8
英語圏	イギリス	208.9	185.5	121.6	108.8	221.6	846.3	380.8	1,227.1
	他の英語圏	159.4	118.5	142.7	22.2	103.2	546.0	264.5	810.5
他の欧州	北西欧	58.4	57.0	29.7	21.1	26.3	192.4	115.6	308.0
	南欧・東欧	208.9	274.2	35.2	59.2	56.3	633.9	126.7	760.5
	他の欧州計	267.3	331.2	64.9	80.2	82.6	826.3	242.3	1,068.6
アジア	中 東	181.7	99.7	13.7	14.6	21.2	330.9	31.8	362.7
	南アジア	168.4	182.2	35.0	26.4	41.1	453.1	60.6	513.7
	東南アジア	250.8	217.1	61.2	38.6	94.7	662.5	106.2	768.7
	東アジア	282.5	149.4	56.7	26.9	41.6	557.1	56.9	614.0
	アジア計	883.4	648.4	166.6	106.5	198.6	2,003.5	255.6	2,259.1
その他		136.1	92.1	57.1	17.3	43.4	345.9	82.8	428.7
非英語圏計		1,286.7	1,071.7	288.5	204.0	324.6	3,175.8	580.6	3,756.4
海外計		1,655.0	1,375.7	552.8	335.0	649.4	4,568.0	1,225.9	5,794.0
合計		4,391.7	4,000.0	2,066.0	1,225.2	1,728.9	13,411.8	8,096.0	21,507.7

センサス集計ベース．

ABS（2015c）により作成．

付表 12　大都市の言語別人口，2011 年（千人）

		五大都市						他地域	全国
		シドニー	メルボン	ブリズベン	アデレイド	パース	計		
英語のみ		2,732.4	2,652.6	1,695.6	966.0	1,345.7	9,392.3	7,117.0	16,509.3
北西欧系		47.3	43.6	20.6	11.7	22.1	145.3	58.3	203.6
南欧・東欧系	イタリア語	69.0	116.5	11.1	32.5	32.0	261.0	48.8	309.8
	ギリシャ語	81.3	117.3	8.7	24.2	5.6	237.1	23.5	260.6
	スペイン語	50.2	28.6	11.6	4.8	8.6	103.6	17.8	121.4
	その他	171.5	191.1	33.2	37.1	48.7	481.5	92.2	573.6
	計	371.9	453.4	64.6	98.5	94.9	1,083.3	182.2	1,265.5
中東系	アラビア語	179.8	67.7	8.6	7.5	13.0	276.7	20.1	296.7
	その他	68.1	63.4	6.1	7.6	10.4	155.6	12.7	168.3
	計	247.9	131.1	14.8	15.1	23.4	432.3	32.8	465.0
南アジア系	ヒンディー語	51.1	32.7	11.2	4.3	5.2	104.5	10.5	115.1
	その他	121.1	112.3	23.4	16.4	24.6	297.7	34.6	332.4
	計	172.2	144.9	34.6	20.7	29.8	402.2	45.2	447.4
東・東南アジア系	中国語	285.8	196.3	54.4	28.1	54.6	619.2	53.8	673.0
	ベトナム語	85.6	88.0	20.3	16.2	17.8	227.8	13.3	241.2
	フィリピノ語	53.8	29.3	12.4	6.0	12.1	113.6	27.9	141.4
	その他	110.6	56.9	23.8	12.6	29.7	233.6	44.4	278.0
	計	535.8	370.5	111.0	62.8	114.1	1,194.2	139.4	1,333.6
その他	先住民語	0.4	0.3	0.6	0.7	0.7	2.7	59.1	61.8
	その他	50.1	19.1	27.5	2.5	3.2	102.4	33.7	136.1
英語以外計		1,425.5	1,162.9	273.6	212.0	288.2	3,362.3	550.6	3,912.9
合計		4,158.0	3,815.5	1,969.3	1,178.0	1,633.9	12,754.6	7,667.6	20,422.2

家庭で話す言語（英語との併用を含む）．無回答を含まない．

他の注及び出所は付表 11 に同じ．

付表 13　農業生産額，1906-2011 年（百万豪ドル）

	小麦	他の穀物	野菜	果実	さとうきび	綿花	他の作物	作物計
1906	20.2	4.9						50.7
1911	32.9	7.8						79.5
1916	80.7	8.7	8.4	10.2				147.5
1921	124.3	12.7	8.3	20.3				225.6
1926	71.4	10.7	13.4	23.8	13.6	0.8	44.8	178.5
1933	66.6	8.1	8.6	22.7	14.2	0.3	30.7	151.1
1939	44.0	11.1	13.4	27.2	18.4	0.5	39.0	153.5
1947	104.4	21.9	41.6	49.3	18.1	0.1	41.4	276.8
1954	276	81	73	120	79	1	114	744
1961	391	132	102	155	101	2	188	1,071
1966	385	121	125	195	122	14	221	1,184
1971	404	251	169	245	173	13	257	1,512
1976	1,249	541	275	371	436	38	340	3,250
1981	1,684	848	509	638	800	147	680	5,306
1986	2,719	1,071	714	949	494	325	1,106	7,378
1991	1,988	1,021	1,284	1,422	748	898	1,724	9,084
1996	4,305	2,299	1,616	2,214	1,169	1,003	2,727	15,331
2001	5,130	2,363	2,183	3,559	657	1,305	3,338	18,534
2006	5,099	2,495	2,878	4,004	1,032	933	4,355	20,797
2011	7,052	2,793	3,338	4,026	974	1,902	4,963	25,048

	牛肉	羊肉	他の肉類	羊毛	生乳	他の畜産	畜産計	合計
1906	10.2	7.7	4.4	52.1	16.6	27.0	118.0	168.7
1911	13.0	15.2	7.7	68.0	21.2	23.6	148.8	228.3
1916	25.1	5.4	8.4	60.6	25.1	49.0	173.5	321.1
1921	46.9	11.1	18.7	76.1	73.9	66.1	292.9	518.5
1926	40.0	17.1	17.7	126.8	64.3	55.1	321.0	499.5
1933	22.8	19.0	13.5	77.2	55.1	21.4	208.9	360.1
1939	39.1	30.1	9.4	70.1	87.1	27.4	263.2	416.7
1947	47.4	51.8	29.3	193.7	107.6	38.1	467.9	744.7
1954	229	83	68	820	283	90	1,576	2,320
1961	303	170	94	681	324	105	1,678	2,749
1966	531	208	144	808	381	92	2,165	3,349
1971	610	178	189	538	430	116	2,061	3,573
1976	709	208	338	1,000	490	190	2,935	6,184
1981	2,057	719	699	1,670	885	249	6,278	11,584
1986	2,367	518	998	2,707	1,107	317	8,014	15,391
1991	3,869	373	1,487	4,181	1,825	350	12,086	21,170
1996	3,576	1,036	1,581	2,549	2,987	311	12,039	27,370
2001	6,431	1,402	1,905	2,541	3,053	370	15,703	34,237
2006	7,685	2,112	2,162	2,054	3,341	376	17,730	38,527
2011	7,824	2,862	3,110	2,673	3,932	572	20,972	46,020

3 月又は 6 月に終わる年度（以下原則として同じ）．1939 年以前の「生乳」は酪製品．
ABS（2012acd）により推計．

付表 14　州別農業生産額, 2011 年（百万豪ドル）

	NSW	VIC	QLD	SA	WA	TAS	NT	ACT	全国
小麦	2,511	1,075	378	1,676	1,404	8	–	–	7,052
他の穀物	998	500	332	547	406	11	–	–	2,793
野菜	439	726	1,077	502	357	184	52	–	3,338
果実	631	1,431	861	661	289	107	47	–	4,026
さとうきび	63	–	910	–	–	–	–	–	974
綿花	1,126	–	776	–	–	–	–	–	1,902
他の作物	1,310	1,370	566	760	758	172	23	5	4,963
作物計	7,079	5,103	4,901	4,145	3,213	480	121	5	25,048
牛肉	1,616	1,370	3,418	313	609	180	315	3	7,824
羊肉	610	1,092	55	529	531	43	–	1	2,862
他の肉類	858	736	656	549	270	28	12	–	3,110
羊毛	853	683	118	364	557	97	–	2	2,673
生乳	505	2,483	258	218	157	312	–	–	3,932
他の畜産	194	151	149	15	49	13	–	3	572
畜産計	4,635	6,515	4,653	1,988	2,173	672	327	9	20,972
合計	11,714	11,618	9,555	6,133	5,387	1,152	448	14	46,020

ABS（2012c）により作成.

付表 15　小麦の州別生産量, 1836-2011 年（千 t）

	NSW	VIC	QLD	SA	WA	TAS	ACT	全国
1836	24.0				0.6	13.3		37.9
1841	22.1	1.3		2.7	1.0	23.9		51.0
1846	29.2	9.4		14.2	1.5	31.5		85.8
1851	25.1	15.1		18.2	1.8	33.5		93.7
1856	36.3	31.2		48.4	3.5	33.0		152.5
1861	43.0	94.2	0.1	97.3	5.7	38.5		278.7
1866	27.6	95.6	0.9	97.6	6.3	34.6		262.7
1871	27.2	78.1	1.1	189.3	8.6	24.4		328.7
1876	53.3	135.5	2.6	292.1	6.5	19.0		509.0
1881	101.1	264.7	6.1	234.1	9.0	20.4		635.5
1886	74.3	249.6	1.4	140.4	9.2	14.3		489.2
1891	99.3	347.0	5.7	255.7	12.7	17.5		737.8
1896	141.3	154.3	3.4	161.4	4.9	31.7		496.8
1901	440.2	485.7	32.5	306.1	21.1	30.2		1,315.7
1906	564.4	637.3	30.9	547.9	62.8	21.1		1,864.5
1911	759.7	947.5	27.8	662.2	160.4	30.5		2,588.0
1916	1,816.0	1,592.7	11.3	928.5	496.0	27.0	1.0	4,872.5
1921	1,513.5	1,074.2	100.8	931.8	333.1	15.4	0.4	3,969.3
1926	919.9	796.2	53.7	778.0	556.8	10.7	0.1	3,115.4
1933	2,146.5	1,302.1	67.8	1,154.1	1,136.7	11.7	1.8	5,820.7
1939	1,630.2	492.7	233.5	861.5	1,002.1	5.5	1.6	4,227.1
1947	426.8	1,332.8	19.2	759.0	647.4	3.8	1.6	3,190.6
1954	1,733.1	1,461.4	276.9	827.1	1,079.8	7.1	0.8	5,386.2
1961	2,304.0	1,839.4	299.2	1,262.0	1,738.1	4.0	0.8	7,447.4
1966	1,064.6	1,649.0	474.1	1,087.4	2,778.6	10.0	0.8	7,064.4
1971	3,010.2	1,004.3	119.7	789.6	2,957.0	7.6	1.0	7,889.3
1976	4,310.5	1,578.5	830.0	1,139.0	4,122.0	1.7	-	11,981.7
1981	2,865.0	2,538.0	485.3	1,650.4	3,315.2	2.5	-	10,856.4
1986	5,915.5	2,342.4	1,691.0	1,793.1	4,316.3	4.0	0.3	16,062.6
1991	4,127.6	1,493.0	1,973.2	2,020.8	5,449.1	2.4	-	15,066.1
1996	4,508.4	1,921.2	519.5	2,724.0	6,826.7	4.1	-	16,503.9
2001	7,867.3	3,079.7	1,157.0	4,162.4	5,814.4	25.6	1.8	22,108.1
2006	8,049.0	2,908.9	1,217.6	3,852.8	9,088.1	34.0	-	25,150.4
2011	10,488.4	4,412.4	1,523.6	5,948.7	5,004.6	31.9	0.4	27,410.1

NT は小麦生産なし.

ABS（2013b）, Dunsdorfs（1956）, Vamplew（1987）により推計.

付表 16　小麦の州別純輸移出量，1836-96 年（千 t）

	NSW	VIC	QLD	SA	WA	TAS	全国
1836	−9.1					−0.5	−9.6
1841	−13.2	−3.2		−0.7		5.0	−12.1
1846	−6.2	−1.2		2.4	−0.2	9.3	4.1
1851	−7.5	−5.9		5.9	−0.3	4.2	−3.7
1856	−30.3	−60.9		31.8	−0.7	11.1	−48.9
1861	−29.6	−41.4	−7.5	63.0	−0.7	10.7	−5.6
1866	−52.6	−47.8	−19.9	50.8	−0.5	3.0	−66.9
1871	−46.5	−32.1	−19.1	132.1		4.6	39.1
1876	−51.5	−7.0	−28.1	257.3	−0.4	1.8	172.0
1881	−23.9	106.0	−30.2	164.4	−0.9	0.1	215.5
1886	−100.0	60.6	−50.8	77.3	−2.0	−7.7	−22.5
1891	−77.6	177.6	−47.3	243.7	−3.7	−6.1	286.6
1896	−97.7	2.2					−118.3

輸移出量−輸移入量（マイナスは輸移入超過）．

Dunsdorfs（1956）により作成．

付表 17　小麦・牛肉・羊毛の生産量と輸出量，1861-2011 年（千 t）

	小麦		牛肉		羊毛	
	生産量	輸出量	生産量	輸出量	生産量	輸出量
1861	278.7	−5.6	81.8		30.4	27.2
1866	262.7	−66.9	77.0		57.9	49.2
1871	328.7	39.1	90.9		94.5	80.4
1876	509.0	172.0	135.8		137.2	125.8
1881	635.5	215.5	155.5		145.0	149.3
1886	489.2	−22.5	124.9		172.6	167.8
1891	737.8	286.6	169.4	2.4	287.6	291.0
1896	496.8	−118.3	244.2	25.4	263.0	238.0
1901	1,315.7	683.1	229.8	41.1	239.5	204.8
1906	1,864.5	1,050.7	221.3	18.9	250.5	217.7
1911	2,588.0	1,740.3	272.1	49.3	348.6	295.0
1916	4,872.5	978.9	299.8	52.0	249.8	221.5
1921	3,969.3	2,402.6	353.3	81.5	248.3	220.3
1926	3,115.4	2,130.4	398.8	97.1	376.7	374.3
1933	5,820.7	4,078.8	392.9	69.8	482.0	419.2
1939	4,227.1	2,665.3	568.2	123.4	446.2	393.1
1947	3,190.6	1,330.9	496.0	81.8	443.1	549.1
1954	5,386.2	1,941.4	715.0	143.8	564.9	529.9
1961	7,447.4	4,990.8	642.9	146.2	737.1	627.3
1966	7,064.4	5,663.6	946.3	278.0	754.3	655.7
1971	7,889.3	9,469.5	1,047.2	339.1	885.5	695.3
1976	11,981.7	7,863.7	1,840.4	549.5	754.3	636.8
1981	10,856.4	10,671.3	1,467.2	514.7	700.1	614.3
1986	16,062.6	16,168.6	1,384.9	477.0	829.5	698.8
1991	15,066.1	12,018.0	1,759.6	759.2	1,066.1	555.9
1996	16,503.9	14,708.6	1,744.7	737.7	689.7	623.4
2001	22,108.1	15,853.6	2,119.0	970.6	589.8	549.5
2006	25,150.4	15,299.9	2,077.1	1,007.1	534.2	432.1
2011	27,410.1	17,726.1	2,128.3	906.7	368.3	313.6

小麦の輸出量は小麦粉（小麦換算）を含む．マイナスは輸入超過．
ABS (2012a, 2013b), Dunsdorfs (1956), FAO (2015), NSW
(2004a), QLD (2001), SA (1993), Shaw (1982), TAS (1986),
Vamplew (1987), VIC (1949), WA (1980), Wadham *et al.*
(1957) により推計．

付表 18 州別耕地面積，1861-2011 年（千 ha）

	NSW	VIC	QLD	SA	WA	TAS	NT	ACT	全国
1861	99.6	156.7	1.4	145.4	10.0	61.9			475.0
1866	147.3	181.4	5.8	221.4	15.5	64.6			636.0
1871	157.8	279.5	21.1	324.4	22.1	63.7			868.6
1876	182.6	297.9	31.3	450.0	19.3	57.7			1,038.7
1881	254.6	626.1	45.4	844.7	25.9	57.0			1,853.7
1886	298.5	755.8	80.3	930.4	24.3	58.6			2,147.9
1891	345.1	822.3	91.1	847.2	28.2	63.7			2,197.6
1896	545.8	976.6	115.5	847.0	39.6	86.1			2,610.6
1901	990.2	1,260.3	185.1	959.0	81.5	90.8			3,566.9
1906	1,149.4	1,303.1	211.6	912.8	147.6	93.2			3,817.7
1911	1,370.3	1,599.4	270.0	1,111.4	346.0	116.1	0.1		4,813.4
1916	2,345.8	2,311.3	295.3	1,523.1	886.1	134.9	0.1	1.8	7,498.4
1921	1,807.0	1,816.9	315.5	1,307.6	730.5	120.4	0.1	0.8	6,098.8
1926	1,837.9	1,794.2	418.4	1,450.4	1,186.6	107.8	0.2	0.9	6,796.4
1933	2,562.9	2,070.3	504.1	2,090.9	1,724.4	113.0	0.4	2.6	9,068.7
1939	2,852.9	2,031.3	702.1	1,911.8	1,909.9	98.4	0.5	2.8	9,509.6
1947	2,635.2	2,065.2	654.5	1,572.0	1,429.6	104.1	0.4	3.8	8,464.7
1954	2,195.6	1,812.9	954.3	1,529.1	1,811.9	92.5	0.4	2.6	8,399.3
1961	3,105.1	1,823.1	1,234.1	2,009.8	2,734.4	79.2	0.8	3.2	10,989.7
1966	3,556.7	2,011.1	1,650.8	2,142.2	3,419.2	98.1	1.6	3.2	12,882.9
1971	4,913.3	1,698.6	1,901.4	2,141.5	3,831.6	84.8	2.4	1.2	14,574.8
1976	4,544.7	1,850.5	2,074.1	2,115.7	4,207.2	60.0	3.6	1.0	14,856.8
1981	5,351.1	2,183.8	2,576.7	2,773.2	5,545.8	83.2	1.0	1.4	18,516.3
1986	5,990.0	2,476.6	3,230.6	3,039.0	5,970.2	88.0	7.2	1.0	20,802.6
1991	4,072.9	2,063.0	3,182.3	2,933.4	5,361.0	75.0	5.8	–	17,693.4
1996	4,756.7	2,435.5	2,161.0	3,290.0	6,418.7	76.8	4.0	–	19,142.7
2001	6,723.3	3,043.7	2,954.9	3,981.8	7,730.6	78.7	5.8	1.3	24,520.0
2006	6,988.4	3,387.9	2,197.0	4,499.1	7,292.9	75.5	31.0	0.7	24,472.5
2011	9,209.2	4,488.8	3,466.0	5,036.0	9,706.6	133.4	36.7	1.6	32,078.3

全作物の作付面積（樹園地を含む）．

ABS（2012abd, 2013b），NSW（1972, 1981, 1993），QLD（1972, 1983, 1988, 1994），SA（1973, 1982, 1992），TAS（1962, 1972, 1982），VIC（1912, 1949, 1972, 1983ab, 1992），WA（1962, 1972, 1983ab, 1994）により推計．

付表 19　小麦の州別作付面積，1861-2011 年（千 ha）

	NSW	VIC	QLD	SA	WA	TAS	ACT	全国
1861	52.1	65.3	0.1	110.8	5.5	26.9		260.6
1866	53.3	72.3	0.8	166.2	9.0	29.7		331.2
1871	59.9	115.0	1.2	244.7	10.8	23.4		455.0
1876	54.1	130.1	1.6	363.7	8.7	17.3		575.6
1881	102.4	395.5	4.4	701.6	11.2	20.2		1,235.4
1886	107.2	412.8	2.1	659.7	11.9	12.2		1,206.0
1891	134.9	463.4	4.2	677.3	13.7	13.1		1,306.6
1896	241.5	571.7	5.2	571.0	9.4	26.2		1,425.0
1901	619.4	816.4	32.1	774.3	30.1	21.0		2,293.2
1906	784.9	837.9	48.3	711.1	78.9	16.7		2,477.8
1911	861.5	970.5	43.2	851.8	235.5	21.1		2,983.6
1916	1,694.3	1,489.2	37.9	1,108.5	701.8	19.7	1.0	5,052.3
1921	1,265.4	929.1	71.8	877.2	516.3	11.4	0.2	3,671.4
1926	1,183.6	1,017.2	67.2	997.8	854.7	7.7	0.1	4,128.4
1933	1,944.1	1,307.5	101.2	1,645.8	1,371.7	8.5	1.4	6,380.2
1939	1,882.1	1,112.2	178.9	1,246.6	1,381.1	4.0	0.8	5,805.8
1947	1,810.9	1,416.9	100.4	1,019.4	981.7	3.1	－	5,332.3
1954	1,358.5	966.9	234.7	618.5	1,167.6	3.9	－	4,350.2
1961	1,649.5	1,081.2	280.3	797.0	1,627.4	2.8	－	5,438.2
1966	1,852.1	1,244.0	386.0	1,110.8	2,488.8	5.7	－	7,087.4
1971	2,215.8	760.4	333.9	802.3	2,361.2	4.5	－	6,478.0
1976	2,774.1	1,073.1	576.2	958.5	3,171.3	1.6	－	8,554.8
1981	3,345.0	1,431.0	727.0	1,445.3	4,333.1	1.6	－	11,283.1
1986	3,662.6	1,508.1	972.7	1,442.5	4,147.7	1.7	0.2	11,735.6
1991	2,165.8	911.5	1,060.3	1,447.8	3,632.2	0.6	－	9,218.1
1996	2,328.3	853.4	626.5	1,519.1	3,892.4	1.1	－	9,220.7
2001	3,670.8	1,142.6	884.9	1,975.6	4,460.3	6.6	0.5	12,141.4
2006	3,554.1	1,314.6	778.3	2,034.9	4,752.7	7.9	0.1	12,442.7
2011	3,814.7	1,793.1	905.5	2,340.6	4,639.5	8.1	0.3	13,501.8

NT は小麦生産なし.

出所は付表 18 に同じ.

付表 141

付表 20　地帯別の耕地面積・小麦作付面積，1861-2011 年（千 ha）

	耕地面積				小麦作付面積			
	第1地帯	第2地帯	第3地帯	全国	第1地帯	第2地帯	第3地帯	全国
1861	347.9	126.9	0.1	475.0	169.7	90.9	–	260.6
1866	427.5	208.3	0.1	636.0	217.3	113.9	–	331.2
1871	489.0	379.4	0.2	868.6	242.5	212.5	–	455.0
1876	415.4	623.1	0.2	1,038.7	188.3	387.3	–	575.6
1881	522.0	1,276.7	54.9	1,853.7	183.5	999.9	51.9	1,235.4
1886	550.3	1,525.2	72.4	2,147.9	145.0	998.8	62.2	1,206.0
1891	500.7	1,644.0	53.0	2,197.6	129.8	1,125.8	51.1	1,306.6
1896	503.1	2,025.7	81.8	2,610.6	105.5	1,255.1	64.4	1,425.0
1901	666.5	2,809.1	91.3	3,566.9	137.1	2,068.6	87.5	2,293.2
1906	600.1	3,166.5	51.2	3,817.7	134.5	2,296.1	47.2	2,477.8
1911	824.5	3,941.9	47.1	4,813.4	161.8	2,780.6	41.2	2,983.6
1916	963.5	6,491.0	43.8	7,498.4	193.8	4,820.5	38.0	5,052.3
1921	738.7	5,329.2	30.9	6,098.8	124.9	3,522.0	24.5	3,671.4
1926	807.1	5,964.5	24.8	6,796.4	156.4	3,950.9	21.2	4,128.4
1933	964.3	8,041.7	62.8	9,068.7	172.7	6,147.4	60.1	6,380.2
1939	977.4	8,495.8	36.4	9,509.6	389.9	5,384.8	31.1	5,805.8
1947	891.9	7,558.0	14.8	8,464.7	123.3	5,197.5	11.5	5,332.3
1954	940.8	7,452.0	6.5	8,399.3	87.2	4,260.7	2.3	4,350.2
1961	938.7	10,041.3	9.6	10,989.7	110.6	5,325.3	2.3	5,438.2
1966	1,033.8	11,826.2	23.0	12,882.9	126.3	6,954.1	7.0	7,087.4
1971	1,102.9	13,423.5	48.4	14,574.8	80.5	6,388.0	9.5	6,478.0
1976	949.6	13,865.5	41.8	14,856.8	146.0	8,392.3	16.5	8,554.8
1981	1,153.2	17,304.9	58.2	18,516.3	183.1	11,064.5	35.5	11,283.1
1986	1,202.1	19,483.9	116.6	20,802.6	134.3	11,538.3	63.0	11,735.6
1991	1,139.4	16,408.3	145.7	17,693.4	112.4	9,040.2	65.5	9,218.1
1996	1,077.8	17,922.2	142.7	19,142.7	210.8	8,948.8	61.0	9,220.7
2001	1,489.6	22,825.3	205.0	24,520.0	255.8	11,787.7	97.8	12,141.4
2006	1,576.1	22,644.3	252.2	24,472.5	256.4	12,102.5	83.8	12,442.7
2011	1,845.1	29,921.8	311.5	32,078.3	517.2	12,916.2	68.3	13,501.8

各地帯は州都・準州都・連邦首都を含む.
出所は付表 18 に同じ.

付表 21　牛の州別頭数，1861-2011 年（千頭）

	NSW	VIC	QLD	SA	WA	TAS	NT	ACT	全国
1861	2,408.6	722.3	432.9	278.3	32.5	83.4			3,957.9
1866	1,961.9	621.3	848.3	158.1	45.1	90.0			3,724.8
1871	2,195.1	721.1	1,076.6	136.8	45.2	101.5			4,276.3
1876	3,134.1	1,054.6	1,812.6	219.2	50.4	118.7			6,389.6
1881	2,580.0	1,286.3	3,162.8	283.3	63.7	127.2	19.7		7,523.0
1886	1,317.3	1,290.8	4,162.7	271.5	70.4	138.6	146.6		7,397.9
1891	2,091.2	1,782.9	5,558.3	359.9	131.0	162.4	214.1		10,299.8
1896	2,150.1	1,795.3	6,822.4	355.9	200.1	162.8	281.0		11,767.5
1901	1,983.1	1,602.4	4,078.2	214.8	338.6	165.5	257.7		8,640.2
1906	2,338.0	1,737.7	2,963.7	304.0	631.8	206.2	346.9		8,528.3
1911	3,140.3	1,547.6	5,131.7	384.9	825.0	201.9	513.4		11,744.7
1916	2,405.8	1,043.6	4,780.9	226.6	821.0	169.6	484.0	5.7	9,937.1
1921	3,375.3	1,575.2	6,455.1	376.4	849.8	208.2	659.8	7.4	13,507.1
1926	2,937.1	1,513.8	6,436.6	373.6	835.9	212.4	970.3	5.3	13,285.1
1933	3,141.2	1,900.9	5,535.1	312.9	857.5	250.8	780.1	4.6	12,783.1
1939	2,811.9	1,697.3	6,097.1	318.9	767.7	262.4	899.5	7.1	12,861.8
1947	2,983.1	2,060.1	5,945.3	424.0	811.9	220.1	973.0	9.2	13,426.6
1954	3,554.0	2,370.2	7,086.2	490.9	829.7	295.2	966.0	9.0	15,601.2
1961	4,241.9	2,863.8	7,004.1	560.7	1,100.4	394.2	1,154.0	13.0	17,332.1
1966	4,152.9	3,397.0	6,887.9	690.0	1,271.2	491.9	1,032.0	13.0	17,935.9
1971	6,493.8	5,060.7	7,944.2	1,196.4	1,781.3	733.4	1,145.0	18.0	24,372.9
1976	9,138.0	5,868.4	11,347.2	1,891.2	2,654.5	909.2	1,603.0	23.0	33,434.6
1981	5,459.1	4,312.1	9,924.8	1,091.3	2,033.8	658.5	1,675.0	12.0	25,166.6
1986	4,790.0	3,382.9	9,662.0	854.0	1,690.1	570.3	1,457.6	12.7	22,419.6
1991	5,653.4	3,631.4	9,855.5	990.1	1,583.8	584.3	1,352.6	11.2	23,662.3
1996	6,390.4	4,395.9	10,214.4	1,218.7	1,923.7	717.6	1,503.1	13.7	26,377.3
2001	6,214.5	4,405.5	11,375.8	1,241.8	2,127.8	636.3	1,708.6	11.3	27,721.7
2006	6,211.2	4,403.2	11,547.5	1,329.1	2,390.9	704.0	1,798.2	9.2	28,393.4
2011	5,709.8	3,969.9	12,611.9	1,252.2	2,067.1	689.2	2,197.4	8.8	28,506.2

出所は付表 18 に同じ.

付表 22 羊の州別頭数，1861-2011 年（千頭）

	NSW	VIC	QLD	SA	WA	TAS	NT	ACT	全国
1861	6,119	5,781	3,449	2,825	260	1,701			20,135
1866	8,133	8,835	6,595	3,779	445	1,753			29,540
1871	16,309	10,762	8,164	4,401	609	1,350			41,594
1876	24,383	11,750	7,228	6,179	882	1,732			52,153
1881	32,400	10,360	6,936	6,444	1,232	1,784	9		59,164
1886	37,821	10,682	8,994	6,594	1,703	1,649	50		67,492
1891	54,113	12,693	18,007	7,005	2,525	1,619	46		96,008
1896	47,618	12,791	19,857	6,531	2,296	1,524	73		90,690
1901	40,021	10,842	10,339	5,235	2,434	1,684	48		70,603
1906	39,507	11,455	12,535	6,278	3,121	1,584	62		74,541
1911	45,561	12,883	20,332	6,267	5,159	1,788	57		92,047
1916	32,601	10,546	15,950	3,675	4,804	1,624	58	103	69,360
1921	33,852	12,171	17,405	6,360	6,533	1,571	6	160	78,058
1926	53,860	13,741	20,663	6,810	6,862	1,619	8	172	103,735
1933	53,698	17,512	21,313	7,713	10,417	2,041	18	214	112,927
1939	48,877	17,007	23,159	9,937	9,178	2,626	30	246	111,058
1947	43,105	16,598	16,084	7,959	9,787	1,933	28	228	95,723
1954	59,639	21,438	18,194	11,838	13,087	2,465	31	252	126,945
1961	68,087	26,620	22,135	14,952	17,151	3,439	16	278	152,678
1966	61,396	30,968	18,384	17,993	24,427	4,127	9	258	157,563
1971	70,605	33,761	14,778	19,166	34,709	4,517	9	251	177,796
1976	53,200	25,395	13,599	17,279	34,771	4,249	1	148	148,642
1981	46,000	25,487	10,620	17,056	30,764	4,381	1	72	134,380
1986	51,498	25,716	14,311	17,506	33,213	5,083	1	122	147,449
1991	59,763	27,494	17,440	17,153	36,465	4,804	–	118	163,238
1996	41,090	21,974	10,707	13,576	29,834	3,862	–	73	121,116
2001	40,887	22,272	8,660	12,585	23,129	3,284	–	110	110,928
2006	32,146	17,908	4,466	11,331	22,129	2,963	1	84	91,028
2011	26,825	15,212	3,653	11,009	14,000	2,345	2	54	73,099

出所は付表 18 に同じ．

144

付表 23　牛・羊の地帯別頭数，1861-2011 年（千頭）

	牛				羊			
	第1地帯	第2地帯	第3地帯	全国	第1地帯	第2地帯	第3地帯	全国
1861	1,175.7	2,611.2	171.0	3,957.9	3,278	15,374	1,484	20,135
1866	1,524.3	2,014.1	186.5	3,724.8	5,948	20,992	2,600	29,540
1871	1,593.6	2,392.5	290.2	4,276.3	5,311	32,188	4,095	41,594
1876	2,396.9	3,270.7	722.0	6,389.6	7,184	38,575	6,393	52,153
1881	2,717.4	3,375.6	1,430.0	7,523.0	5,868	42,230	11,067	59,164
1886	2,425.6	2,729.8	2,242.5	7,397.9	5,769	41,345	20,378	67,492
1891	3,253.3	3,898.1	3,148.5	10,299.8	6,575	58,564	30,869	96,008
1896	3,427.8	4,677.7	3,662.0	11,767.5	6,420	57,284	26,987	90,690
1901	3,118.0	3,438.1	2,084.1	8,640.2	6,258	51,412	12,933	70,603
1906	3,288.6	3,080.9	2,158.8	8,528.3	6,670	52,978	14,893	74,541
1911	4,011.6	4,330.0	3,403.2	11,744.7	7,117	60,831	24,100	92,047
1916	3,515.1	3,183.4	3,238.6	9,937.1	4,477	46,717	18,166	69,360
1921	4,495.2	5,036.0	3,975.9	13,507.1	6,158	50,288	21,612	78,058
1926	4,474.9	4,477.8	4,332.4	13,285.1	6,923	70,944	25,869	103,735
1933	4,899.7	4,744.4	3,139.1	12,783.1	8,528	77,938	26,461	112,927
1939	5,112.7	4,405.8	3,343.2	12,861.8	9,047	78,352	23,659	111,058
1947	4,853.8	5,032.3	3,540.6	13,426.6	8,382	67,804	19,537	95,723
1954	5,493.7	6,244.1	3,863.4	15,601.2	10,914	94,192	21,838	126,945
1961	6,398.5	6,584.4	4,349.3	17,332.1	13,510	113,834	25,334	152,678
1966	6,132.0	7,707.1	4,096.8	17,935.9	16,719	119,657	21,187	157,563
1971	8,001.4	11,757.2	4,614.4	24,372.9	16,692	140,217	20,887	177,796
1976	9,074.3	17,179.7	7,180.6	33,434.6	12,466	115,251	20,926	148,642
1981	7,035.6	11,422.0	6,709.0	25,166.6	13,151	106,599	14,630	134,380
1986	5,884.1	10,565.1	5,970.5	22,419.6	13,242	114,419	19,788	147,449
1991	5,712.1	11,913.3	6,036.8	23,662.3	12,901	128,198	22,138	163,238
1996	6,344.5	13,170.6	6,862.2	26,377.3	10,171	95,161	15,784	121,116
2001	6,090.0	13,631.2	8,000.5	27,721.7	9,725	87,769	13,433	110,928
2006	6,689.2	14,199.1	7,505.1	28,393.4	7,744	76,236	7,048	91,028
2011	5,991.5	13,077.4	9,437.3	28,506.2	6,175	60,685	6,239	73,099

各地帯は州都・準州都・連邦首都を含む.

出所は付表 18 に同じ.

付表 145

付表 24 肉牛・乳牛の地帯別頭数，1861-2011 年（千頭）

	肉牛				乳牛			
	第1地帯	第2地帯	第3地帯	全国	第1地帯	第2地帯	第3地帯	全国
1861	889.3	2,272.5	163.7	3,325.4	286.4	338.7	7.3	632.5
1866	1,155.7	1,769.0	180.6	3,105.3	368.6	245.1	5.9	619.6
1871	1,202.6	2,072.9	283.7	3,559.3	391.0	319.6	6.5	717.0
1876	1,826.3	2,857.4	710.9	5,394.6	570.5	413.4	11.1	995.0
1881	2,088.4	2,896.0	1,415.4	6,399.8	629.0	479.6	14.6	1,123.2
1886	1,853.5	2,273.9	2,230.8	6,358.2	572.1	455.9	11.7	1,039.7
1891	2,482.5	3,350.5	3,130.1	8,963.1	770.8	547.6	18.4	1,336.7
1896	2,604.2	3,952.2	3,643.1	10,199.5	823.6	725.5	18.9	1,568.0
1901	2,228.7	2,869.4	2,060.5	7,158.7	889.3	568.7	23.6	1,481.5
1906	2,298.4	2,534.3	2,145.7	6,978.4	990.2	546.6	13.1	1,549.9
1911	2,756.8	3,599.7	3,386.1	9,742.7	1,254.7	730.2	17.1	2,002.1
1916	2,262.7	2,485.1	3,217.4	7,965.2	1,252.4	698.3	21.2	1,971.9
1921	2,883.9	4,151.5	3,959.1	10,994.6	1,611.3	884.5	16.7	2,512.5
1926	2,776.8	3,512.1	4,318.4	10,607.4	1,698.1	965.6	14.0	2,677.7
1933	2,834.7	3,627.2	3,126.9	9,588.8	2,064.9	1,117.2	12.2	3,194.4
1939	2,814.8	3,319.5	3,331.1	9,465.4	2,297.9	1,086.3	12.1	3,396.4
1947	1,944.0	3,447.8	3,520.0	8,911.8	2,909.8	1,584.4	20.6	4,514.8
1954	2,387.7	4,494.2	3,842.1	10,723.9	3,106.0	1,750.0	21.3	4,877.3
1961	3,188.1	4,971.4	4,334.1	12,493.6	3,210.4	1,612.9	15.2	4,838.5
1966	2,925.8	6,140.1	4,085.0	13,150.9	3,206.1	1,567.1	11.9	4,785.1
1971	5,098.7	10,403.6	4,607.7	20,110.0	2,902.7	1,353.6	6.6	4,262.9
1976	6,781.4	15,932.6	7,174.2	29,888.2	2,292.9	1,247.1	6.4	3,546.4
1981	5,173.7	10,453.5	6,704.6	22,331.8	1,861.9	968.5	4.4	2,834.8
1986	4,190.8	9,655.3	5,967.7	19,813.8	1,693.3	909.8	2.7	2,605.8
1991	4,161.6	11,036.2	6,034.2	21,231.9	1,550.5	877.1	2.7	2,430.3
1996	4,581.0	12,131.1	6,857.2	23,569.3	1,763.5	1,039.5	5.0	2,808.0
2001	4,159.3	12,351.3	7,995.8	24,506.4	1,930.7	1,279.9	4.7	3,215.3
2006	5,068.9	13,031.6	7,505.0	25,605.5	1,620.3	1,167.6	−	2,787.9
2011	4,256.2	12,243.8	9,436.3	25,936.3	1,735.3	833.6	1.0	2,569.9

各地帯は州都・準州都・連邦首都を含む．

出所は付表 18 に同じ．

付表 25 農業の地帯別比較，2011 年

| | | 第1地帯 | 第2地帯 | 第3地帯 | | 全国 |
				東部(1)	西部(2)	
全農場数(戸)		50,538	80,557	3,320	1,239	135,654
放牧地のある農場数(戸)		35,559	63,991	3,075	747	103,372
農地面積 （千ha）	耕地	1,845	29,922	248	64	32,078
	放牧地	12,768	72,965	117,547	160,762	364,043
	その他	1,040	8,080	2,295	2,137	13,552
	計	15,653	110,967	120,090	162,963	409,673
頭数(千頭)	肉牛	4,256	12,244	5,948	3,488	25,936
	乳牛	1,735	834	1	–	2,570
	羊	6,175	60,685	4,945	1,294	73,099
	計(3)	6,763	20,663	6,567	3,650	37,644
生産額 （百万豪ドル）	作物	6,534	18,057	244	213	25,048
	畜産	7,205	10,984	1,975	808	20,972
	計	13,739	29,041	2,219	1,022	46,020

(1) NSW+QLD. (2) SA+WA+NT. (3) 牛換算（羊8頭＝牛1頭）.
ABS（2012bcd, 2015a）により推計.

付表 26 農業の小地域別比較，2011 年

| 区分(1) | 地帯別地区数(2) | | | | 農場数
（戸） | 農地面積
（千ha） | 生産額
（百万豪ドル） |
	1	2	3	計			
20未満	17	1	–	18	1,193	16	453
20+	41	2	1	44	3,465	112	1,135
50+	71	5	–	76	8,617	665	1,938
100+	70	28	–	98	14,382	2,141	4,135
200+	48	21	–	69	15,381	3,660	4,042
300+	28	41	–	69	18,463	6,562	4,288
500+	12	51	–	63	20,267	12,197	4,965
750+	4	34	1	39	12,420	10,804	4,295
1000+	9	45	1	55	17,828	24,435	8,104
2000+	1	29	–	30	10,421	31,193	6,048
5000+	1	9	4	14	4,013	27,097	2,413
1万+	–	4	4	8	1,849	28,034	954
2万+	–	–	8	8	1,353	45,889	928
5万+	–	–	4	4	394	24,387	278
10万+	–	–	7	7	512	68,895	659
20万+	–	–	12	12	378	111,164	624
対象地区計(3)	302	270	42	614	130,936	397,252	45,259
農業地区計(4)	939	350	63	1,352	135,654	409,673	46,020

(1) 各地区の農場当り平均農地面積（ha/ 戸）による.
(2) 「地区」は地方自治体スケールの小地域（ASGS の SA2）.
(3) 農業生産額 500 万豪ドル以上の地区.
(4) 農場が存在している地区（生産額が僅少又は秘匿の地区も含む）.
ABS（2012b, 2015a）により作成.

付表 147

付表 27 鉱業生産額, 1861-2011 年 (百万豪ドル)

	石炭 褐炭	石油 天然ガス	鉄鉱石	金鉱	銅鉱	銀・鉛・ 亜鉛鉱	他の 金属鉱石	非金属 鉱物	合計
1861	0.5			19.9	0.9				21.3
1866	0.7			14.8	1.8				17.3
1871	0.7			15.8	1.7	0.1	0.1	0.1	18.4
1876	1.7			11.9	1.6	0.1	1.2	0.1	16.6
1881	1.3			10.4	1.4	0.1	2.3	0.1	15.6
1886	2.8			8.9	0.8	1.1	1.6	0.3	15.5
1891	3.8			10.6	0.7	7.5	1.3	0.3	24.1
1896	2.8			15.7	0.9	4.1	0.6	0.4	24.5
1901	5.2			28.0	4.4	4.5	1.1	0.3	43.6
1906	5.6		0.1	29.3	6.7	7.3	3.4	1.0	53.3
1911	7.9		0.2	21.1	5.1	8.9	2.7	0.8	46.7
1916	9.0		0.1	14.1	9.3	10.7	2.3	1.3	46.8
1921	22.0		1.2	8.0	1.6	3.6	1.1	1.2	38.8
1926	23.4		1.4	4.4	1.1	12.9	1.8	1.9	46.9
1933	12.0		1.7	12.8	1.1	5.7	1.2	0.8	35.2
1939	18.0		3.6	32.0	2.1	11.8	2.1	1.6	71.3
1947	33.3		5.0	20.2	3.4	38.3	3.9	3.4	107.4
1954	117.7		7.8	31.4	19.8	68.2	15.0	14.1	274.1
1961	129.6		11.9	31.9	16.1	71.3	21.0	23.0	304.8
1966	171.4	9.2	42.3	26.4	87.5	109.7	63.7	32.1	542.3
1971	301	217	344	18	130	125	229	63	1,426
1976	1,272	513	675	44	162	263	533	149	3,610
1981	2,522	1,666	1,007	184	331	618	1,197	308	7,833
1986	5,429	3,868	2,424	944	342	720	1,575	548	15,851
1991	6,754	8,629	2,945	3,568	856	1,254	2,287	1,044	27,337
1996	7,909	8,077	2,999	4,462	1,411	849	3,544	1,284	30,536
2001	12,112	18,500	5,030	4,527	2,594	2,952	4,702	1,526	51,942
2006	27,385	23,430	13,097	5,609	6,290	5,667	7,162	1,409	90,049
2011	45,175	33,080	58,756	12,090	8,264	6,518	10,535	1,250	175,669

建設資材は含まない (以下同じ). 1966 年以前は暦年. 1939 年以前の非鉄金属鉱石は製錬金属を含む.

ABS (1998, 2008, 2012ad, 2014c), Australia (2014), Vamplew (1987) により推計.

付表 28　州別鉱業生産額，2011 年（百万豪ドル）

	NSW	VIC	QLD	SA	WA	TAS	NT	全国
石炭・褐炭	16,225	1,240	27,300	72	296	43	–	45,175
石油・天然ガス	–	4,172	662	912	23,221	485	3,628	33,080
鉄鉱石	–	–	–	967	57,580	21	188	58,756
金鉱	1,359	266	740	653	8,454	203	415	12,090
銅鉱	1,408	–	2,631	2,655	1,343	227	–	8,264
銀・鉛・亜鉛鉱	478	–	4,816	108	349	377	390	6,518
他の金属鉱石	–	377	672	504	7,239	151	1,592	10,535
非金属鉱物	107	60	240	143	666	29	5	1,250
合計	19,577	6,115	37,061	6,014	99,148	1,536	6,218	175,669

ACT は鉱業生産なし.

ABS（2012d, 2014c），USGS（2013）により推計.

付表 29　州別鉱産物生産量，2011 年

	NSW	VIC	QLD	SA	WA	TAS	NT	全国
石炭(百万t)	157.0	–	179.8	3.4	7.2	0.3	–	347.8
褐炭(百万t)	–	65.7	–	–	–	–		65.7
原油(千m³)	–	4,385	539	869	20,828	313	2,745	29,678
天然ガス(百万m³)	155	9,388	8,229	1,718	30,865	1,868	5,041	57,267
鉄鉱石(百万t)	–	–	–	7.9	397.6	1.8	1.8	409.1
金鉱(t)	29.6	5.8	16.1	14.2	183.8	4.4	9.0	262.9
銅鉱(千t)	156.1	–	291.5	294.1	148.8	25.1	–	915.6
銀鉱(t)	81.0	–	1,540.5	49.4	86.0	91.8	1.7	1,850.4
鉛鉱(千t)	70.0	–	421.9	8.2	40.7	29.1	29.0	599.0
亜鉛鉱(千t)	96.1	–	978.1	17.0	70.5	92.7	92.5	1,347.0
ボーキサイト(百万t)	–	–	19.5	–	42.3	–	6.9	68.8
ニッケル鉱(千t)	–	–	–	–	192	–	–	192
ダイヤモンド(千カラット)	–	–	–	–	8,027	–	–	8,027
塩(千t)	–	–	87	582	12,235	–	–	12,904
石灰石(千t)	4,315	1,443	2,798	1,787	3,717	1,753	38	15,851

原油は LPG を含む. 天然ガスはエタンなどを含む. 鉄鉱石・ボーキサイト以外の金属鉱石は含有金属量.

定義が異なるので全国合計は表 5-2，表 5-3 とは一致しない.

ABS（2014c），Australia（2014）により推計.

付表 30　地帯別鉱業生産額，2011 年（百万豪ドル）

	第 1 地帯	第 2 地帯	第 3 地帯	全国
石炭・褐炭	13,754	31,349	72	45,175
石油・天然ガス	4,190	1,255	27,634	33,080
鉄鉱石	–	21	58,735	58,756
金鉱	–	3,188	8,902	12,090
銅鉱	–	2,000	6,264	8,264
銀・鉛・亜鉛鉱	61	377	6,080	6,518
他の金属鉱石	911	2,179	7,445	10,535
非金属鉱物	305	166	779	1,250
鉱業生産額計	19,221	40,535	115,912	175,669
石油精製	27,817	–	–	27,817
製鉄	9,943	4,773	–	14,716
非鉄金属製錬	29,725	1,537	7,882	39,145
関連部門計	67,485	6,310	7,882	81,678

ABS（2012c, 2014c），Australia（2014），USGS（2013）により推計.

付表 31　品目別輸出額，1861-96 年（百万豪ドル）

	1861	1866	1871	1876	1881	1886	1891	1896
羊毛	9.4	13.6	18.0	24.6	26.4	25.2	40.4	30.8
金	17.0	17.2	14.2	10.2	12.8	6.0	11.4	12.8
その他	8.4	7.2	11.2	12.2	15.8	12.2	20.2	22.4
合計	34.8	38.0	43.4	47.0	55.0	43.4	72.0	66.0

Vamplew（1987）による.

150

付表 32　品目別輸出額，1901-2011 年（百万豪ドル）

	小麦	他の穀物	野菜果実	牛肉	他の肉類	羊毛	酪製品	他の農産物	農産物計
1901	6.8		0.6	2.4	2.8	30.4	2.8	6.7	52.5
1906	12.2		0.6	0.8	3.8	45.2	6.4	8.8	77.8
1911	22.0		1.0	2.2	6.2	52.2	9.6	13.1	106.3
1916	19.4		1.4	4.4	4.6	53.4	2.2	8.6	94.0
1921	78.8		3.4	7.6	5.8	67.6	28.6	18.6	210.4
1926	48.0		7.0	6.6	8.0	126.4	18.2	32.2	246.4
1933	43.9		11.0	3.8	7.8	72.8	23.0	16.7	179.0
1939	26.6		12.8	8.6	12.8	85.3	33.0	24.7	203.7
1947	58	3	12	9	33	252	39	86	493
1954	121	30	67	44	71	821	62	188	1,404
1961	243	58	60	93	47	669	67	223	1,459
1966	289	51	111	206	76	785	89	279	1,885
1971	433	163	107	314	114	544	92	404	2,172
1976	960	417	104	488	180	960	186	1,063	4,357
1981	1,745	581	235	1,106	488	1,777	253	2,446	8,631
1986	2,995	945	372	1,317	383	2,800	432	3,092	12,337
1991	1,806	809	636	2,597	588	2,725	750	4,735	14,646
1996	3,400	1,527	1,006	2,457	836	2,732	1,664	7,934	21,556
2001	4,224	1,181	1,505	4,091	1,681	2,969	2,960	11,847	30,458
2006	3,302	1,552	1,384	4,541	2,172	2,258	2,478	10,775	28,462
2011	5,533	1,825	1,496	4,535	2,403	2,630	2,242	12,310	32,974

	石炭	石油天然ガス	鉄鉱石	他の鉱石	金	他の金属	他の鉱産物	鉱産物計	その他	合計
1901	2.0			7.8	27.0		1.0	37.8	5.2	95.5
1906	1.8			13.4	29.6		3.4	48.2	6.6	132.6
1911	1.7			15.9	24.0		0.5	42.0	6.0	154.4
1916	1.0			17.8	20.7		2.1	41.6	8.0	143.6
1921	4.5			9.0	10.8		3.0	27.2	15.2	252.8
1926	1.8			19.1	8.6		1.1	30.6	14.0	291.0
1933	0.6			8.8	43.2		1.7	54.3	3.5	236.8
1939	0.7			16.8	29.9		4.6	52.0	15.3	271.0
1947	−			6	−	35	21	63	53	609
1954	3			26	27	78	41	175	61	1,640
1961	15			56	80	75	118	345	81	1,885
1966	63	19	3	110	24	233	20	472	281	2,638
1971	206	41	374	254	18	374	45	1,313	716	4,201
1976	1,070	144	771	580	37	759	79	3,440	1,543	9,340
1981	1,981	367	1,117	2,189	50	1,518	627	7,849	2,469	18,949
1986	5,252	680	1,936	2,918	843	2,526	1,516	15,673	4,808	32,818
1991	6,493	3,210	2,560	5,225	3,700	4,731	1,733	27,652	10,157	52,455
1996	7,837	3,195	2,863	5,806	5,625	6,799	2,738	34,863	19,580	75,999
2001	10,840	10,868	4,922	9,839	5,110	10,139	5,032	56,750	32,394	119,602
2006	24,414	9,119	12,511	15,033	7,274	11,188	6,742	86,281	37,049	151,792
2011	43,335	13,734	58,037	20,459	13,622	12,704	12,434	174,325	37,296	244,595

農産物は林産物・水産物を含む．農産物・鉱産物は加工品を含む．1939 年以前の「他の鉱石」は「他の金属」を含む．

ABS（2011, 2012a），Vamplew（1987）により推計．

付表 33　相手地域別輸出額，1901-2011 年（百万豪ドル）

	イギリス	他の欧州	北米	NZ	日本	韓国	中国	香港	台湾	東南アジア	その他	合計
1901	48.9	13.2	7.6	3.6	1.4		0.3	0.8		1.4	23.9	101.1
1906	65.7	29.5	10.1	4.8	2.4		0.4	1.5		2.3	22.7	139.5
1911	70.6	43.4	3.2	5.3	1.7		0.3	1.5		4.4	28.6	159.0
1916	67.1	12.6	36.7	7.3	6.9		0.3	0.8		2.5	15.5	149.6
1921	135.0	38.2	20.2	15.6	6.2		0.7	1.7		10.2	36.4	264.3
1926	123.1	74.2	27.6	9.9	22.1		1.5	1.3		9.7	27.7	297.1
1933	93.8	38.7	5.1	5.5	22.9		12.6	1.5		5.3	11.3	196.8
1939	133.5	41.0	11.2	13.4	9.7		6.2	1.0		7.6	21.7	245.1
1947	179	135	106	26	11		12	13		43	92	618
1954	606	487	133	67	111	5	4	16	1	64	167	1,662
1961	463	391	179	124	323	3	80	38	4	74	259	1,938
1966	473	526	382	171	470	5	107	59	16	140	372	2,721
1971	493	540	627	232	1,191	10	63	90	40	298	790	4,375
1976	407	1,407	1,212	455	3,192	120	220	147	114	659	1,705	9,640
1981	715	2,139	2,581	916	5,228	538	671	309	395	1,613	4,072	19,177
1986	1,151	4,051	3,710	1,505	9,326	1,319	1,497	722	1,063	2,143	6,330	32,818
1991	1,779	6,269	6,609	2,566	14,443	3,256	1,319	1,568	1,953	6,377	6,316	52,455
1996	2,826	6,575	5,862	5,591	16,419	6,609	3,777	3,070	3,446	11,836	9,988	75,999
2001	4,639	9,987	13,422	6,872	23,479	9,209	6,846	3,904	5,871	15,940	19,433	119,602
2006	7,787	11,298	11,464	8,728	30,982	11,691	17,889	2,897	5,865	16,862	26,329	151,792
2011	6,537	11,546	10,372	7,687	46,753	22,461	64,595	3,261	9,087	24,782	37,514	244,595

「他の欧州」は旧ソ連諸国を含まない（ただし 1996 年以降はバルト三国を含む）。
定義が異なるので 1981 年以前の輸出額の合計は前表とは一致しない。
出所は付表 32 に同じ。

付表 34　州 GDP, 2011 年（百万豪ドル）

	NSW	VIC	QLD	SA	WA	TAS	NT	ACT	全国
農林水産業	7,133	8,033	6,597	5,148	2,479	1,769	467	17	31,644
鉱業	13,039	6,286	27,031	4,141	75,873	341	3,304	19	130,035
製造業	33,746	25,960	19,493	7,856	11,092	2,099	1,101	456	101,804
その他	342,099	235,202	190,564	63,148	119,012	17,716	11,583	28,855	1,008,174
GDP(産業計)	396,017	275,481	243,685	80,293	208,456	21,925	16,455	29,347	1,271,657
GDP	442,492	311,765	268,393	89,771	221,876	24,345	17,497	31,726	1,407,865

ABS (2014d) による.

付表 35　州別製造業生産額, 2011 年（百万豪ドル）

	NSW	VIC	QLD	SA	WA	TAS	NT	ACT	全国
食品(1)	27,738	29,431	18,338	7,361	5,904	2,046	201	216	91,235
石油精製	11,824	4,489	6,212	95	5,175	22	–	–	27,817
金属製錬	14,029	2,437	9,307	8,430	17,029	1,454	1,175	–	53,861
非金属鉱物製品	4,577	4,132	3,780	1,449	2,269	357	133	123	16,819
機械類(2)	19,639	21,399	10,552	7,436	5,883	966	356	218	66,449
その他(3)	37,080	42,259	23,939	2,057	22,086	2,001	2,431	632	132,485
合計	114,887	104,147	72,128	26,828	58,346	6,846	4,296	1,189	388,668

(1) 飲料などを含む. (2) 輸送機器＋一般機器. (3) NT は不明（秘匿数値）を含む.
ABS (2012d) により推計.

付表 36　産業別 GDP，1861-2011 年

	農林水産業	鉱業	製造業	その他	GDP（産業計）	GDP
1861	20.4	16.2	5.0	65.2	106.8	110.6
1866	23.8	14.8	10.8	78.6	128.0	133.6
1871	34.2	16.8	15.8	90.2	157.0	164.2
1876	52.2	14.2	24.8	128.0	219.2	227.8
1881	72.8	12.8	33.2	167.6	286.4	297.3
1886	69.2	12.6	41.2	213.4	336.4	350.6
1891	108.4	23.6	48.8	242.4	423.2	441.6
1896	84.4	24.2	54.0	205.6	368.2	387.6
1901	75.8	39.6	50.4	241.8	407.6	429.3
1906	121.2	48.0	61.8	262.8	493.8	519.8
1911	174.6	37.8	87.2	359.0	658.6	697.8
1916	148.2	33.6	85.8	358.6	626.2	663.2
1921	205.4	21.4	88.6	442.8	758.2	805.6
1926	174.6	25.6	118.0	524.0	842.2	904.4
1933	115.9	13.2	110.0	581.7	820.8	907.6
1939	220.0	23.2	158.4	570.2	971.8	1,063.8
1949	6.3	0.7	7.7	14.8	29.6	32.8
1956	6.5	0.9	11.4	21.8	40.6	45.2
1961	6.3	0.9	13.8	27.3	48.3	54.1
1966	6.4	1.2	17.4	36.1	61.1	68.3
1971	5.2	2.7	20.2	53.8	81.9	91.2
1976	5.1	4.2	20.2	68.5	98.0	109.5
1976	15.4	24.8	62.9	328.4	431.5	478.4
1981	14.3	26.9	71.2	391.5	503.9	554.2
1986	17.4	37.1	71.9	457.1	583.5	641.7
1991	20.5	50.3	80.5	545.2	696.4	746.0
1996	22.0	63.1	87.1	638.1	810.2	875.5
2001	29.0	74.9	96.3	781.0	981.2	1,056.6
2006	31.6	79.0	102.7	949.2	1,162.6	1,252.5
2011	34.6	100.3	103.4	1,097.3	1,335.6	1,430.4

単位は，1861-1939 年：百万豪ドル，1949-2011 年：十億豪ドル．
1861-1939 年は 1911 年基準，1949-76 年は 1980 年基準，1976-2011 年は 2013 年基準による実質値．2011 年は付表 34（名目値）とは一致しない．1896 年以前は暦年．
ABS（2012a, 2014b），Boehm（1993），Butlin（1962）により作成．

付表37 農業・鉱業の前方連関, 2009年（百万豪ドル）

	農林水産業	鉱業	製造業						
			食品	木材	石油製品	化学製品	鉄鋼	非鉄金属	その他
農業	7,855	61	24,451	43	1	92	3	4	850
林業・水産業	209	27	795	1,390	5	129	2	8	567
農業サービス	4,658	73	–	–	–	–	–	–	24
石炭	16	2,924	34	2	22	26	1,304	182	97
石油・天然ガス	28	2,567	170	28	6,919	1,536	64	604	441
鉄鉱石	14	204	5	1	2	3	1,894	193	72
非鉄金属鉱石	9	300	7	9	2	35	321	16,601	118
非金属鉱物	8	200	211	–	1	131	380	185	928
鉱業サービス	–	10,538	–	–	–	–	–	–	–
食品	1,503	296	9,982	23	20	212	16	16	1,042
石油製品	1,427	2,621	326	69	126	629	207	332	724
非鉄金属	13	642	45	50	5	140	600	8,547	8,379

	電力	建設	運輸	商業	他の産業	中間投入計	最終需要		合計
							国内	輸出	
農業	17	301	165	2,286	3,016	39,145	8,076	9,566	56,787
林業・水産業	1	55	32	173	482	3,875	1,901	758	6,534
農業サービス	–	12	12	5	75	4,859	642	449	5,950
石炭	2,897	44	39	69	257	7,913	2,436	51,630	61,979
石油・天然ガス	1,052	144	210	1,007	484	15,254	2,412	17,058	34,724
鉄鉱石	22	52	26	76	303	2,867	983	32,187	36,037
非鉄金属鉱石	53	23	22	112	154	17,766	1,816	9,404	28,986
非金属鉱物	24	445	13	38	361	2,925	143	517	3,585
鉱業サービス	–	–	–	4	38	10,580	6,262	13	16,855
食品	52	328	481	4,058	16,696	34,725	32,231	18,697	85,653
石油製品	292	2,719	5,778	1,090	1,508	17,848	7,751	2,964	28,563
非鉄金属	50	470	55	356	572	19,924	885	34,524	55,333

「食品」は飲料などを含む．「石油製品」は石炭製品（僅少）を含む．「電力」は電力・ガス・水道．
ABS（2012f）により作成．

付表38 農業・鉱業の後方連関, 2009年（百万豪ドル）

	農林水産業	鉱業						製造業		
		石炭	石油天然ガス	鉄鉱石	非鉄金属鉱石	非金属鉱物	鉱業サービス	食品	石油製品	非鉄金属
農林水産業	12,722	40	9	8	64	4	36	25,246	6	12
鉱業	75	4,423	2,165	4,846	4,991	124	184	427	6,946	17,765
食品	1,503	39	12	43	37	10	155	9,982	20	16
石油製品	1,427	821	119	705	510	194	272	326	126	332
化学製品	1,270	392	22	245	301	68	81	1,629	220	107
鉄鋼	8	147	27	55	47	7	149	13	4	209
非鉄金属	13	160	31	70	106	10	265	45	5	8,547
他の製造業	1,495	1,299	241	697	966	137	826	2,803	72	402
電力	957	393	669	307	736	28	104	556	114	1,985
建設	1,458	1,536	332	2,154	1,387	499	504	474	639	396
運輸	3,035	2,024	654	538	466	153	323	5,246	380	1,763
商業	3,971	947	340	604	582	154	382	3,738	351	1,080
他の産業	6,996	4,495	1,538	2,422	3,568	517	6,006	7,229	1,237	1,578
中間投入計	34,930	16,716	6,159	12,694	13,761	1,905	9,287	57,714	10,120	34,192

注及び出所は付表37に同じ．

統計資料・文献 （統計資料は過年度の同一又は同種の逐次刊行物を含む）

ABS (Australian Bureau of Statistics) 1996. Population issues, indigenous Australians (Occasional paper).

ABS 1998. Australian mining industry 1995-96.

ABS 2007. Migration, Australia 2005-06.

ABS 2008. Mining commodities, 2001-02 to 2006-07.

ABS 2010. Australian statistical geography standard (ASGS).

ABS 2011. International trade in goods and services Jun 2011.

ABS 2012a. *Year book Australia 2012*.

ABS 2012b. Agricultural commodities 2010-11.

ABS 2012c. Value of agricultural commodities produced 2010-11.

ABS 2012d. Australian industry, 2010-11.

ABS 2012e. Water use on Australian farms, 2010-11.

ABS 2012f. Australian national accounts: Input-output tables 2008-09.

ABS 2013a. Estimates of Aboriginal and Torres Strait Islander Australians, 2011.

ABS 2013b. Historical selected agricultural commodities, 2010-11.

ABS 2014a. Australian historical population statistics 2014.

ABS 2014b. Australian system of national accounts 2013-14.

ABS 2014c. Mining operations, 2011-12.

ABS 2014d. Australian national accounts: State accounts, 2013-14.

ABS 2015a. National regional profile 2009 to 2013.

ABS 2015b. Regional population growth, 2013-14.

ABS 2015c. Census of population and housing 2011.

Australia 1968. *Atlas of Australian resources, second series: Sheep and wool* (map and commentary). Division of National Mapping.

Australia 1973. *Atlas of Australian resources, second series: Groundwater* (map). Division of National Mapping.

Australia 1974. *Atlas of Australian resources, second series: Water use* (map). Division of National Mapping.

Australia 1975. *Atlas of Australian resources, second series: Water use* (commentary). Division of National Mapping.

Australia 1976. *Atlas of Australian resources, second series: Groundwater* (commentary). Division of National Mapping.

Australia 1980a. *Atlas of Australian resources, third series, Vol. 2: Population*. Division of National Mapping.

Australia1980b. *Atlas of Australian resources, third series, Vol. 1: Soils and land use*. Division of National Mapping.

Australia 1982. *Atlas of Australian resources, third series, Vol. 3: Agriculture*. Division of National Mapping.

Australia 1988. *Australian mineral industry annual review for 1986*. Department of Primary Industry and Energy.

Australia 1996. *Australia: State of the environment 1996*. State of the Environment Advisory Council, Department of the Environment, Sport and Territories. Melbourne: CSIRO Publishing.

Australia 1997. *Australian immigration: Consolidated statistics 1995-96*. Department of Immigration and Multicultural Affairs.

Australia 2012. Australia's exports to China 2001 to 2011. Department of Foreign Affairs and Trade.

Australia 2014. *Resources and energy statistics 2014*. Department of Industry.

Bambrick, S. 1979. *Australian minerals and energy policy*. Australian National University Press.

Barlow, M.H. and Newton, R.G. 1971. *Patterns and processes in man's economic environment*. Sydney: Angus and Robertson.

BHP Billiton 2009. Olympic Dam expansion: Draft environmental statement 2009.

Blainey, G. 1965. *Mines in the spinifex: The story of Mount Isa Mines*. rev. ed. Sydney: Angus and Robertson.

Blainey, G. 1966. *The tyranny of distance: How distance shaped Australia's history*. Melbourne: Sun Books. ブレーニー，G. 著，長坂寿久・小林 宏訳 1980.『距離の暴虐：オーストラリアはいかに歴史をつくったか』サイマル出版会.

Blainey, G. 1994. *A shorter history of Australia*. Port Melbourne: William Heinemann Australia. ブレイニー，G. 著，加藤めぐみ・鎌田真弓訳 2000.『オーストラリア歴史物語』明石書店.

Boehm, E.A. 1993. *Twentieth century economic development in Australia*, 3rd ed. Melbourne: Longman Cheshire.

Bolton, G.C. 1970. *A thousand miles away: A history of North Queensland to 1920*. Australian National University Press.

Bonnor, C. 1988. *Australia in focus: People and environment in change*. Brisbane: Jacaranda Press.

Bowen, M. 1982. Australia's population: The impact of migration and the role of women. In *Man and the Australian environment: Current issues and viewpoints*, ed. W. Hanley and M. Cooper, 238-252. Sydney: McGraw-Hill.

Burnley, I.H. 1987. Immigration. In *Australia: A geography, Vol. 2: Space and society*, ed. D.N. Jeans, 112-126. Sydney University Press.

Burnley, I.H. 1988. Population turnaround and the peopling of the countryside? Migration from Sydney to country districts of New South Wales. *Australian Geographer* 19:268-283.

Butlin, N.G. 1962. *Australian domestic product, investment and foreign borrowing 1861-1938/39*. Cambridge University Press.

Camm, E., Camm, J.C.R. and Irwin, P.G. 1987. *Australians in their environment: A geography for senior school students*. Melbourne: Longman Cheshire.

Campbell, K.O. 1967. Land policy. In *Agriculture in the Australian economy*, 2nd ed., ed. D.B. Williams, 225-239. Sydney University Press.

Conacher, A. 1982. Dryland agriculture and secondary salinity. In *Man and the Australian environment: Current issues and viewpoints*, ed. W. Hanley and M. Cooper, 113-125. Sydney: McGraw-Hill.

Courtenay, P.P. 1970. Development problems of tropical Australia. *Geografisch Tijdschrift* 4: 117-122.

Courtenay, P.P. 1975. The problems and prospects of northern development. *Geography Bulletin* 7: 94-102.

Courtenay, P.P. 1982. *Northern Australia: Patterns and problems of tropical development in an advanced country*. Melbourne: Longman Cheshire.

Courtenay, P.P. 1987. Tropical Australia. In *Australia: A geography, Vol. 2: Space and society*, ed. D.N. Jeans, 353-384. Sydney University Press.

Crabb, P. 1986. *Australia's water resources: Their use and management*. Melbourne: Longman Cheshire.

CSIRO (Commonwealth Scientific and Industrial Research Organization) 1960. *The Australian environment*, 3rd ed. Melbourne University Press.

Davidson, B.R. 1965. *The northern myth*. Melbourne University Press.

Davidson, B.R. 1972. *The northern myth*, 3rd ed. Melbourne University Press.

Davidson, B.R. 1982. The economic structure of Australian farms. In *Agriculture in the Australian economy*, 2nd ed., ed. D.B. Williams, 29-54. Sydney University Press.

Donald, C.M. 1982. Innovation in Australian agriculture. In *Agriculture in the Australian economy*, 2nd ed., ed. D.B. Williams, 55-82. Sydney University Press.

Dragovich, D. 1987. Climate and agricultural production. In *Australia: A geography, Vol. 2: Space and society*, ed. D.N. Jeans,

237-258. Sydney University Press.

Dunsdorfs, E. 1956. *The Australian wheat-growing industry 1788-1948*. Melbourne University Press.

Emery, J. n.d. *The discovery of Australia*. Sydney: P.C. Books.

Fagan, R.H. 1971. Government policy and the Australian metalliferous mining and processing industries. In *Government influence and the location of economic activity*, ed. G.J.R. Linge and P.J. Rimmer, 191-231. Australian National University Press.

FAO (Food and Agriculture Organization) 2015. FAOSTAT.

FAO 2016. AQUASTAT.

Fogarty, J.P. 1966. The staple approach and the role of the government in Australian economic development: The wheat industry. *Australian Economic History Review* 6 (1): 34-52.

Harris, D.D. 1974. *Man in Australia*. Melbourne: Cheshire. ハリス，D.D. 著，谷内 達訳 1977.『オーストラリア：その国土と人々』帝国書院.

Head, L. 1999. The northern myth revisited? Aborigines, environment and agriculture in the Ord River Irrigation Scheme, stages one and two. *Australian Geographer* 30: 141-158.

Heathcote, R.L. 1972. The visions of Australia 1770-1970. In *Australia as human setting: Approaches to the designed environment*, ed. A. Rapoport, 77-98. Sydney: Angus and Robertson.

Heathcote, R.L. 1975. *Australia*. London: Longman.

Heathcote, R.L. 1987. Pastoral Australia. In *Australia: A geography, Vol. 2: Space and society*, ed. D.N. Jeans, 259-300. Sydney University Press.

Heathcote, R.L. 1994. *Australia*, 2nd ed. London: Longman Scientific & Technical.

Horne, D. 1964. *The lucky country: Australia in the sixties*. Melbourne: Penguin Books.

Horne, D. 1970. *The next Australia*. Sydney: Angus and Robertson. ホーン，D. 著，竹下美保子訳 1972.『オーストラリアの解剖』サイマル出版会.

IAG (Institute of Australian Geographers) 1974. The distribution of Australia's population: A submission to the National Population Inquiry by the Institute of Australian Geographers. *Australian Geographical Studies* 12: 126-132.

Kasper, W., Blandy, R., Freebairn, J., Hocking, D. and O'Neill, R. 1980. *Australia at the crossroads*. Sydney: Harcourt Brace Jovanovich Group.

Kerr, A. 1967. *Australia's north-west*. University of Western Australia Press.

Khoo, S-W. and Price, C.A. 1996. *Understanding Australia's ethnic composition*. Department of Immigration and Multicultural Affairs, Australia.

Learmonth (Learmonth, A. and Learmonth, N.) 1971. *Regional landscape of Australia: Form, function and change*. Sydney: Angus and Robertson.

Linge, G.J.R. 1975a. *Canberra, site and city*. Australian National University Press.

Linge, G.J.R. 1975b. The forging of an industrial nation: Manufacturing in Australia 1788-1913. In *Australian space, Australian time: Geographical perspectives in Australia, 1788-1914*, ed. J.M. Powell and M. Williams, 150-181. Melbourne: Oxford University Press.

Marshall, A. 1966. The 'environment' and Australian wool production: One hundred and fifty years. In *Frontiers and men*, ed. J. Andrews, 120-137. Melbourne: Cheshire.

Marshall, A. 1977. Climate and primary production. In *Australia: A geography*, ed. D.N. Jeans, 232-251. Sydney University Press.

NCDC (National Capital Development Commission) 1970. *Tomorrow's Canberra*. Australian National University Press.

158

NSW (New South Wales) 1841. Analytical view of the census of New South Wales 1841.

NSW 1904. Results of a census of New South Wales 1901.

NSW 1972. Statistical register 1969-70 and 1970-71.

NSW 1974. *The Tasman map, showing Tasman's voyages of 1642-3 and 1644.* Council of the Library of New South Wales.

NSW 1981. Agricultural sector 1980-81.

NSW 1993. Agricultural statistics: Selected small area data, 1991-92.

NSW 2004a. *New South Wales year book 2004.*

NSW 2004b. Regional statistics 2004.

Pask, R. and Bryant, L. 1986. *People in Australia: A social geography.* Brisbane: Jacaranda Press.

Peel, L.J. 1973. History of the Australian pastoral industries to 1960. In *The pastoral industries of Australia: Practice and technology of sheep and cattle production,* ed. G. Alexander and O.B. Williams, 41-75. Sydney University Press.

Perrens, S. 1982. Australia's water resources. In *Man and the Australian environment: Current issues and viewpoints,* ed. W. Hanley and M. Cooper, 24-36. Sydney: McGraw-Hill.

Pomfret, R. 1981. The staple theory as an approach to Canadian and Australian economic development. *Australian Economic History Review* 21 (2): 133-146.

Port Australia 2012. Trade statistics 2010/11.

Powell, J.M. 1988. *An historical geography of modern Australia: The restive fringe.* Cambridge University Press.

QLD (Queensland) 1902. Ninth census of Queensland, 1901.

QLD 1972. Statistics of Queensland 1970-71.

QLD 1983. Agricultural land use and selected inputs 1981-82.

QLD 1988. Livestock and livestock products, 1986-87.

QLD 1994. Agricultural statistics: Selected small area data, 1992-93.

QLD 2001. *Queensland year book 2001.*

QLD 2004. Regional statistics, 2004.

QLD 2014. Interstate trade, Jun 2014.

Reed, A.H. 1965. *Aboriginal words of Australia.* Sydney: Reed.

Reed, A.H. 1973. *Place names of Australia.* Sydney: Reed.

Rees (Rees, C. and Rees, L) 1953. *Spinifex walkabout.* Sydney.

Rimmer, P.J. 1975. Politicians, public servants and petitioners: Aspects of transport in Australia 1851-1901. In *Australian space, Australian time: Geographical perspectives in Australia, 1788-1914,* ed. J.M. Powell and M. Williams, 182-225. Melbourne: Oxford University Press.

Roberts, S.H. 1924. *History of Australian land settlement, 1788-1920.* Melbourne: MacMillan.

Robinson, M.E. 1976. *The New South Wales wheat frontier, 1851 to 1911.* Australian National University Press.

SA (South Australia) 1901. Census of 1901.

SA 1973. Statistical register 1969-70 and 1970-71.

SA 1982. Divisional statistics 1982.

SA 1992. Agricultural statistics, selected small area data 1990-91.

SA 1993. *South Australian year book 1993.*

Sale, C. and Wilson, G. 1987. *Introducing Australia.* Melbourne: Longman Cheshire.

Serle, G. 1963. *The golden age: A history of the Colony of Victoria, 1851-1861.* Melbourne University Press.

Shaw, A.G.L. 1982. History and development of Australian agriculture. In *Agriculture in the Australian economy,* 2nd ed., ed.

D.B. Williams, 1-28. Sydney University Press.

Shaw, J. ed. 1984. *Australian encyclopedia*. Sydney: Collins.

SMC (Sun Metals Corporation) 2011. About us: Our company.

Statham, P. 1989. *The origins of Australia's capital cities*. Cambridge University Press.

Taniuchi, T. 1999. Development of the Australian urban system in relation to natural resource base, 1851-1991. *Komaba Studies in Human Geography*（東京大学人文地理学研究）13: 137-156.

TAS (Tasmania) 1903. Census of Tasmania 1901.

TAS 1962. Statistics of Tasmania 1960-61.

TAS 1972. Primary industries 1970-71.

TAS 1982. Agricultural industry 1980-81.

TAS 1986. *Tasmanian year book 1986*.

Taylor, G. 1941. *Australia: A study of warm environment and their effect on British settlement*. London: Methuen.

USGS (United States Geological Survey) 2013. *2011 Minerals Yearbook*.

Vamplew, W. ed. 1987. *Australians: Historical statistics*. Sydney: Fairfax, Syme & Weldon.

VIC (Victoria) 1904. Census of Victoria 1901.

VIC 1912. Statistical register 1911.

VIC 1949. *Victorian year book 1946-47*.

VIC 1972. Rural industries 1970-71.

VIC 1983a. Agricultural land use and selected inputs 1981-82.

VIC 1983b. Livestock and livestock products 1981-82.

VIC 1986. Historical statistics of Victoria.

VIC 1992. Agricultural statistics, selected small area data 1990-91.

WA (Western Australia) 1904. Seventh census of Western Australia, 1901.

WA 1962. Statistical register 1960-61.

WA 1972. Rural industries 1970-71.

WA 1980. *Western Australian year book 1980*.

WA 1983a. Agricultural land use and selected inputs 1981-82.

WA 1983b. Livestock and livestock products 1981-82.

WA 1994. Agricultural statistics: Selected small area data 1992-93.

Wadham, S., Wilson, R.K. and Wood, J. 1957. *Land utilization in Australia*, 3rd ed. Melbourne University Press.

Walmsley, D.J. and Sorensen, A.D. 1992. *Contemporary Australia: Explorations in economy, society and geography*, 2nd ed. Melbourne: Longman Cheshire.

Warner, R.F. 1977. Hydrology. In *Australia: A geography*, ed. D.N. Jeans, 53-84. Sydney University Press.

Webb, M.J. 1969. The impact of capital intensive industries on arid Australia. In *Arid lands of Australia*, ed. R.O. Slatyer and R.A. Perry, 169-184. Australian National University Press.

White, O. 1969. *Under the iron rainbow: Northwest Australia today*. Melbourne: Heinemann.

Wilkes, J. ed. 1956. *Northern Australia: Task for a nation*. Sydney: Australian Institute of Political Science.

Williams, M. 1975. More and smaller is better: Australian rural settlement 1788-1914. In *Australian space, Australian time*, ed. J.M. Powell and M. Williams, 61-103. Melbourne: Oxford University Press.

Wilson, R.K. 1980. *Australia's resources and their development*. University of Sydney.

石川義孝 1994.『人口移動の計量地理学』古今書院.

石光 亨 1973.『人類と資源』日本経済新聞社.

大森博雄 1991. 乾燥地形と鑽井盆地. 由比浜省吾編『新訂オセアニア』(世界地誌ゼミナール 8) 70-82. 大明堂.

小原敬士 1965.『近代資本主義の地理学』大明堂.

風間誠一 1942. 濠洲の牧畜と酪農業. 飯本信之・佐藤 弘編『濠洲・ニュージーランド・太平洋諸島』(南洋地理体系 8) 107-175. ダイヤモンド社.

片平博文 1995.『サウスオーストラリアの農業開発』古今書院.

清川正二 1943. 濠洲の牧羊業. 太平洋協会編『濠洲の自然と社会』273-294. 中央公論社.

金田章裕 1985.『オーストラリア歴史地理 : 都市と農地の方格プラン』地人書房.

金田章裕 1998.『オーストラリア景観史 : カントリータウンの盛衰』大明堂.

小林信一 2007. 経済構造. 竹田いさみ・森 健・永野隆行編『オーストラリア入門 (第 2 版)』239-260. 東京大学出版会.

佐藤 弘 1942. 濠洲総論. 飯本信之・佐藤 弘編『濠洲・ニュージーランド・太平洋諸島』(南洋地理体系 8) 15-73. ダイヤモンド社.

スウィフト, J. 著, 平井正穂訳 1980.『ガリヴァー旅行記』岩波書店. Swift, J. 1726. *Gulliver's travels*.

関根政美 1994.『エスニシティの政治社会学』名古屋大学出版会.

田邊健一 1943. 濠洲の自然地理. 太平洋協会編『濠洲の自然と社会』1-40. 中央公論社.

谷内 達 1976. オーストラリア経済の地域分析のために. オーストラリア研究紀要 (追手門学院大学) 2: 104-141.

谷内 達 1977. オーストラリアの北部開発論における開発目的と計画地域. 人文科学論集 (北海道大学) 14: 143-158.

谷内 達 1982. オーストラリア奥地の地域開発 : 鉱山鉄道と鉱業都市を中心に. 地学雑誌 91: 30-50.

谷内 達 1985. オーストラリアの都市システム. 山口岳志編『世界の都市システム』157-181. 古今書院.

谷内 達 1987. オーストラリアにおける地域経済構造と資源基盤. 人文論叢 (三重大学) 4: 119-127.

谷内 達 1995. オーストラリア経済の地域構造. 山本正三編『産業経済地理 : 世界』(総観地理学講座 15) 262-280. 朝倉書店.

谷内 達 2007. 地理教育のためのオーストラリアの実像. 東京大学人文地理学研究 18: 1-21.

谷内 達 2008. 分布図でみるオーストラリア. 高橋伸夫・谷内 達・阿部和俊・佐藤哲夫・杉谷 隆編『改訂新版ジオグラフィー入門』14-17. 古今書院.

谷内 達 2010. 地誌的記述における絶対量と相対量. 地理学評論 83: 243-247.

谷内 達 2015. オーストラリアの地帯別人口の推計, 1851 〜 2011 年. 帝京経済学研究　49(1): 5-12.

富田和暁 1995.『大都市圏の構造的変容』古今書院.

農林水産省 2015. 畜産統計 (長期累年統計).

橋本雄太郎 2007. マボ判決とその影響. 竹田いさみ・森 健・永野隆行編『オーストラリア入門 (第 2 版)』150-156. 東京大学出版会 .

ビーグルホール, J.C. 編, 増田義郎訳 2004.『クック太平洋探検 (1) 第一回航海 (下)』岩波書店. Beaglehole, J.C. ed. 1955. *The journal of Captain James Cook on his voyage of discovery, Vol. 1*. Cambridge University Press.

福井英一郎・武久義彦 1972. オーストラリア. 福井英一郎編『オセアニア』(世界地理 11) 59-205. 朝倉書店.

松原 宏 2006.『経済地理学 : 立地・地域・都市の理論』東京大学出版会.

山中雅夫 1993.『オーストラリア鉱業経営史研究』千倉書房.

あとがき

　筆者とオーストラリアとの縁は、中学生の時の地理の授業に遡る。この時の世界地理の授業は，オセアニアから始めてアジアが最後となるというユニークなものであり，最初の時間はオセアニアの語源について説明したので，先生のニックネームは「オーシャン」であった。他の学校では教科書通りにアジアから始めるのが通例で，最後のオセアニアが時間切れになることも珍しくなかったので，オーストラリアについての授業をきちんと受けることができたのは貴重な経験であった。

　筆者とオーストラリアとの職業上の関係は，最初の勤務先であるアジア経済研究所でオーストラリア研究プロジェクトに配属され，琴野 孝氏・森 健氏の指導の下で勉強を始めてからであり，結局オーストラリアとの縁が一生続くことになった。なお，当時は複数の研究プロジェクトに所属することになっており，資源研究プロジェクトにも配属されて東南アジアの水資源開発について勉強したことが，天然資源について考える端緒になった。

　その後に勤務した四つの大学（北海道大学・三重大学・東京大学・帝京大学）では，さまざまなテーマでの研究・教育活動に関わったが，オーストラリア及び天然資源もこれらの活動の一部として続けてきた。上記の研究所・大学，そして大洋州経済学会及びオーストラリア学会においてお世話になった多くの方々に御礼申し上げる。最後になったが，統計データの入手に御協力頂いた堤 純氏（筑波大学）及び本書の出版をお引き受けいただいた古今書院に御礼申し上げて結びとする。

2018 年 2 月　谷内　達

索　引

【ア　行】

亜鉛　87-89, 91-94, 96, 147-149
アデレイド　23-26, 31, 48-51, 127, 133
アボリジニ → 先住民
アルミナ → アルミニウム
アルミニウム　92-94, 96-97, 99, 148
ウェイパ　97
牛　61-65, 67-68, 70-71, 73-74, 80-83, 142, 144-146
牛換算　61
ウロンゴン　35, 93, 95, 128
オード川　10-15
オリンピックダム　95-96

【カ　行】

家族農場　13, 28, 69-70, 73-74
カナナラ　15, 17
過燐酸肥料　60
カルグーリー　100-104, 109, 128
カンガルー　8-9, 16
逆都市化　27, 33, 36, 40
休閑　60-61
牛肉　57-58, 62-64, 66, 68, 82, 111-112, 114, 120, 134-135, 138, 150
金　6-7, 87-89, 91-93, 111-112, 119, 147-150
クイナナ　97
クック　1-3, 16
グラッドストン　97, 99, 108, 128
経済基盤説　119-120
ゴウヴ　97
交易モデル　25
鉱産資源都市　34-35, 98, 130
降水量　28-29, 53, 56, 68, 72, 81
小麦　28, 57-61, 64-66, 68-70, 73, 111-112, 114, 119-120, 122, 134-138, 140-141, 150
混合農業　28, 60-61, 67-68, 82-83

【サ　行】

作物生長期間　53, 81-82
さとうきび　10-12, 17, 57-58, 65-66, 72, 134-135
ジェロング　97, 128
シドニー　4, 24-26, 31, 33, 36, 40, 48-52, 127, 133
集約入植　13, 69-70
人口移動転換　27, 33, 36
推定常住人口　22, 52
水力発電　96-97

【タ　行】（右列）

スクオター　69, 83
ステイプル　119
生計維持面積　70
製鉄（鉄鋼）　35, 89, 92-93, 95, 118, 121-122, 149, 154
生乳　57-58, 64-66, 134-135
製錬（非鉄金属）　35, 85, 89, 92-99, 102, 108, 112, 114-116, 118, 120-122, 149, 152, 154
石炭　35, 86-88, 91-95, 97, 100-101, 111-114, 120-123, 147-150, 154
石油　86-87, 89-91, 97-98, 112, 120-123, 147-150, 154
石油精製　85, 92-93, 115-116, 120, 149, 152, 154
石油製品　85, 90-93, 114, 120-123, 154
先住民　4-5, 8, 15-16, 19-22, 31, 47, 52, 126-127

【タ　行】

堆積盆地　76-78
タウンズヴィル　95, 105, 109
ダーリング山地　97
稠密入植 → 集約入植
鉄鉱石　86-89, 91-95, 100-101, 111-114, 121-122, 147-150, 154
天然ガス　86-87, 90-93, 97-98, 120-122, 147-150, 154
銅　87-89, 91-96, 147-149
トレス海峡諸島民 → 先住民

【ナ　行】

鉛　87-89, 91-94, 96, 147-149
肉牛・乳牛 → 牛
ニューカースル　35, 93, 95-97, 128

【ハ　行】

パイプライン　98
パース　23-26, 31, 48-51, 127, 133
バットマン　4, 15-16
バララト　6, 16, 128
羊　61-64, 67-68, 71, 73-74, 77-81, 83, 143-144, 146
ピルバラ地方　95, 100-104
フィードロット　63, 83
ブリズベン　23-26, 31, 48-51, 127, 133
ブロウクンヒル　96, 128
ボウエン地方　95, 100-104
ボーキサイト → アルミニウム
ポートオーガスタ　96, 128
ポートピリー　96, 128
ポートランド　4, 97, 128
ホバート　23-24, 26, 31, 96, 127

【マ　行】

マウントアイザ　95-96, 100, 104-106, 108, 128

マメ科牧草　61

メルボン　4, 6-7, 15-16, 23-26, 31, 36-37, 40, 48-52, 127, 133

綿花　10-11, 14-15, 17, 58, 65-66, 72, 134-135

【ヤ　行】

野菜・果実　17, 57-58, 64-66, 72, 112, 134-135, 150

ユリーカストケイド　7, 16

羊肉　57-58, 66, 71-72, 134-135

羊毛　16-17, 57-58, 62-64, 66, 82, 111-112, 114, 119-120,
　　134-135, 138, 149-150

【ラ　行】

酪製品　112, 114, 120, 150

酪農　71, 82-83

リゾート都市　34-36, 130

冷蔵船（冷凍船）63, 82

ロンセストン　97, 128

【ワ　行】

ワイアラ　95, 128

著 者 略 歴

谷内　達（たにうち　とおる）

1967 年	東京大学教養学部卒業
1970 年	東京大学大学院理学系学研究科修了
1970 年	アジア経済研究所
1977 年	北海道大学助教授
1985 年	三重大学助教授
1987 年	東京大学助教授
1991 年	東京大学教授
1997 年	博士（理学）
2007 年	停年により退職（東京大学名誉教授）
2007 年	帝京大学教授
2015 年	停年により退職

書　名	**地理的オーストラリア論**
コード	ISBN978-4-7722-5320-8　C3025
発行日	2018（平成 30）年 9 月 22 日　初版第 1 刷発行
著　者	**谷内　達** Copyright　©2018 Toru TANIUCHI
発行者	株式会社古今書院　橋本寿資
印刷所	理想社
発行所	**(株) 古 今 書 院** 〒 101-0062　東京都千代田区神田駿河台 2-10
電　話	03-3291-2757
F A X	03-3233-0303
U R L	http://www.kokon.co.jp/
	検印省略・Printed in Japan